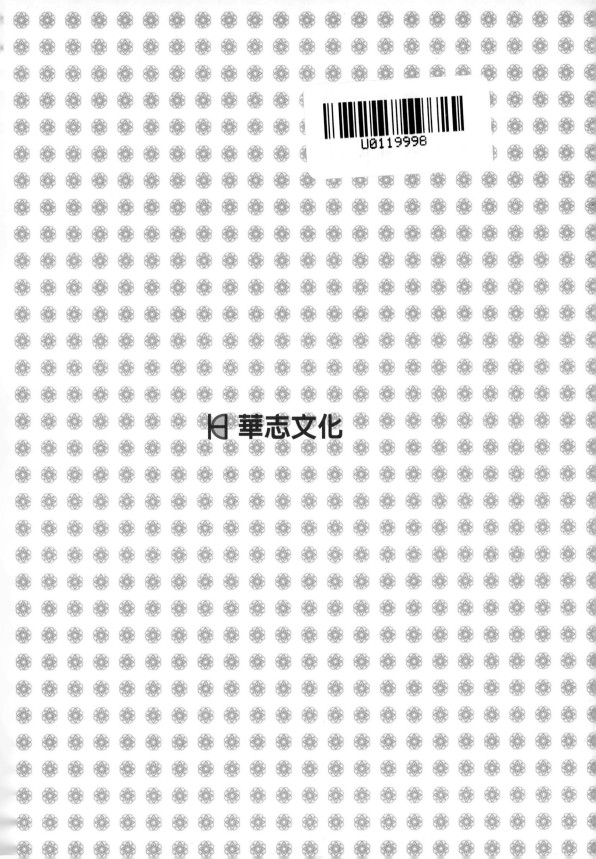

華志文化

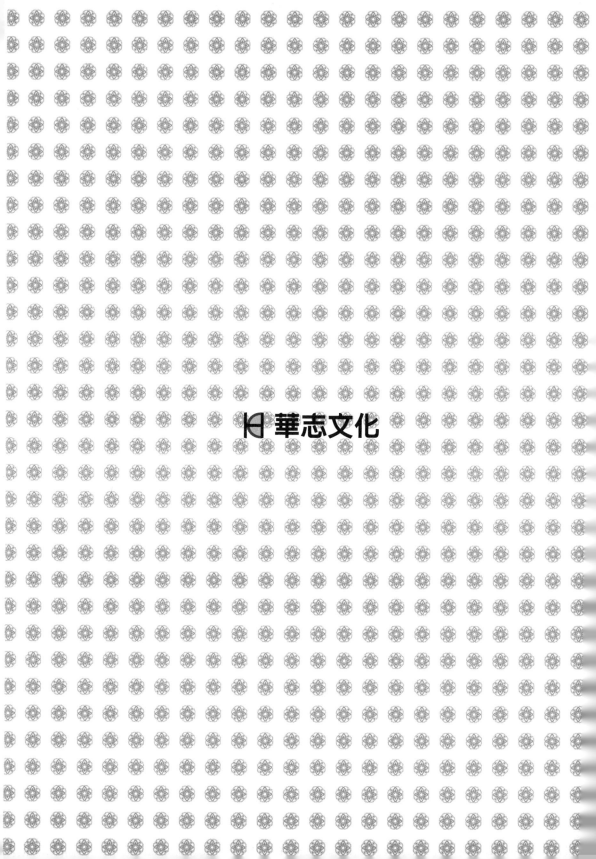

華志文化

讀《資治通鑑》使人明智，可以豐富
史學知識，還可以以史為鏡，探尋經
驗教訓，尋找人生座標。

《資治通鑑》是一部「貫穿今古，上自晚周，下
迄五代」的編年體通史。共二百九十四卷，記錄
了從戰國時期周威烈王二十三年至後周世宗顯德
六年的一千三百六十二年的歷史。全書貫穿了政
治盛衰的意識。

鑑前世之興衰，以考當今之得失

資治通鑑全書

司馬光編撰（北宋）
王振芳 編譯

國學經典
原味呈現

前言

　　《資治通鑒》，北宋司馬光撰。全書共294卷，又有考異、目錄各30卷，記載了從西元前403年至西元959年1362年的史事，屬編年體通史。司馬光最初寫成戰國至秦二世八卷，名為《通志》，進於宋英宗。治平三年（1066）奉命設書局繼續編撰，至神宗元豐七年（1084）完成，歷時19年。神宗因其「鑒於往事，有資於治道」，遂命名為《資治通鑒》。全書取材除十七史以外，尚有野史、傳狀、文集、譜錄等322種。協助司馬光編撰的有劉攽、劉恕、范祖禹等，各就所長，分段負責，先排比材料為「叢目」，再編成「長編」，然後由司馬光總其成，刪訂定稿。全書內容以政治、軍事為主，略於經濟、文化。

　　本書是為普通讀者所編的一個《資治通鑒》選本，以中國古籍出版社1956年出版的點校本為底本。該底本為繁體字。

　　作為《資治通鑒》這樣的宏篇鉅著，其在敘事中所涉人物、地名、職官眾多。本書從作者洋洋灑灑的300餘萬言中選取其中25件重大事件，按發生年代的先後為序編排，並加標題，予以注釋。本書選取時還注意到情節的生動性和事件的完整性。所選文章中涉及很多人物、地名和職官，對此不能一一予以注釋，僅根據行文的敘述，對與行文關係密切者擇要選注。此外，為了便於閱讀，對生僻和易讀錯的字加了注音。對字和詞語的注釋力求簡潔明瞭和通俗易懂。

　　本書在注釋時曾參考胡三省《資治通鑒音注》、嚴衍《資治通鑒補正》、陳垣《通鑒胡注表微》，及一些所能見到的選注本，特此說明。對有爭議之處，主要是自己判斷而定，至於理由、依據，限於體例，不作說明。

　　為方便讀者閱讀使用，於書末附有「《資治通鑒》所記大事記」、「《資治通鑒》主要版本及研究著作」、「《資治通鑒》名言警句」等助讀材料三篇。

司馬光和《資治通鑑》
代序

吳懷祺

在兩宋的史學史上，論歷史興衰的重要史著是司馬光的《資治通鑑》。

司馬光字君實，號迂叟，陝州夏縣涑水鄉（今屬山西）人。生於宋真宗天禧三年（1019），卒於宋哲宗元祐元年（1086），享年六十八歲。

司馬光自幼愛讀史書，仁宗寶元初，中進士甲科，以奉禮郎為華州判官，為事親，改簽書蘇州判官事。父母相繼去世，司馬光服喪五年，閉戶讀書，著《十哲論》、《四豪論》、《機權論》、《才德論》、《廉頗論》、《龔君實論》、《河間獻王贊》等及史評詩十八首。其中許多議論成了後來《通鑑》「臣光曰」的內容。所以在事實上，司馬光的修史工作很早就已經開始。

英宗治平元年至四年（1064～1067），司馬光進《歷年圖》五卷，為上起戰國，下迄五代的大事年表；又作《通志》八卷，起周威烈王，迄秦二世三年，這是以後寫的《通鑑》的前八卷的內容。

治平三年，司馬光由諫官改任龍圖閣直學士兼侍講。夏四月，英宗命其設局於崇文院，自行選擇協修人員，編輯《歷代君臣事蹟》。治平四年，神宗即位。三月，司馬光除翰林學士，十月，《歷代君臣事蹟》成，因其書「鑑於往事，有資於治道」，賜名《資治通鑑》，神宗親制《序》，俾日進讀。

司馬光反對王安石變法，在「理財之事」、「論祖宗之法是否可變」、「三司條例司置當否」、「青苗法利弊」等問題上，與王安石的意見不合。熙寧二年（1069），王安石為參知政事，次年司馬光被拜為樞密副使；司馬光六上劄子，固辭。秋，以端明殿學士知永興軍，徙許州，請改徙西京御史台，「自是絕口不論事」，專修《資治通鑑》。元豐七年（1084）《通鑑》書成，加資政殿學士。哲宗元祐元年（1086）九月去

世。

　　哲宗命范祖禹、司馬康重新校定，送杭州雕版。元祐七年（1092）全書印成，「立於學宮，與六籍並行」（《范太史集》卷三十七〈告文忠公廟文〉）。《資治通鑑》是眾手修書，又展現「一家之言」的成功之作。劉恕、劉攽、范祖禹協助司馬光做了大量的編修工作，而全書由司馬光總其成，「其是非予奪之際，一出君實筆削」；書中的「臣光曰」完全貫徹司馬光的思想。這部偉大的史學巨著，在中國史學史上留下光輝的一章。

　　《資治通鑑》是一部「貫穿今古，上自晚周，下迄五代」的編年體通史。《通鑑》二百九十四卷記敘了從戰國時期周威烈王二十三年至後周世宗顯德六年的一千三百六十二年的歷史。全書貫穿了總結政治盛衰的意識，突出了從政治上總結歷史興衰的經驗。

　　在探討歷史盛衰原因上，司馬光強調人君的作用，他認為人君的才能、素質、品質直接影響歷史的盛衰。他說：「夫治亂安危存亡之本源，皆在人君之心，仁、明、武所出於內者也；用人、賞功、罰罪所施於外者也。」（《溫國文正司馬公文集》卷四十六〈進修心治國之要劄子〉）司馬光論歷史興衰，突出人的主觀能動性的作用，指出一代人主只要努力，三代之治也是可以恢復的。他曾說：「漢之所以不能復三代之治，由人主之不為，非先王之道不可復行於後世也。」（見《資治通鑑》卷二七「漢紀十九·宣帝甘露元年」）

　　司馬光強調「用人」對治理社會的重要性。人君的「官人、信賞、必罰」的落腳點是「用人」，他說：「何謂人君之道?曰：用人是也。」但是要「用人」得當，首先要「知人」，要知人，關鍵是「至公至明」，公明的關鍵在「心」，有「公明」之心，方是知人、用人之「本」。司馬光的用人之道，有不少可取的認識，如根據不同職事的要求，選人、用人、察人、考實績。又如用人不講門第、閥閱；論賢不論親疏；對所用之人「當容其短，收其所長」；用人不疑等等。司馬光論用人的重要性，表述的人才思想有積極的意義。

　　司馬光反對迷信及災異的神秘主義的觀點。這在《通鑑》一書中不乏其例。

　　但司馬光的歷史觀是受他的哲學觀點支配的。他的哲學觀點「中和論」，是一種折衷主義的思想。即一切均要守「常」，由「常」而「和」，這就是「本」「道」。智、仁、禮、樂、政、刑，本此而作則致

道。守常致中和，為治理社會的根本的道。司馬光的調和折衷的思想在歷史觀上反映出來，一方面認為歷史是在作盛衰的波動，並由此十分重視總結盛衰的經驗，又一方面缺乏歷史過程的觀念，實際上不承認歷史有質的變化，在總結歷史盛衰上看出「變」，但強調的是「常」，師古守常以待變。一方面認為「君心」決定歷史的盛衰，一方面又強調「用人」是關係到世之治亂的大問題，「為治之要，莫先於用人」。司馬光反對迷信，反對災異論的神秘主義的觀點，在「天命」問題上，既承認天意，也承認人力。司馬光認為南朝劉宋滅亡的原因，不是「天」決定的，「（劉）宋德告終，非天廢也」（《資治通鑑》卷一百三十三「宋紀十五・明帝泰始七年」）。司馬光引裴子野的史論，表達了自己的見解。但司馬光又把「天」作為有意志的、可支配社會秩序的力量，說：「天者，萬物之父也。」又說：「違天之命者，天得而刑之；順天之命，天得而賞之。」名分有天分、人分，最終是「天」支配，而且「僭天之分，必有天災」，最終又回歸於天人感應論上去。（引文見《迂書・士則》）

在歷史盛衰的思考中，司馬光著重從人事方面解剖盛衰變動，尋找支配盛衰的原因，顯示出天命論色彩的淡化，但最終又承認天命支配社會人事。力圖從歷史興衰的事實中總結出經驗教訓，解釋歷史興亡，又無法割棄「天意論」，這是傳統史學「二重性」的展現。

司馬光重視人事作用的人才思想是古代史學思想中值得重視的部分，展現了史學中積極的民族精神，讀一讀本書，就會有感受。

吳懷祺，男，安徽省廬江縣人，1938年9月出生於貴州省貴陽市。現為北京師範大學史學研究所教授、博士生導師。主要著述有：《宋代史學思想史》；《鄭樵文集校補・鄭樵年譜稿》；《中國史學思想史》；《鄭樵評傳》；點校整理清錢澄之《田間易學》；主編10卷本《中國史學思想通史》，目前已出版7卷（秦漢卷、宋遼金卷、元代卷、明代卷、清代卷、近代前卷、近代後卷）。發表學術論文150餘篇。

以上「代序」節選自《〈資治通鑑〉的價值和司馬光的歷史觀》，見《史學史研究》1988年第2期。作者略有修改。

目錄

前言

司馬光和《資治通鑒》代序 / 吳懷祺

題解

　　三家分晉是中國社會從奴隸制向封建制轉變過程中的重大歷史事件。魏、趙、韓三家代表晉國新興的地主階級勢力，他們在與貴族鬥爭的過程中，爭取民眾，壯大自己，於西元前453年滅掉智氏，瓜分晉室。周威烈王二十三年（西元前403），封三家為諸侯，正式建立了三個封建國家。本文節選自《資治通鑒》卷一（周）威烈王二十三年，標題為編者所加。

【原文】

　　（周威烈王）二十三年（西元前403）

　　初命晉大夫魏斯、趙籍、韓虔為諸侯①。

　　臣光曰②：臣聞天子之職莫大於禮，禮莫大於分，分莫大於名。何謂禮？紀綱是也。何謂分？君、臣是也。何謂名？公、侯、卿、大夫是也③。

　　嗚呼！幽、厲失德，周道日衰，綱紀散壞，下陵上替，諸侯專征，大夫擅政，禮之大體十喪七八矣，然文、武之祀猶綿綿相屬者④，蓋以周之子孫尚能守其名分故也。

　　今晉大夫暴蔑其君，剖分晉國⑤，天子既不能討，又寵秩之，使列於諸侯，是區區之名分復不能守而並棄之也。先王之禮於斯盡矣！

注釋

　　①「初命」句：魏、趙、韓三家世為晉大夫。魏斯，畢萬的後代；趙籍，晉大夫趙衰的後代；韓虔，春秋晉國大夫韓武子的後代，三人分別是戰國七雄魏、趙、韓國的開國君主。

　　②臣光曰：此三字以下是司馬光的議論。

　　③公、侯、卿、大夫：公、侯，為古代五等爵位的第一、二等。《禮記·王制》：「王者之制祿爵，公、侯、伯、子、男，凡五等。」卿、大夫，西周、春秋時國王及諸侯所分封的臣屬。

④文、武：文，指周文王，商末周族的領袖。姬姓，名昌，商紂時為西伯，亦稱伯昌。他統治時，國勢強盛，曾建立豐邑（今陝西西安市西南灃水西岸），作為國都。武，指周武王，西周王朝的建立者。姬姓，名發。繼承其父文王遺志，聯合庸、蜀、羌等方國部落攻滅商朝，建立西周王朝，建都於鎬（今陝西西安市西南灃水東岸）。

⑤「今晉大夫」句：指西元前453年，韓、趙、魏滅智氏，三分晉國，史稱「三家分晉」。

【原文】

初，智宣子將以瑤為後①，智果曰②：「不如宵也③。瑤之賢於人者五，其不逮者一也。美鬢長大則賢④，射御足力則賢⑤，伎藝畢給則賢，巧文辯惠則賢，強毅果敢則賢；如是而甚不仁。夫以其五賢陵人而以不仁行之⑥，其誰能待之？若果立瑤也，智宗必滅。」弗聽。智果別族於太史⑦，為輔氏。

注釋

①智宣子：名申，晉國六卿之一。瑤：宣子之子智伯，諡號襄子。

②智果：智氏族中的人。

③宵：智宣子的庶子。

④則：猶「乃是」。

⑤射御：射，放箭。御，駕駛車馬。

⑥陵：通「凌」。侵犯，欺凌。

⑦別族：另立一族。太史：官名，西周、春秋時掌管起草文書，策命諸侯卿大夫，記載史事，編寫史書，兼管國家典籍、天文曆法、祭祀等，為朝廷大臣。

【原文】

趙簡子之子①，長曰伯魯，幼曰無恤。將置後，不知所立，乃書訓誡之辭於二簡②，以授二子曰：「謹識之！」三年而問之，伯魯不能舉其辭；求其簡，已失之矣。問無恤，誦其辭甚習③；求其簡，出諸袖中而奏之。於是簡子以無恤為賢，立以為後。

　　簡子使尹鐸為晉陽④，請曰：「以為繭絲乎？抑為保障乎⑤？」簡子曰：「保障哉！」尹鐸損其戶數⑥。簡子謂無恤曰：「晉國有難，而無以尹鐸為少，無以晉陽為遠，必以為歸⑦。」

注釋

　　①趙簡子：即趙鞅，晉國六卿之一。

　　②簡：戰國至魏晉時的書寫材料，是削製成的狹長竹片或木片，竹片稱簡，木片稱牘或牘，統稱為簡。

　　③習：熟悉。

　　④為：治。晉陽：古邑名。故址在今山西太原市南晉源區。

　　⑤「以為繭絲」兩句：繭絲，構成蠶繭的絲縷，比喻統治者向人民苛徵暴斂，有如剝繭抽絲。保障：保護，防衛。也指具有保衛作用的事物。

　　⑥損其戶數：指少收稅於民。

　　⑦必以為歸：一定要以此作為安身之處。

【原文】

　　及智宣子卒，智襄子為政，與韓康子、魏桓子宴於藍臺①。智伯戲康子而侮段規②。智國聞之③，諫曰：「主不備難，難必至矣！」智伯曰：「難將由我。我不為難，誰敢興之！」對曰：「不然。《夏書》有之：『一人三失，怨豈在明，不見是圖④。』夫君子能勤小物⑤，故無大患。今主一宴而恥人之君相，又弗備，曰『不敢興難』，無乃不可乎！蚋、蟻、蜂、蠆⑥，皆能害人，況君相乎！」弗聽。

注釋

　　①與韓康子、魏桓子宴於藍臺：韓康子、魏桓子同為晉國六卿之一。藍臺，地名。

　　②段規：韓康子之相。

　　③智國：智氏族人。

　　④「《夏書》」句：見《尚書・五子之歌》，意指人常犯過失招來怨恨，並非都由於明顯的太大過錯，而往往是由小事引起的。因此應在細微難見的地方注意克服，不使小錯變成大錯，使人怨恨。

⑤勤：認真。小物：小事。

⑥蚋（ㄖㄨㄟˋ）：昆蟲，吸食人類的血液。蠆（ㄔㄞˋ）：蠍類毒蟲。

【原文】

智伯請地於韓康子，康子欲弗與。段規曰：「智伯好利而愎^①，不與，將伐我；不如與之，彼狃於得地^②，必請於他人；他人不與，必嚮之以兵^③，然後我得免於患而待事之變矣。」康子曰：「善。」使使者致萬家之邑於智伯^④。智伯悅。又求地於魏桓子，桓子欲弗與。任章曰^⑤：「何故弗與？」桓子曰：「無故索地，故弗與。」任章曰：「無故索地，諸大夫必懼；吾與之地，智伯必驕。彼驕而輕敵，此懼而相親；以相親之兵待輕敵之人，智氏之命必不長矣。《周書》曰^⑥：『將欲敗之，必姑輔之。將欲取之，必姑與之。』主不如與之，以驕智伯，然後可以擇交而圖智氏矣^⑦，奈何獨以吾為智氏質乎^⑧！」桓子曰：「善。」復與之萬家之邑一。

注釋

①愎（ㄅㄧˋ）：執拗，倔強。

②狃：因襲，拘泥，習以為常。

③嚮：對。

④邑：相傳上古行政區劃名。夏制，五里為邑。周制，四井為邑。

⑤任章：魏桓子之相。

⑥《周書》：這裡指《逸周書》。

⑦擇交：選擇朋友。圖：謀取。

⑧質：箭靶。

【原文】

智伯又求蔡、皋狼之地於趙襄子^①，襄子弗與。智伯怒，帥韓、魏之甲以攻趙氏。襄子將出，曰：「吾何走乎？」從者曰：「長子近^②，且城厚完。」襄子曰：「民罷力以完之，又斃死以守之^③，其誰與我^④！」從者曰：「邯鄲之倉庫實。」襄子曰：「浚民之膏澤以實之^⑤，又因而殺之，其誰與我！其晉陽乎，先主之所屬也，尹鐸之所寬也，民必和矣。」乃走

晉陽。

注釋

①趙襄子：名無恤，趙簡子之子。

②長子：邑名。在今山西省東南部。

③「民罷力」句：意為過去要民眾累死累活地把城築起來，現在又要他們付出生命去死守城池。罷，通「疲」。

④其誰與我：誰和我同力。

⑤浚：掘取，榨取。

【原文】

三家以國人圍而灌之①，城不浸者三版②；沉灶產蛙③，民無叛意。智伯行水④，魏桓子御，韓康子驂乘⑤。智伯曰：「吾乃今知水可以亡人國也。」桓子肘康子，康子履桓子之跗⑥，以汾水可以灌安邑，絳水可以灌平陽也⑦。絺疵謂智伯曰⑧：「韓、魏必反矣。」智伯曰：「子何以知之？」絺疵曰：「以人事知之。夫從韓、魏之兵以攻趙，趙亡，難必及韓、魏矣。今約勝趙而三分其地，城不沒者三版，人馬相食，城降有日，而二子無喜志，有憂色，是非反而何？」明日，智伯以絺疵之言告二子，二子曰：「此夫讒人欲為趙氏遊說，使主疑於二家而懈於攻趙氏也。不然，夫二家豈不利朝夕分趙氏之田，而欲為危難不可成之事乎！」二子出，絺疵入曰：「主何以臣之言告二子也？」智伯曰：「子何以知之？」對曰：「臣見其視臣端而趨疾⑨，知臣得其情故也。」智伯不悛⑩。絺疵請使於齊。

注釋

①國人：西周、春秋時對居住於國都的自由民的通稱。有參與議論國事的權利，同時有服軍役、納軍賦的義務。

②三版：版，高二尺為一版。三版為六尺高。

③沉灶產蛙：灶為水所淹，從中已生出蛤蟆。此處形容守城艱苦。

④行水：巡視水情。

⑤驂乘（ㄘㄢ ㄕㄥˋ）：古代三人乘車，叫驂乘。

⑥跗：通「趺」，腳背。

⑦「以汾水」句：汾水，黃河第二大支流。在山西省中部。源出寧武縣管涔山，經太原市南流到新絳縣折向西，在河津縣入黃河。安邑，古邑名。在今山西夏縣西北，汾水之旁，為魏桓子的封邑。絳水，源出山西絳縣北，西北流至侯馬市南，注入澮水。平陽，古邑名。在今山西臨汾市西南。為韓康子的封邑。

⑧絺（彳）疵：人名。

⑨端而趨疾：正身快走。

⑩悛（ㄑㄩㄢ）：改過，悔改。

【原文】

趙襄子使張孟談潛出見二子①，曰：「臣聞唇亡則齒寒。今智伯帥韓、魏以攻趙，趙亡則韓、魏為之次矣。」二子曰：「我心知其然也；恐事未遂而謀泄，則禍立至矣。」張孟談曰：「謀出二主之口，入臣之耳，何傷也！」二子乃潛與張孟談約②，為之期日而遣之③。襄子夜使人殺守堤之吏，而決水灌智伯軍。智伯軍救水而亂，韓、魏翼而擊之，襄子將卒犯其前，大敗智伯之眾，遂殺智伯，盡滅智氏之族。唯輔果在④。

三家分智氏之田。趙襄子漆智伯之頭，以為飲器。智伯之臣豫讓欲為之報仇，乃詐為刑人，挾匕首，入襄子宮中塗廁⑤。襄子如廁心動，索之，獲豫讓。左右欲殺之，襄子曰：「智伯死無後，而此人欲為報仇，真義士也。吾謹避之耳。」乃舍之。豫讓又漆身為癩，吞炭為啞。行乞於市⑥，其妻不識也。行見其友，其友識之，為之泣曰：「以子之才，臣事趙孟，必得近幸。子乃為所欲為，顧不易邪？何乃自苦如此？求以報仇，不亦難乎！」豫讓曰：「既已委質為臣⑦，而又求殺之，是二心也。凡吾所為者，極難耳。然所以為此者，將以愧天下後世之為人臣懷二心者也。」襄子出，豫讓伏於橋下。襄子至橋，馬驚；索之，得豫讓，遂殺之。

注釋

①張孟談：趙襄子的謀士。

②潛：暗中，偷偷地。

③期日：約定日期。

④輔果：即智果。

⑤塗：污染。此處意為弄髒。

⑥市：集中做買賣的場所。《易‧繫辭下》：「日中為市，致天下之民，聚天下之貨，交易而退，各得其所。」

⑦委質：古代臣下向君主獻禮，表示獻身。也用作歸順之意。

【原文】

襄子為伯魯之不立也，有子五人，不肯置後①。封伯魯之子於代②，曰代成君，早卒；立其子浣為趙氏後③。襄子卒，弟桓子逐浣而自立；一年卒。趙氏之人曰：「桓子立，非襄主意。」乃共殺其子，復迎浣而立之，是為獻子。獻子生籍，是為烈侯。魏斯者，魏桓子之孫也，是為文侯。韓康子生武子；武子生虔，是為景侯。

注釋

①「襄子」句：襄子因其兄伯魯未能承襲父位，故自己雖有五個兒子，仍不肯確定繼承人，想要傳位給伯魯的後人。

②封：帝王把爵位或土地賜給臣子。代：古國名，為趙襄子所滅，在今河北蔚縣東北。

③立：指君主即位。

秦滅六國

題解

　　戰國末年，秦國日益強大，其他六國的勢力日益不能與之相抗衡，秦國上至國君下至將領，為夷滅六國而做出各種努力，如遠交近攻、破壞六國合縱、賄賂各國重要官員、施用反間計等等，終於在西元前221年完成了統一大業。本文節選自《資治通鑑》卷六、卷七，標題為編者所加。

【原文】

　　（始皇帝）二十年（西元前227）

　　荊軻至咸陽，因王寵臣蒙嘉卑辭以求見；王大喜，朝服，設九賓而見之①。荊軻奉圖而進於王，圖窮而匕首見，因把王袖而揕之②；未至身，王驚起，袖絕。荊軻逐王，王環柱而走。群臣皆愕，卒起不意③，盡失其度。而秦法，群臣侍殿上者不得操尺寸之兵，左右以手共搏之，且曰：「王負劍！」負劍，王遂拔以擊荊軻，斷其左股④。荊軻廢，乃引匕首擿王⑤，中銅柱。自知事不就，罵曰：「事所以不成者，以欲生劫之，必得約契以報太子也！」遂體解荊軻以徇⑥。王於是大怒，益發兵詣趙，就王翦以伐燕，與燕師、代師戰於易水之西⑦，大破之。

【注釋】

　　①九賓：《周禮》中的九儀。即公、侯、伯、子、男、孤、卿、大夫、士。這裡指隆重的儀式。

　　②揕（ㄓㄣˋ）：刺。

　　③卒：同「猝」。

　　④股：大腿。

　　⑤擿（ㄓˋ）：同「擲」。

　　⑥徇（ㄒㄩㄣˋ）：示眾。

　　⑦易水：在河北省西部，源出今易縣境。

【原文】

二十一年（西元前226）

冬，十月，王翦拔薊①，燕王及太子率其精兵東保遼東②，李信急追之。代王嘉遺燕王書，令殺太子丹以獻。丹匿衍水中③，燕王使使斬丹，欲以獻王，王復進兵攻之。

王賁伐楚④，取十餘城。王問於將軍李信曰：「吾欲取荊⑤，於將軍度用幾何人而足？」李信曰：「不過用二十萬。」王以問王翦，王翦曰：「非六十萬人不可。」王曰：「王將軍老矣，何怯也！」遂使李信、蒙恬將二十萬人伐楚；王翦因謝病歸頻陽。

注釋

①薊（ㄐㄧˋ）：古地名。時為燕國國都。在今北京西南部。
②遼東：當時燕的屬郡。治所在襄平（今遼寧遼陽市）。
③衍水：在今遼寧省境內。
④王賁：王翦的兒子。
⑤荊：就是楚。

【原文】

二十二年（西元前225）

王賁伐魏，引河溝以灌大梁①。三月，城壞。魏王假降②，殺之，遂滅魏。

王使人謂安陵君曰：「寡人欲以五百里地易安陵。」安陵君曰：「大王加惠，以大易小，甚幸。雖然，臣受地於魏之先王，願終守之，弗敢易。」王義而許之。

李信攻平輿，蒙恬攻寢，大破楚軍。信又攻鄢郢，破之。於是引兵而西，與蒙恬會城父，楚人因隨之，三日三夜不頓舍③，大敗李信，入兩壁，殺七都尉；李信奔還。

王聞之，大怒，自至頻陽謝王翦曰：「寡人不用將軍謀，李信果辱秦軍。將軍雖病，獨忍棄寡人乎！」王翦謝：「病不能將。」王曰：「已矣，勿復言！」王翦曰：「必不得已用臣，非六十萬人不可！」王曰：

「為聽將軍計耳④。」於是王翦將六十萬人伐楚。王送至壩上，王翦請美田宅甚眾。王曰：「將軍行矣，何憂貧乎！」王翦曰：「為大王將，有功，終不得封侯，故及大王之嚮臣，以請田宅為子孫業耳。」王大笑。王翦既行，至關⑤，使使還請善田者五輩。或曰：「將軍之乞貸亦已甚矣⑥！」王翦曰：「不然。王怚中而不信人⑦，今空國中之甲士而專委於我，我不多請田宅為子孫業以自堅，顧令王坐而疑我矣。」

注釋

①溝：這裡作動詞。

②假：魏王名假。

③頓舍：止宿，停駐。

④為：是。

⑤關：指武關，在今陝西丹鳳縣附近。

⑥乞貸：向人乞討物品。

⑦怚（ㄘㄨ）：同「粗」。

【原文】

二十三年（西元前224）

王翦取陳以南至平輿。楚人聞王翦益軍而來，乃悉國中兵以禦之；王翦堅壁不與戰。楚人數挑戰，終不出。王翦日休士洗沐，而善飲食，撫循之；親與士卒同食。久之，王翦使人問：「軍中戲乎？」對曰：「方投石、超距①。」王翦曰：「可用矣！」楚既不得戰，乃引而東。王翦追之，令壯士擊，大破楚師，至蘄南，殺其將軍項燕，楚師遂敗走。王翦因乘勝略定城邑。

二十四年（西元前223）

王翦、蒙武虜楚王負芻，以其地置楚郡。

二十五年（西元前222）

大興兵，使王賁攻遼東，虜燕王喜。

臣光曰：燕丹不勝一朝之忿以犯虎狼之秦，輕慮淺謀，挑怨速禍，使召公之廟不祀，忽諸②，罪孰大焉！而論者或謂之賢，豈不過哉！

夫為國家者，任官以才，立政以禮，懷民以仁，交鄰以信。是以官得

其人，政得其節，百姓懷其德，四鄰親其義。夫如是，則國家安如磐石，熾如焱火③。觸之者碎，犯之者焦，雖有強暴之國，尚何足畏哉！丹釋此不為④，顧以萬乘之國⑤，決匹夫之怒⑥，逞盜賊之謀⑦，功墮身戮⑧，社稷為墟，不亦悲哉！

夫其膝行、蒲伏⑨，非恭也；復言、重諾，非信也；糜金、散玉，非惠也；刎首、決腹，非勇也。要之，謀不遠而動不義，其楚白公勝之流乎⑩！

荊軻懷其豢養之私，不顧七族，欲以尺八匕首強燕而弱秦，不亦愚乎！故揚子論之，以要離為蛛蝥之靡⑪，聶政為壯士之靡⑫，荊軻為刺客之靡，皆不可謂之義。又曰：「荊軻，君子盜諸。」善哉！

王賁攻代，虜代王嘉。

王翦悉定荊江南地，降百越之君，置會稽郡⑬。

注釋

①超距：跳躍。

②忽諸：忽然而亡。

③焱（一ㄢˋ）：火花。

④釋：通「舍」，捨棄，拋棄。

⑤顧：反而。

⑥決：決定。

⑦逞：施展。

⑧墮（ㄏㄨㄟ）：毀壞。戮：殺。

⑨蒲伏：同「匍匐」。蒲，通「匍」。

⑩白公勝：楚國人。曾經不勝其怒，為父報仇。

⑪要離：春秋時吳國人。為吳王闔閭刺慶忌。蛛蝥（ㄇㄠˊ）之靡：比喻力量不足。靡，同「摩」。

⑫聶政：戰國時韓國人。嚴遂和相國俠累爭權結怨，求其代為報仇。他入相府刺死俠累後自殺。

⑬會（ㄍㄨㄟˋ）稽郡：治所在吳縣（今江蘇蘇州市）。

【原文】

　　初，齊君王后賢，事秦謹，與諸侯信；齊亦東邊海上①。秦日夜攻三晉、燕、楚，五國各自救，以故齊王建立四十餘年不受兵。及君王后且死②，戒王建曰③：「群臣之可用者某。」王曰：「請書之。」君王后曰：「善！」王取筆牘受言，君王后曰：「老婦已忘矣。」君王后死，后勝相齊，多受秦間金。賓客入秦，秦又多與金。客皆為反間，勸王朝秦，不修攻戰之備，不助五國攻秦，秦以故得滅五國。

　　齊王將入朝，雍門司馬前曰：「所為立王者，為社稷耶④？為王耶？」王曰：「為社稷。」司馬曰：「為社稷立王，王何以去社稷而入秦？」齊王還車而反。

　　即墨大夫聞之，見齊王曰：「齊地方數千里，帶甲數百萬。夫三晉大夫皆不便秦⑤，而在阿、甄之間者百數；王收而與之百萬人之眾，使收三晉之故地，即臨晉之關可以入矣⑥。鄢郢大夫不欲為秦，而在城南下者百數，王收而與之百萬之師，使收楚故地，即武關可以入矣⑦。如此，則齊威可立，秦國可亡，豈特保其國家而已哉！」齊王不聽。

注釋

　　①「齊亦」句：言齊東邊臨海，不與秦接，故不受兵。

　　②且：將要；將近。

　　③戒：命令；告誡。

　　④社稷：古代帝王、諸侯所祭的土神和穀神。亦用作國家的代稱。

　　⑤便：方便；便利。引申為順從。

　　⑥臨晉之關：即蒲津關。戰國魏置，在今陝西大荔縣朝邑鎮東黃河岸邊。

　　⑦武關：關名。在今陝西丹鳳縣附近。

【原文】

　　二十六年（西元前221）

　　王賁自燕南攻齊，猝入臨淄①，民莫敢格者②。秦使人誘齊王，約封以五百里之地。齊王遂降，秦遷之共，處之松柏之間，餓而死。齊人怨王建

不早與諸侯合從③，聽奸人賓客以亡其國，歌之曰：「松耶，柏耶，住建共者客耶！」疾建用客之不詳也④。

注釋

①臨淄：邑名。在今山東淄博市東北臨淄北。西周至戰國時，齊國建都於此。秦置為縣。

②格：抵敵。

③合從：即合縱。戰國時弱國聯合抵禦強國，稱為合縱。與之相反的是連橫。隨從強國去進攻其他弱國，稱為連橫。合稱合縱連橫。一說南北為縱，六國地連南北，故六國聯合抗秦謂之合縱。東西為橫，秦地偏西，六國居東，故六國服從秦國謂之連橫。

④疾：憎恨。不詳：不審慎。

【原文】

王初併天下，自以為德兼三皇，功過五帝，乃更號曰「皇帝」，命為「制」，令為「詔」，自稱曰「朕」。追尊莊襄王為太上皇。制曰：「死而以行為謚，則是子議父，臣議君也，甚無謂。自今以來，除謚法。朕為始皇帝，後世以計數，二世、三世至於萬世，傳之無窮。」

初，齊威、宣之時，鄒衍論著終始五德之運；及始皇併天下，齊人奏之。始皇採用其說，以為周得火德，秦代周，從所不勝①，為水德。始改年，朝賀皆自十月朔②；衣服、旄旌、節旗皆尚黑，數以六為紀③。

丞相綰言：「燕、齊、荊地遠，不為置王，無以鎮之。請立諸子。」始皇下其議。廷尉斯曰④：「周文武所封子弟同姓甚眾，然後屬疏遠，相攻擊如仇讎⑤，周天子弗能禁止。今海內賴陛下神靈一統，皆為郡、縣，諸子功臣以公賦稅重賞賜之，甚足易制，天下無異意，則安寧之術也。置諸侯不便。」始皇曰：「天下共苦戰鬥不休，以有侯王。賴宗廟，天下初定，又復立國，是樹兵也；而求其寧息，豈不難哉！廷尉議是。」

分天下為三十六郡，郡置守、尉、監。

收天下兵聚咸陽，銷以為鐘鐻、金人十二⑥，重各千石，置宮庭中。一法度、衡、石、丈尺⑦。徙天下豪桀於咸陽十二萬戶。

諸廟及章台、上林皆在渭南。每破諸侯，寫放其宮室⑧，作之咸陽北

阪上，南臨渭，自雍門以東至涇、渭，殿屋、復道、周閣相屬⑨，所得諸侯美人、鐘鼓以充入之。

注釋

①勝：克制。

②朔：夏曆每月的初一日。

③紀：通「記」。

④廷尉：秦官，漢沿置，掌刑法。斯：指李斯。

⑤仇讎：仇敵。

⑥銷：熔化金屬。鐘鐻（ㄐㄩˋ），古代樂器。金人，銅人。

⑦一：統一。

⑧寫放：仿照描摹。放，通「仿」。

⑨殿屋：高大的堂屋。復道：高樓間或山岩險要處架空的通道；閣道。相屬（ㄓㄨˇ）：相互接連。

楚漢之爭

題解

　　秦朝末年，由於秦統治者橫徵暴斂，致使各地爆發了大規模的農民起義，並推翻了秦朝統治。此後，起義勢力主要集中在劉邦建立的漢和項羽建立的楚兩方。為了爭奪天下，楚、漢進行了長達四年的戰爭，最後以楚失敗而告終。本文節選自《資治通鑑》卷十、卷十一，標題為編者所加。

【原文】

　　（漢高帝）三年（西元前204）

　　漢王謂陳平曰：「天下紛紛，何時定乎？」陳平曰：「項王骨鯁之臣①，亞父②、鍾離眛、龍且、周殷之屬，不過數人耳。大王誠能捐數萬斤金，行反間，間其君臣，以疑其心；項王為人，意忌信讒，必內相誅，漢因舉兵而攻之，破楚必矣。」漢王曰：「善！」乃出黃金四萬斤與平，恣所為③，不問其出入。平多以金縱反間於楚軍，宣言：「諸將鍾離眛等為項王將，功多矣，然而終不得裂地而王，欲與漢為一，以滅項氏而分王其地。」項王果意不信鍾離眛等。

　　夏，四月，楚圍漢王於滎陽④，急；漢王請和，割滎陽以西者為漢。亞父勸羽急攻滎陽；漢王患之。項羽使使至漢，陳平使為大牢具⑤。舉進，見楚使，即佯驚曰：「吾以為亞父使，乃項王使！」復持去，更以惡草具進楚使⑥。楚使歸，具以報項王，項王果大疑亞父。亞父欲急攻下滎陽城，項王不信，不肯聽。亞父聞項王疑之，乃怒曰：「天下事大定矣，君王自為之，願賜骸骨⑦！」歸，未至彭城，疽發背而死。

注釋

①骨鯁（ㄍㄥˇ）：耿直。

②亞父：這裡指范增。

③恣：放縱，沒有拘束。

④滎陽：縣名。秦置，治所在今河南滎陽縣東北。

　　⑤大牢具：指隆重的禮節。大，此處讀「太」。按《周禮》：王日一舉，鼎十有二物，叫太牢。

　　⑥惡草具：惡，粗惡。草，草率。惡草具在這裡與太牢具相對，指在禮節上怠慢。

　　⑦骸骨：屍骨。指身體。臣下向君王請賜骸骨，意為請求退休。

【原文】

　　五月，將軍紀信言於漢王曰：「事急矣！臣請誑楚①，王可以間出②。」於是陳平夜出女子東門二千餘人，楚因四面擊之。紀信乃乘王車，黃屋③，左纛④，曰：「食盡，漢王降楚。」楚皆呼萬歲，之城東觀。以故漢王得與數十騎出西門遁去，令韓王信與周苛、魏豹、樅公守滎陽。羽見紀信，問：「漢王安在？」曰：「已出去矣。」羽燒殺信。周苛、樅公相謂曰：「反國之王，難與守城！」因殺魏豹⑤。

　　漢王出滎陽，至成皋⑥，入關，收兵欲復東。轅生說漢王曰：「漢與楚相距滎陽數歲，漢常困。願君王出武關，項王必引兵南走。王深壁勿戰，令滎陽、成皋間且得休息，使韓信等得安輯河北趙地⑦，連燕、齊，君王乃復走滎陽。如此，則楚所備者多，力分；漢得休息，復與之戰，破之必矣！」漢王從其計，出軍宛、葉間。與黥布行收兵。羽聞漢王在宛，果引兵南；漢王堅壁不與戰。

注釋

　　①誑：欺騙；迷惑。

　　②間：空隙。引申為乘機。

　　③黃屋：天子的車用黃繒作蓋，所以稱為黃屋。

　　④左纛（ㄉㄠˋ）：纛，旗。古代帝王乘輿上的裝飾物，以犛牛尾或雉尾製成，因設在車衡的左邊，故稱左纛。

　　⑤「周苛、樅公」句：魏豹為項羽所封西魏王，後韓信破魏，將其虜至滎陽，至此，周苛將其殺死。

　　⑥成皋：此處指成皋關，在今河南滎陽汜水鎮西。

　　⑦安輯：安撫。

之用。故天下之事歸於漢王，可坐而策也⑥！夫漢王發蜀、漢，定三秦；涉西河⑦，破北魏；出井陘⑧，誅成安君；此非人之力也，天之福也！今已據敖倉之粟⑨，塞成皋之險⑩，守白馬之津⑪，杜太行之阪⑫，距蜚狐之口⑬；天下後服者先亡矣。王疾先下漢王，齊國可得而保也；不然，危亡可立而待也！」先是，齊聞韓信且東兵，使華無傷、田解將重兵屯歷下，軍以距漢。及納酈生之言⑭，遣使與漢平，乃罷歷下守戰備，與酈生日縱酒為樂。

　　韓信引兵東，未度平原，聞酈食其已說下齊，欲止。辯士蒯徹說信曰：「將軍受詔擊齊，而漢獨發間使下齊，寧有詔止將軍乎？何以得毋行也？且酈生，一士，伏軾掉三寸之舌，下齊七十餘城，將軍以數萬眾，歲餘乃下趙五十餘城。為將數歲，反不如一豎儒之功乎！」於是信然之，遂渡河。

注釋

　　①義帝：秦末農民戰爭中，項梁立楚懷王之孫心為王，仍稱楚懷王。秦亡後，項羽自立為西楚霸王，尊楚懷王為義帝。

　　②三秦：地名。項羽破秦入關後，三分關中之地，封章邯為雍王，司馬欣為塞王，董翳為翟王，合稱三秦。其地相當今陝西秦嶺以北及甘肅東部地區。

　　③責：責問。

　　④倍：通「背」，背棄。

　　⑤畔：同「叛」。

　　⑥策：古代用以計算的小籌。這裡用如動詞，指算定。

　　⑦西河：此指今山西、陝西二省之間黃河河段。

　　⑧井陘：即井陘關，又名土門關。在今河北井陘縣西北井陘山上。地當太行山區進入華北平原的要隘。

　　⑨敖倉：秦置，在今河南滎陽縣東北敖山。

　　⑩成皋：即成皋關。在今河南滎陽汜水鎮西。自古為黃河以南東西交通要道和戰爭要塞。

　　⑪白馬之津：即白馬津。在今河南滑縣東北，秦漢時在白馬縣西北古黃河南岸，與北岸黎陽津相對。

⑫太行之阪：即太行關，一名天井關。在今山西晉城市南。

⑬蜚狐之口：即飛狐口。在今河北蔚縣東南。

⑭納：採納。

【原文】

四年（西元前203）

項羽下梁地十餘城，聞成皋破，乃引兵還。漢軍方圍鍾離昧於滎陽東，聞羽至，盡走險阻。羽亦軍廣武①，與漢相守。數月，楚軍食少。項王患之，乃為俎②，置太公其上③，告漢王曰：「今不急下，吾烹太公！」漢王曰：「吾與羽俱北面受命懷王，約為兄弟，吾翁即若翁；必欲烹而翁，幸分我一杯羹④！」項王怒，欲殺之。項伯曰：「天下事未可知。且為天下者不顧家，雖殺之無益，只益禍耳！」項王從之。

項王謂漢王曰：「天下匈匈數歲者⑤，徒以吾兩人耳。願與漢王挑戰，決雌雄，毋徒苦天下之民父子為也！」漢王笑謝曰：「吾寧鬥智，不能鬥力！」項王三令壯士出挑戰，漢有善騎射者樓煩輒射殺之⑥。項王大怒，乃自被甲持戟挑戰。樓煩欲射之，項王瞋目叱之⑦，樓煩目不敢視，手不敢發，遂走還入壁⑧，不敢復出。漢王使人間問之⑨，乃項王也，漢王大驚。

注釋

①廣武：即廣武城，在今河南滎陽縣東北廣武山上。

②俎：古代剁肉所用的砧板。

③太公：古代尊稱父或祖。這裡指劉邦的父親。

④羹：本指五味調和的濃湯，也泛指煮成濃液的食品。

⑤匈匈：喧擾。

⑥樓煩：縣名。秦置，治所在今山西寧武縣附近。因此地的人善射，所以這裡用樓煩代指善射的人。

⑦瞋（ㄔㄣ）目：瞪大或睜大眼睛，以表示驚詫或憤怒。

⑧壁：營壘。

⑨間：秘密地，悄悄地。

【原文】

於是項王乃即漢王[1]，相與臨廣武間而語。羽欲與漢王獨身挑戰。漢王數羽曰：「羽負約，王我於蜀、漢，罪一；矯殺卿子冠軍，罪二；救趙不還報，而擅劫諸侯兵入關，罪三；燒秦宮室，掘始皇帝塚，收私其財[2]，罪四；殺秦降王子嬰，罪五；詐盜秦子弟新安二十萬[3]，罪六；王諸將善地而徙逐故王，罪七；出逐義帝彭城，自都之，奪韓王地，並王梁、楚，多自與，罪八；使人陰殺義帝江南，罪九；為政不平，主約不信，天下所不容，大逆無道，罪十也。吾以義兵從諸侯誅殘賊，使刑餘罪人擊公，何苦乃與公挑戰！」羽大怒，伏弩射中漢王。漢王傷胸，乃捫足曰[4]：「虜中吾指。」漢王病創臥[5]，張良強請漢王起行勞軍，以安士卒，毋令楚乘勝。漢王出行軍，疾甚，因馳入成皋。

韓信已定臨淄[6]，遂東追齊王。項王使龍且將兵，號二十萬，以救齊，與齊王合軍高密[7]。

客或說龍且曰：「漢兵遠鬥窮戰[8]，其鋒不可當。齊、楚自居其地，兵易敗散。不如深壁，令齊王使其信臣招所亡城；亡城聞王在，楚來救，必反漢。漢兵二千里客居齊地，齊城皆反之，其勢無所得食，可無戰而降也。」龍且曰：「吾平生知韓信為人，易與耳！寄食於漂母，無資身之策；受辱於袴下，無兼人之勇，不足畏也。且夫救齊，不戰而降之，吾何功！今戰而勝之，齊之半可得也。」

注釋

①即：就；往就。

②收私其財：收取其財，以為私有。

③阬：同「坑」。

④捫：撫摸。

⑤創：創傷。

⑥臨淄：即臨淄郡。秦置，治所在臨淄縣（今山東淄博市東北臨淄北）。

⑦高密：戰國齊地，秦置縣，治所在今山東高密縣西南。

⑧遠鬥窮戰：在離家遠的地方竭力戰鬥。

【原文】

十一月，齊、楚與漢夾濰水而陳①。韓信夜令人為萬餘囊，滿盛沙，壅水上流；引軍半渡擊龍且，佯不勝，還走。龍且果喜曰：「固知信怯也！」遂追信。信使人決壅囊，水大至，龍且軍太半不得渡。即急擊殺龍且，水東軍散走，齊王廣亡去。信遂追北至城陽，虜齊王廣。漢將灌嬰追得齊守相田光，進至博陽。田橫聞齊王死，自立為齊王，還擊嬰，嬰敗橫軍於嬴下。田橫亡走梁，歸彭越。嬰進擊齊將田吸於千乘②，曹參擊田既於膠東，皆殺之，盡定齊地。

韓信使人言漢王曰：「齊偽詐多變，反覆之國也；南邊楚③。請為假王以鎮之。」漢王發書，大怒，罵曰：「吾困於此，旦暮望若來佐我，乃欲自立為王！」張良、陳平躡漢王足④，因附耳語曰：「漢方不利，寧能禁信之自王乎！不如因而立之，善遇，使自為守；不然，變生。」漢王亦悟，因復罵曰：「大丈夫定諸侯，即為真王耳，何以假為！」春，二月，遣張良操印立韓信為齊王⑤，征其兵擊楚。

注釋

①濰水：即今山東東部濰河。陳：同「陣」，分佈陣勢。
②千乘：即千乘邑，戰國齊地，在今山東高青縣東南高苑城北。
③邊：近旁。引申為靠近、接壤。
④躡：踩；踏。
⑤操：持，拿著。

【原文】

項王聞龍且死，大懼，使盱台人武涉往說齊王信曰①：「天下共苦秦久矣，相與勠力擊秦②。秦已破，計功割地，分土而王之，以休士卒。今漢王復興兵而東，侵人之分，奪人之地；已破三秦，引兵出關，收諸侯之兵以東擊楚，其意非盡吞天下者不休，其不知厭足如是甚也！且漢王不可必：身居項王掌握中數矣，項王憐而活之；然得脫，輒倍約，復擊項王，其不可親信如此。今足下雖自以漢王為厚交，為之盡力用兵，必終為所禽矣③。足下所以得須臾至今者，以項王尚存也。當今二王之事，權在足

下，足下右投則漢王勝，左投則項王勝。項王今日亡，則次取足下。足下與項王有故，何不反漢與楚連和，參分天下王之④！今釋此時而自必於漢以擊楚，且為智者固若此乎？」韓信謝曰：「臣事項王，官不過郎中⑤，位不過執戟；言不聽，畫不用，故倍楚而歸漢⑥。漢王授我上將軍印，予我數萬眾，解衣衣我，推食食我，言聽計用，故吾得以至於此。夫人深親信我，我倍之不祥；雖死不易！幸為信謝項王。」

【注釋】

①盱台（ㄒㄩ　ㄧˊ）：即盱眙（ㄧˊ），縣名，在今江蘇西部。
②勠力：合力，並力。
③禽：通「擒」。
④參分：即三分。參，通「三」。
⑤郎中：官名。始於戰國，漢代沿置，屬郎中令，管理車、騎、門戶，並充侍衛，外從作戰。
⑥倍：通「背」。背棄。

【原文】

項羽自知少助；食盡，韓信又進兵擊楚，羽患之①。漢遣侯公說羽請太公。羽乃與漢約，中分天下，割洪溝以西為漢②，以東為楚。九月，楚歸太公、呂后，引兵解而東歸。漢王欲西歸，張良、陳平說曰：「漢有天下太半，而諸侯皆附；楚兵疲食盡，此天亡之時也。今釋弗擊，此所謂『養虎自遺患』也③。」漢王從之。

【注釋】

①患：憂慮。
②洪溝：即鴻溝，古運河名，楚漢相爭時曾劃鴻溝為界：東面是楚，西面是漢。
③遺：留。

【原文】

五年（西元前202）

　　冬，十月，漢王追項羽至固陵，與齊王信、魏相國越期會擊楚；信、越不至，楚擊漢軍，大破之。漢王復堅壁自守[①]，謂張良曰：「諸侯不從，奈何？」對曰：「楚兵且破，二人未有分地，其不至固宜。君王能與共天下，可立致也。齊王信之立，非君王意，信亦不自堅；彭越本定梁地，始，君王以魏豹故拜越為相國；今豹死，越亦望王，而君王不早定。今能取睢陽以北至穀城皆以王彭越，從陳以東傅海與韓王信。信家在楚，其意欲復得故邑。能出捐此地以許兩人，使各自為戰，則楚易破也。」漢王從之。於是韓信、彭越皆引兵來。

　　十二月，項王至垓下[②]，兵少，食盡，與漢戰不勝，入壁；漢軍及諸侯兵圍之數重。項王夜聞漢軍四面皆楚歌，乃大驚曰：「漢皆已得楚乎？是何楚人之多也？」則夜起，飲帳中，悲歌慷慨，泣數行下；左右皆泣[③]，莫能仰視。於是項王乘其駿馬名騅，麾下壯士騎從者八百餘人，直夜[④]，潰圍南出馳走。平明，漢軍乃覺之，令騎將灌嬰以五千騎追之。項王渡淮，騎能屬者才百餘人。至陰陵[⑤]，迷失道，問一田父，田父紿曰「左」[⑥]。左，乃陷大澤中，以故漢追及之。

注釋

　　①壁：營壘。
　　②垓下：地名。在今安徽靈璧東南。
　　③泣：低聲哭。
　　④直：當。
　　⑤陰陵：縣名，秦置，治所在今安徽定遠縣西北。
　　⑥紿（ㄉㄞˋ）：欺騙；哄騙。

【原文】

　　項王乃復引兵而東，至東城，乃有二十八騎。漢騎追者數千人，項王自度不得脫[①]，謂其騎曰：「吾起兵至今，八歲矣；身七十餘戰，未嘗敗北，遂霸有天下。然今卒困於此[②]，此天之亡我，非戰之罪也。今日固決死，願為諸君快戰，必潰圍，斬將，刈旗[③]，三勝之，令諸君知天亡我，非戰之罪也。」乃分其騎以為四隊，四鄉。漢軍圍之數重。項王謂其騎曰：「吾為公取彼一將！」令四面騎馳下，期山東為三處。於是項王大呼

馳下，漢軍皆披靡，遂斬漢一將。是時，郎中騎楊喜追項王，項王瞋目而叱之，喜人馬俱驚，辟易數里④。項王與其騎會為三處，漢軍不知項王所在，乃分軍為三，復圍之。項王乃馳，復斬漢一都尉，殺數十百人。復聚其騎，亡其兩騎耳。乃謂其騎曰：「何如？」騎皆伏曰：「如大王言！」

注釋

①度：推測，估計。

②卒：終於。

③刈（一ˋ）：割。引申為砍。

④辟易：驚退。

【原文】

於是項王欲東渡烏江，烏江亭長艤船待①，謂項王曰：「江東雖小，地方千里，眾數十萬人，亦足王也。願大王急渡！今獨臣有船，漢軍至，無以渡。」項王笑曰：「天之亡我，我何渡為！且籍與江東子弟八千人渡江而西②，今無一人還；縱江東父兄憐而王我，我何面目見之！縱彼不言，籍獨不愧於心乎！」乃以所乘騅馬賜亭長③，令騎皆下馬步行，持短兵接戰。獨籍所殺漢軍數百人，身亦被十餘創④。顧見漢騎司馬呂馬童，曰：「若非吾故人乎？」馬童面之⑤，指示中郎騎王翳曰：「此項王也！」項王乃曰：「吾聞漢購我頭千金，邑萬戶，吾為若德⑥。」乃自刎而死。王翳取其頭，餘騎相蹂踐爭項王，相殺者數十人。最其後，楊喜、呂馬童及郎中呂勝、楊武各得其一體；五人共會其體，皆是，故分其戶，封五人皆為列侯。

注釋

①艤（一ˇ）：使船靠岸。

②籍：項王名籍，字羽。

③騅（ㄓㄨㄟ）馬：毛色蒼白相雜的馬。

④被：遭，受。

⑤面：通「背」，即不正視，背對著。

⑥德：功德。

【原文】

太史公曰：羽起隴畝之中①，三年，遂將五諸侯滅秦，分裂天下而封王侯，政由羽出；位雖不終，近古以來未嘗有也！及羽背關懷楚②，放逐義帝而自立；怨王侯叛己，難矣！自矜功伐，奮其私智而不師古，謂霸王之業，欲以力征經營天下③。五年，卒亡其國，身死東城④，尚不覺悟而不自責，乃引「天亡我，非用兵之罪也」，豈不謬哉！

注釋

①隴畝：隴，通「壟」。隴畝，指農田。
②背關：指違背約定不以沛公為關中王。懷楚：指想東歸彭城。
③力征：以武力征伐。
④東城：古縣名。秦置，治所在今安徽定遠東南。

漢與匈奴和親

題解

　　西漢初建不久，受到北邊匈奴的不斷侵擾。由於當時值大亂後不久，國力衰弱，無力與匈奴抗衡，因此只好以本國公主嫁入匈奴和親。本文節選自《資治通鑒》卷十二，標題為編者所加。

【原文】

　　（漢高帝）八年（西元前199）

　　（秋，九月）匈奴冒頓數苦北邊①。上患之②，問劉敬，劉敬曰：「天下初定，士卒罷於兵③，未可以武服也。冒頓殺父代立，妻群母，以力為威，未可以仁義說也。獨可以計久遠，子孫為臣耳；然恐陛下不能為。」上曰：「奈何？」對曰：「陛下誠能以適長公主妻之④，厚奉遺之，彼必慕，以為閼氏⑤，生子，必為太子。陛下以歲時漢所餘，彼所鮮，數問遺，因使辯士風諭以禮節。冒頓在，固為子婿；死，則外孫為單于；豈嘗聞外孫敢與大父抗禮者哉！可無戰以漸臣也⑥。若陛下不能遣長公主，而令宗室及後宮詐稱公主，彼知，不肯貴近，無益也。」帝曰：「善！」欲遣長公主。呂后日夜泣曰：「妾唯太子、一女，奈何棄之匈奴！」上竟不能遣。

注釋

　　①冒頓（ㄇㄛˋ ㄉㄨˊ）：匈奴單于，西元前209年至前174年在位，是我國匈奴族著名的政治家。西漢初年，匈奴勢力強大，經常南下侵擾中國。苦：這裡指侵擾中國。

　　②患：憂慮。

　　③罷：通「疲」。

　　④適：通「嫡」。指皇后所生。

　　⑤閼氏（ㄧㄢ ㄓ）：漢時匈奴之妻的稱號。

　　⑥漸臣：慢慢地使之稱臣。

【原文】

九年（西元前198）

冬，上取家人子名為長公主，以妻單于；使劉敬往結和親約。

劉敬從匈奴來，因言：「匈奴河南白羊、樓煩王，去長安近者七百里，輕騎一日一夜可以至秦中①。秦中新破，少民，地肥饒，可益實②。夫諸侯初起時，非齊諸田、楚昭、屈、景莫能興。今陛下雖都關中③，實少民，東有六國之強族④，一日有變，陛下亦未得高枕而臥也。臣願陛下徙六國後及豪桀、名家居關中⑤，無事可以備胡，諸侯有變，亦足率以東伐。此強本弱末之術也。」上曰：「善！」十一月，徙齊、楚大族昭氏、屈氏、景氏、懷氏、田氏五族及豪桀於關中，與利田、宅，凡十餘萬口。

注釋

①輕騎：裝備輕便、行動迅速的騎兵。秦中：古地區名。指今陝西中部平原地區。

②益實：遷去人口，使其充實。

③關中：指陝西關中盆地。

④強族：強大的家族。族，聚居並有血統關係的人群的統稱。

⑤豪桀：才能出眾的人。亦指倚仗權勢橫行一方的人。

【原文】

（惠帝）三年（西元前192）

（春）以宗室女為公主，嫁匈奴冒頓單于。是時，冒頓方強，為書①，使使遺高后，辭極褻嫚②。高后大怒，召將相大臣，議斬其使者，發兵擊之。樊噲曰：「臣願得十萬眾橫行匈奴中！」中郎將季布曰：「噲可斬也！前匈奴圍高帝於平城，漢兵三十二萬，噲為上將軍，不能解圍。今歌吟之聲未絕，傷夷者甫起③，而噲欲搖動天下，妄言以十萬眾橫行，是面謾也④。且夷狄譬如禽獸，得其善言不足喜，惡言不足怒也。」高后曰：「善！」令大謁者張釋報書⑤，深自謙遜以謝之，並遺以車二乘，馬二駟⑥。冒頓復使使來謝，曰：「未嘗聞中國禮義，陛下幸而赦之。」因獻馬，遂和親。

注釋

①為書：寫書信。

②褻嫚：輕慢；輕視；侮辱。

③甫：剛剛。

④面謾：當面欺騙。

⑤謁者：官名。始置於春秋、戰國時，為國君掌管上傳下達。秦漢沿置。

⑥駟：古代同拉一車的四匹馬為駟。

周勃安劉

題解

　　西漢高祖劉邦死後，大權落在呂后手中，呂后企圖通過立呂氏為王的手段來鞏固呂家在漢朝的地位。呂后死後，周勃等人剷除諸呂，恢復劉氏的統治地位。本文節選自《資治通鑑》卷十三，標題為編者所加。

【原文】

　　（高后）元年（西元前187）

　　冬，太后議欲立諸呂為王，問右丞相陵。陵曰：「高帝刑白馬盟曰①：『非劉氏而王，天下共擊之。』今王呂氏，非約也。」太后不說②，問左丞相平、太尉勃，對曰：「高帝定天下，王子弟；今太后稱制③，王諸呂，無所不可。」太后喜，罷朝。王陵讓陳平、絳侯曰④：「始與高帝啑血盟，諸君不在邪？今高帝崩，太后女主，欲王呂氏；諸君縱欲阿意背約，何面目見高帝於地下乎？」陳平、絳侯曰：「於今，面折廷爭⑤，臣不如君；全社稷，定劉氏之後，君亦不如臣。」陵無以應之。十一月，甲子，太后以王陵為帝太傅，實奪之相權。陵遂病免歸。

　　乃以左丞相平為右丞相，以辟陽侯審食其為左丞相，不治事，令監宮中，如郎中令。食其故得幸於太后，公卿皆因而決事。

　　太后怨趙堯為趙隱王謀，乃抵堯罪。

　　上黨守任敖嘗為沛獄吏，有德於太后，乃以為御史大夫。太后又追尊其父臨泗侯呂公為宣王，兄周呂令武侯澤為悼武王，欲以王諸呂為漸。

　　（夏，四月）太后欲王呂氏，乃先立所名孝惠子彊為淮陽王，不疑為恒山王；使大謁者張釋風大臣⑥。大臣乃請立悼武王長子酈侯台為呂王，割齊之濟南郡為呂國。

注釋

　　①刑：殺。
　　②說：通「悅」。

③稱制：即代行皇帝職權。制，指皇帝的詔命。
④讓：責備。絳侯：周勃任太尉，封絳侯。
⑤面折：當面斥責他人過失。廷爭：在朝廷上向皇帝諫諍。
⑥風：通「諷」，用委婉的語言暗示、勸告或指責。

【原文】

四年（西元前184）

（夏，四月）少帝浸長①，自知非皇后子，乃出言曰：「后安能殺吾母而名我！我壯，即為變！」太后聞之，幽之永巷中②，言帝病，左右莫得見。太后語群臣曰：「今皇帝病久不已，失惑昏亂，不能繼嗣治天下；其代之。」群臣皆頓首言：「皇太后為天下齊民計③，所以安宗廟、社稷甚深。群臣頓首奉詔。」遂廢帝，幽殺之。五月，丙辰，立恒山王義為帝，更名曰弘，不稱元年，以太后制天下事故也。以軹侯朝為恒山王④。

注釋

①浸：漸漸。
②幽：囚禁。永巷：漢代幽禁妃嬪或宮女的處所。
③齊民：舊指平民。
④軹（ㄓˇ）：古地名，這裡用作侯名。

【原文】

七年（西元前181）

春，正月，太后召趙幽王友。友以諸呂女為后，弗愛，愛他姬。諸呂女怒，去，讒之於太后曰：「王言『呂氏安得王！太后百歲後，吾必擊之。』」太后以故召趙王，趙王至，置邸，不得見，令衛圍守之，弗與食；其群臣或竊饋，輒捕論之①。丁丑，趙王餓死，以民禮葬之長安民塚次②。

（秋，七月）呂嬃女為將軍、營陵侯劉澤妻③。澤者，高祖從祖昆弟也④。齊人田生為之說大謁者張卿曰：「諸呂之王也，諸大臣未大服。今營陵侯澤，諸劉最長；今卿言太后王之，呂氏王益固矣。」張卿入言太后，太后然之，乃割齊之琅邪郡封澤為琅邪王。

趙王恢之徙趙，心懷不樂。太后以呂產女為王后，王后從官皆諸呂，擅權⑤，微伺趙王⑥，趙王不得自恣。王有所愛姬，王后使人鴆殺之⑦。六月，王不勝悲憤，自殺。太后聞之，以為王用婦人棄宗廟禮，廢其嗣。

注釋

①捕論：捕捉論罪。

②次：指所在的地方。

③呂嬃（ㄒㄩ）：呂太后的妹妹，樊噲的妻子。（古稱姐姐）

④昆弟：弟兄。

⑤擅權：專權。

⑥微伺：偷偷觀察。

⑦鴆（ㄓㄣˋ）：據説鴆鳥黑身赤目，食蝮蛇野葛。以其羽浸酒，飲之立死。

【原文】

是時，諸呂擅權用事。朱虛侯章，年二十，有氣力，忿劉氏不得職。嘗入侍太后燕飲①，太后令章為酒吏。章自請曰：「臣將種也，請得以軍法行酒。」太后曰：「可。」酒酣，章請為《耕田歌》，太后許之。章曰：「深耕概種②，立苗欲疏；非其種者，鋤而去之！」太后默然。頃之，諸呂有一人醉，亡酒，章追，拔劍斬之而還，報曰：「有亡酒一人，臣謹行法斬之！」太后左右皆大驚，業已許其軍法，無以罪也，因罷。自是之後，諸呂憚朱虛侯，雖大臣皆依朱虛侯，劉氏為益強。

陳平患諸呂，力不能制，恐禍及己。嘗燕居深念③，陸賈往，直入坐，而陳丞相不見。陸生曰：「何念之深也！」陳平曰：「生揣我何念？」陸生曰：「足下極富貴，無欲矣；然有憂念，不過患諸呂、少主耳。」陳平曰：「然！為之奈何？」陸生曰：「天下安，注意相；天下危，注意將。將相和調，則士豫附④；天下雖有變，權不分。為社稷計，在兩君掌握耳。臣常欲謂太尉絳侯，絳侯與我戲，易吾言。君何不交歡太尉，深相結？」因為陳平畫呂氏數事⑤。陳平用其計，乃以五百金為絳侯壽，厚具樂飲；太尉報亦如之。兩人深相結，呂氏謀益衰。陳平以奴婢百人、車馬五十乘、錢五百萬遺陸生為飲食費。

注釋

①燕：通「宴」，用酒肉招待客人。

②稅（ㄐㄧˋ）：稠密。

③燕居深念：指靜居獨自思考計策。

④豫附：心悅而歸附。

⑤因：於是，就。

【原文】

八年（西元前180）

秋，七月，太后病甚，乃令趙王祿為上將軍，居北軍；呂王產居南軍。太后誡產、祿曰：「呂氏之王，大臣弗平。我即崩，帝年少，大臣恐為變。必據兵衛宮，慎毋送喪，為人所制！」辛巳，太后崩，遺詔：大赦天下，以呂王產為相國，以呂祿女為帝后。高后已葬，以左丞相審食其為帝太傅。

諸呂欲為亂，畏大臣絳、灌等，未敢發。朱虛侯以呂祿女為婦，故知其謀，乃陰令人告其兄齊王，欲令發兵西，朱虛侯、東牟侯為內應，以誅諸呂，立齊王為帝。齊王乃與其舅駟鈞、郎中令祝午、中尉魏勃陰謀發兵。齊相召平弗聽。八月，丙午，齊王欲使人誅相。相聞之，乃發卒衛王宮。魏勃紿召平曰：「王欲發兵，非有漢虎符驗也①。而相君圍王固善，勃請為君將兵衛王。」召平信之。勃既將兵，遂圍相府，召平自殺。於是齊王以駟鈞為相，魏勃為將軍，祝午為內史，悉發國中兵②。

使祝午東詐琅邪王曰：「呂氏作亂，齊王發兵欲西誅之。齊王自以年少，不習兵革之事，願舉國委大王③。大王，自高帝將也。請大王幸之臨菑，見齊王計事④。」琅邪王信之，西馳見齊王。齊王因留琅邪王，而使祝午盡發琅邪國兵，並將之。琅邪王說齊王曰：「大王，高皇帝適長孫也⑤，當立。今諸大臣狐疑未有所定，而澤於劉氏最為長年，大臣固待澤決計。今大王留臣，無為也，不如使我入關計事。」齊王以為然，乃益具車送琅邪王。琅邪王既行，齊遂舉兵西攻濟南。遺諸侯王書，陳諸呂之罪，欲舉兵誅之。

相國呂產等聞之，乃遣潁陰侯灌嬰將兵擊之。灌嬰至滎陽，謀曰：

「諸呂擁兵關中，欲危劉氏而自立。今我破齊還報，此益呂氏之資也。」
乃留屯滎陽，使使諭齊王及諸侯與連和⑥，以待呂氏變，共誅之。齊王聞
之，乃還兵西界待約。

注釋

①虎符：古代帝王授予臣屬兵權和調撥軍隊的信物。

②國：這裡指都城。

③國：這裡指齊王的封地。

④計事：謀劃事宜。

⑤適：通「嫡」。

⑥諭：告訴。連和：聯合。

【原文】

　　呂祿、呂產欲作亂，內憚絳侯、朱虛等，外畏齊、楚兵，又恐灌嬰
畔之①，欲待灌嬰兵與齊合而發，猶豫未決。當是時，濟川王太、淮陽王
武、常山王朝及魯王張偃皆年少，未之國②，居長安；趙王祿、梁王產各
將兵居南、北軍；皆呂氏之人也。列侯群臣莫自堅其命③。太尉絳侯勃不
得主兵④。曲周侯酈商老病，其子寄與呂祿善。絳侯乃與丞相陳平謀，使
人劫酈商，令其子寄往紿說呂祿曰：「高帝與呂后共定天下，劉氏所立九
王，呂氏所立三王，皆大臣之議，事已佈告諸侯，皆以為宜。今太后崩，
帝少，而足下佩趙王印，不急之國守藩，乃為上將，將兵留此，為大臣
諸侯所疑。足下何不歸將印，以兵屬太尉，請梁王歸相國印，與大臣盟而
之國。齊兵必罷，大臣得安，足下高枕而王千里，此萬世之利也。」呂
祿信然其計，欲以兵屬太尉。使人報呂產及諸呂老人，或以為便⑤，或曰
不便，計猶豫未有所決。呂祿信酈寄，時與出遊獵，過其姑呂嬃。嬃大
怒曰：「若為將而棄軍⑥，呂氏今無處矣！」乃悉出珠玉、寶器散堂下，
曰：「毋為他人守也！」

注釋

①畔：通「叛」。

②之：往；到。

③堅：堅持。

④主：掌管。

⑤便：有利。

⑥若：你。

【原文】

　　九月，庚申旦，平陽侯窋行御史大夫事①，見相國產計事。郎中令賈壽使從齊來，因數產曰②：「王不早之國，今雖欲行，尚可得邪！」具以灌嬰與齊、楚合從欲誅諸呂告產，且趣產急入宮。平陽侯頗聞其語，馳告丞相、太尉。

　　太尉欲入北軍，不得入。襄平侯紀通尚符節，乃令持節矯內太尉北軍。太尉復令酈寄與典客劉揭先說呂祿曰：「帝使太尉守北軍，欲足下之國，急歸將印辭去。不然，禍且起③。」呂祿以為酈況不欺己，遂解印屬典客，而以兵授太尉。太尉至軍，呂祿已去。太尉入軍門，行令軍中曰：「為呂氏右袒，為劉氏左袒！」軍中皆左袒，太尉遂將北軍。然尚有南軍。丞相平乃召朱虛侯章佐太尉；太尉令朱虛侯監軍門，令平陽侯告衛尉：「毋入相國產殿門。」

　　呂產不知呂祿已去北軍，乃入未央宮④，欲為亂。至殿門，弗得入，徘徊往來。平陽侯恐弗勝，馳語太尉。太尉尚恐不勝諸呂，未敢公言誅之，乃謂朱虛侯曰：「急入宮衛帝！」朱虛侯請卒，太尉予卒千餘人。入未央宮門，見產廷中。日餔時⑤，遂擊產，產走。天風大起，以故其從官亂，莫敢鬥；逐產，殺之郎中府吏廁中。朱虛侯已殺產，帝命謁者持節勞朱虛侯。朱虛侯欲奪其節，謁者不肯。朱虛侯則從與載，因節信馳走⑥，斬長樂衛尉呂更始。還，馳入北軍報太尉。太尉起拜賀。朱虛侯曰：「所患獨呂產。今已誅，天下定矣！」遂遣人分部悉捕諸呂男女，無少長皆斬之。辛酉，捕斬呂祿而笞殺呂嬃⑦，使人誅燕王呂通而廢魯王張偃。戊辰，徙濟川王王梁。遣朱虛侯章以誅諸呂事告齊王，令罷兵。

　　灌嬰在滎陽，聞魏勃本教齊王舉兵，使使召魏勃至，責問之。勃曰：「失火之家，豈暇先言丈人而後救火乎⑧！」因退立，股戰而栗，恐不能言者，終無他語。灌將軍熟視笑曰：「人謂魏勃勇，妄庸人耳，何能為乎！」乃罷魏勃。灌嬰兵亦罷滎陽歸。

【注釋】

①窋（ㄓㄨˊ）：同「窟」。

②數：責備。

③且：將要；就要。

④未央宮：遺址在今陝西西安市西北郊漢長安故城內西南隅。

⑤日鋪時：即下午三點至五點。鋪，通「晡」。

⑥因節信：以謁者所持之節為憑信。因，憑依。

⑦笞：鞭打；杖擊。一說用竹板或荊條打人脊背或臀腿的刑罰。

⑧丈人：古代對老人的通稱。

【原文】

　　諸大臣相與陰謀曰①：「少帝及梁、淮陽、恒山王，皆非真孝惠子也。呂后以計詐名他人子，殺其母養後宮，令孝惠子之，立以為後及諸王，以強呂氏。今皆已夷滅諸呂，而所立即長，用事，吾屬無類矣。不如視諸王最賢者立之。」或言：「齊王，高帝長孫，可立也。」大臣皆曰：「呂氏以外家惡而幾危宗廟②，亂功臣。今齊王舅駟鈞，虎而冠③；即立齊王，復為呂氏矣。代王方今高帝見子最長，仁孝寬厚；太后家薄氏謹良④。且立長固順，況以仁孝聞天下乎！」乃相與共陰使人召代王。

【注釋】

①陰謀：暗中計議。

②外家：即外戚。指帝王的母親、妻子方面的親戚。

③虎而冠：如虎而著冠，指非常兇惡。

④謹良：恭敬賢良。

【原文】

　　代王問左右，郎中令張武等曰：「漢大臣皆故高帝時大將，習兵，多謀詐。此其屬意非止此也，特畏高帝、呂太后威耳。今已誅諸呂，新嗅血京師①，此以迎大王為名，實不可信。願大王稱疾毋往，以觀其變。」中尉宋昌進曰：「群臣之議皆非也。夫秦失其政，諸侯、豪傑並起，人人

自以為得之者以萬數，然卒踐天子之位者，劉氏也，天下絕望②，一矣。高帝封王子弟，地犬牙相制，此所謂磐石之宗也，天下服其強，二矣。漢興，除秦苛政，約法令，施德惠，人人自安，難動搖，三矣。夫以呂太后之嚴，立諸呂為三王，擅權專制；然而太尉以一節入北軍一呼③，士皆左袒為劉氏，叛諸呂，卒以滅之。此乃天授，非人力也。今大臣雖欲為變，百姓弗為使④，其黨寧能專一邪？方今內有朱虛、東牟之親，外畏吳、楚、淮陽、琅邪、齊、代之強。方今高帝子，獨淮南王與大王。大王又長，賢聖仁孝聞於天下，故大臣因天下之心而欲迎立大王。大王勿疑也。」代王報太后計之。猶豫未定，卜之，兆得大橫。占曰：「大橫庚庚，余為天王，夏啟以光。」代王曰：「寡人固已為王矣，又何王？」卜人曰：「所謂天王者，乃天子也。」於是代王遣太后弟薄昭往見絳侯，絳侯等具為昭言所以迎立王意。薄昭還報曰：「信矣，無可疑者。」代王乃笑謂宋昌曰：「果如公言。」

　　乃命宋昌參乘⑤，張武等六人乘傳⑥，從詣長安。至高陵，休止，而使宋昌先馳之長安觀變。昌至渭橋，丞相以下皆迎。昌還報。代王馳至渭橋，群臣拜謁稱臣，代王下車答拜。太尉勃進曰：「願請閒⑦。」宋昌曰：「所言公，公言之；所言私，王者無私。」太尉乃跪上天子璽、符。代王謝曰⑧：「至代邸而議之。」

注釋

　　①喋血：踐血而行。指殺人很多。

　　②絕望：斷絕希望。

　　③節：符節。這裡指調動軍隊的信物。

　　④使：使用。

　　⑤參乘（ㄕㄥˋ）：陪乘或陪乘的人。古代乘車，尊者在左，御者在中，又一人在右，稱參乘或車右。

　　⑥乘傳（ㄔㄥˊ ㄓㄨㄢˋ）：乘驛站的傳車。

　　⑦願請閒：指找個安靜的地方，即沒人的地方。閒，安靜；清靜。

　　⑧謝：推辭；謝絕。

【原文】

後九月，己酉晦①，代王至長安，舍代邸②，群臣從至邸。丞相陳平等皆再拜言曰：「子弘等皆非孝惠子，不當奉宗廟。大王，高帝長子，宜為嗣。願大王即天子位。」代王西鄉讓者三③，南鄉讓者再，遂即天子位。群臣以禮次侍。

東牟侯興居曰：「誅呂氏，臣無功，請得除宮。」乃與太僕汝陰侯滕公入宮，前謂少帝曰：「足下非劉氏子，不當立！」乃顧麾左右執戟者掊兵罷去④；有數人不肯去兵，宦者令張釋諭告，亦去兵。滕公乃召乘輿車載少帝出。少帝曰：「欲將我安之乎？」滕公曰：「出就舍。」舍少府。乃奉天子法駕迎代王於邸，報曰：「宮謹除。」代王即夕入未央宮。有謁者十人持戟衛端門⑤，曰：「天子在也，足下何為者而入？」代王乃謂太尉。太尉往諭，謁者十人皆掊兵而去，代王遂入。夜，拜宋昌為衛將軍，鎮撫南北軍；以張武為郎中令，行殿中。有司分部誅滅梁、淮陽、恒山王及少帝於邸。文帝還坐前殿，夜，下詔書赦天下。

注釋

①晦：陰曆月終。
②舍：住宿；止宿。邸：漢諸郡王侯為朝見而在京都設置的住所。
③鄉：通「向」。面向，朝著。
④掊兵：指放下兵器。
⑤端門：宮殿的正門。

七國之叛

　　西漢初年，採用秦的郡縣制和周的分封制，在中央所直轄的郡縣之外，又分封同姓子弟，成立若干王國。到了漢文帝時，逐漸出現尾大不掉之勢，為此賈誼主張把這些王國分裂開來。到了漢景帝時削弱諸侯的要求更加迫切，鼂錯又提出這項計畫。這時吳楚七國叛變的形勢已成，打出「誅鼂錯，清君側」的旗號，鼂錯被殺。但由於周亞夫的卓越智謀，漢統治者很快就把叛亂平定下去。本文節選自《資治通鑒》卷十六，標題為編者所加。

【原文】

　　（漢景帝）前三年（西元前154）

　　冬，十月，梁王來朝[1]。時上未置太子[2]，與梁王宴飲，從容言曰[3]：「千秋萬歲後傳於王。」王辭謝，雖知非至言[4]，然心內喜，太后亦然。詹事竇嬰引卮酒進上曰[5]：「天下者，高祖之天下，父子相傳，漢之約也，上何以得傳梁王！」太后由此憎嬰。嬰因病免；太后除嬰門籍[6]，不得朝請[7]。梁王以此益驕。

注釋

　　①梁王：漢景帝幼弟，有寵於太后。
　　②上：指漢景帝。
　　③從容：舒緩；不急迫。
　　④至言：包含著深刻道理而又很有價值的話語。
　　⑤卮（ㄓ）：古代一種盛酒的器皿。
　　⑥門籍：漢代書有朝臣姓名的門證，憑以出入宮門。
　　⑦朝請：漢朝的制度。諸侯入朝，在春季的叫朝，在秋季的叫請。後來泛指朝見。

【原文】

　　初，孝文時[1]，吳太子入見，得侍皇太子飲、博。吳太子博爭道[2]，

不恭；皇太子引博局提吳太子③，殺之。遣其喪歸葬，至吳，吳王慍曰④：「天下同宗，死長安即葬長安，何必來葬為！」復遣喪之長安葬。吳王由此稍失藩臣之禮，稱疾不朝。京師知其以子故，繫治、驗問吳使者⑤；吳王恐，始有反謀。後使人為秋請，文帝復問之，使者對曰：「王實不病；漢繫治使者數輩，吳王恐，以故遂稱病。夫『察見淵中魚不祥』；唯上棄前過，與之更始。」於是文帝乃赦吳使者，歸之，而賜吳王几杖⑥，老，不朝。吳得釋其罪，謀亦益解。然其居國，以銅、鹽故，百姓無賦；卒踐更⑦，輒予平賈；歲時存問茂材⑧，賞賜閭里⑨；他郡國吏欲來捕亡人者⑩，公共禁弗予⑪。如此者四十餘年。

注釋

①孝文：即漢文帝。

②爭道：賭博時為了著棋所走的路子發生爭執。

③博局：圍棋盤，博戲所用之枰。提：擲。

④慍：怒。

⑤繫治、驗問：拘押、審訊。

⑥几杖：老人居則憑几，行則攜杖。古時常用以表示敬老。

⑦踐更：漢代的特別名詞，意思是應徵服役。

⑧茂材：即「秀才」。東漢時為避光武帝劉秀名諱，改秀才為茂才。

⑨閭里：鄉里。

⑩亡人：逃亡在外的人。

⑪公共禁弗予：公然包庇亡命的人不交出。

【原文】

　　鼌錯數上書言吳過，可削①；文帝寬，不忍罰，以此吳日益橫。及帝即位，錯說上曰：「昔高帝初定天下，昆弟少，諸子弱，大封同姓，齊七十餘城，楚四十餘城，吳五十餘城；封三庶孽②，分天下半。今吳王前有太子之郄③，詐稱病不朝，於古法當誅。文帝弗忍，因賜几杖，德至厚，當改過自新；反益驕溢，即山鑄錢，煮海水為鹽，誘天下亡人謀作亂。今削之亦反，不削亦反。削之，其反亟④，禍小；不削，反遲，禍大。」上令公卿、列侯、宗室雜議⑤，莫敢難；獨竇嬰爭之，由此與錯

有郤。及楚王戊來朝，錯因言：「戊往年為薄太后服，私奸服舍，請誅之。」詔赦，削東海郡。及前年，趙王有罪，削其常山郡；膠西王卬以賣爵事有奸，削其六縣。

注釋

①削：分割。這裡指削減封地。

②庶孽：即「庶子」。舊時指妾媵所生之子。

③郤（ㄒㄧˋ）：通「隙」。空隙。引申為嫌隙。

④亟：急迫。

⑤雜議：互相議論。

【原文】

廷臣方議削吳。吳王恐削地無已，因發謀舉事。念諸侯無足與計者，聞膠西王勇，好兵，諸侯皆畏憚之，於是使中大夫應高口說膠西王曰①：「今者，主上任用邪臣，聽信讒賊，侵削諸侯，誅罰良重②，日以益甚。語有之曰：『猘穔及米③。』吳與膠西，知名諸侯也，一時見察，不得安肆矣。吳王身有內疾，不能朝請二十餘年，常患見疑，無以自白，脅肩累足④，猶懼不見釋。竊聞大王以爵事有過。所聞諸侯削地，罪不至此；此恐不止削地而已。」王曰：「有之。子將奈何？」高曰：「吳王自以為與大王同憂，願因時循理，棄軀以除患於天下，意亦可乎？」膠西王瞿然駭曰⑤：「寡人何敢如是！主上雖急，固有死耳，安得不事！」高曰：「御史大夫鼂錯，營惑天子⑥，侵奪諸侯，朝廷疾怨，諸侯皆有背叛之意，人事極矣。彗星出，蝗蟲起，此萬世一時；而愁勞，聖人所以起也。吳王內以鼂錯為誅，外從大王後車，方洋天下⑦，所向者降，所指者下，莫敢不服。大王誠幸而許之一言，則吳王率楚王略函谷關，守滎陽、敖倉之粟，距漢兵，治次舍，須大王。大王幸而臨之，則天下可併，兩主分割，不亦可乎！」王曰：「善！」歸，報吳王，吳王猶恐其不果，乃身自為使者，至膠西面約之。膠西群臣或聞王謀，諫曰：「諸侯地不能當漢十二，為叛逆以憂太后，非計也。今承一帝，尚云不易；假令事成，兩主分爭，患乃益生。」王不聽，遂發使約齊、菑川、膠東、濟南，皆許諾。

注釋

①中大夫：宮內的官。

②良重：甚重。

③猞（ㄊㄚˋ）穅及米：先舔外面的穅，以後就輪到米了。比喻蠶食不已，得寸進尺。猞，本指狗吃東西，引申為以舌舔食。

④脅肩累足：脅肩，聳肩。累足，兩隻腳疊起來，表示畏懼。

⑤瞿然：驚愕的樣子。

⑥營惑：猶迷惑、炫惑。

⑦方洋：翱翔，遨遊，馳騁。

【原文】

初，楚元王好書，與魯申公、穆生、白生俱受《詩》於浮丘伯；及王楚，以三人為中大夫。穆生不耆酒①；元王每置酒，常為穆生設醴②。及子夷王、孫王戊即位，常設，後乃忘設焉。穆生退，曰：「可以逝矣！醴酒不設，王之意怠；不去，楚人將鉗我於市③。」遂稱疾臥。申公、白生強起之，曰：「獨不念先王之德與！今王一旦失小禮，何足至此！」穆生曰：「《易》稱：『知幾其神乎④！幾者，動之微，吉凶之先見者也。君子見幾而作，不俟終日。』先王之所以禮吾三人者，為道存也；今而忽之，是忘道也。忘道之人，胡可與久處，豈為區區之禮哉！」遂謝病去。申公、白生獨留。王戊稍淫暴，太傅韋孟作詩諷諫，不聽，亦去，居於鄒。戊因坐削地事，遂與吳通謀。申公、白生諫戊，戊胥靡之⑤，衣之赭衣⑥，使雅舂於市⑦。休侯富使人諫王。王曰：「季父不吾與⑧，我起，先取季父矣！」休侯懼，乃與母太夫人奔京師。

注釋

①耆：通「嗜」。愛好。

②醴：甜酒。

③鉗：即髡（ㄎㄨㄣ）鉗。古代刑罰名。剃去頭髮叫髡，用鐵圈束頸叫鉗。

④幾：細微，隱微。

⑤胥靡：古代稱囚犯為胥靡。這裡用作動詞。

⑥赭衣：古代囚犯所穿的赤褐色的衣服。亦以為罪人的代稱。

⑦舂（ㄔㄨㄥ）：用杵臼搗去穀物的皮殼。

⑧季父：叔父。

【原文】

　　及削吳會稽、豫章郡書至，吳王遂先起兵，誅漢吏二千石以下[①]；膠西、膠東、菑川、濟南、楚、趙亦皆反。楚相張尚、太傅趙夷吾諫王戊，戊殺尚、夷吾。趙相建德、內史王悍諫王遂，遂燒殺建德、悍。齊王後悔，背約城守。濟北王城壞未完，其郎中令劫守，王不得發兵。膠西王、膠東王為渠率，與菑川、濟南共攻齊，圍臨菑。趙王遂發兵住其西界，欲待吳、楚俱進，北使匈奴與連兵。

　　吳王悉其士卒，下令國中曰：「寡人年六十二，身自將；少子年十四，亦為士卒先。諸年上與寡人同，下與少子等，皆發[②]。」凡二十餘萬人。南使閩、東越，閩、東越亦發兵從。吳王起兵於廣陵，西涉淮，因並楚兵，發使遺諸侯書，罪狀鼂錯，欲合兵誅之。吳、楚共攻梁，破棘壁[③]，殺數萬人；乘勝而前，銳甚。梁孝王遣將軍擊之，又敗梁兩軍，士卒皆還走。梁王城守睢陽[④]。

注釋

　　①吏二千石以下：指郡守以下的官。二千石，漢代對郡守的通稱。漢郡守俸祿為二千石，即月俸百二十斛，因有此稱。

　　②發：動員徵發。

　　③棘壁：地名。約在今河南省寧陵縣附近。

　　④睢陽：治所在今河南商丘市南，時為梁都城。

【原文】

　　初，文帝且崩，戒太子曰：「即有緩急，周亞夫真可任將兵。」及七國反書聞，上乃拜中尉周亞夫為太尉，將三十六將軍往擊吳、楚，遣曲周侯酈寄擊趙，將軍欒布擊齊；復召竇嬰，拜為大將軍，使屯滎陽監齊、趙兵。

　　初，鼂錯所更令三十章，諸侯讙譁①。錯父聞之，從潁川來，謂錯曰：「上初即位，公為政用事，侵削諸侯，疏人骨肉，口語多怨，公何為也？」錯曰：「固也；不如此，天子不尊，宗廟不安。」父曰：「劉氏安矣而鼂氏危，吾去公歸矣！」遂飲藥死，曰：「吾不忍見禍逮身②！」後十餘日，吳、楚七國俱反，以誅錯為名。

　　上與錯議出軍事，錯欲令上自將兵而身居守；又言：「徐、僮之旁吳所未下者，可以予吳。」錯素與吳相袁盎不善，錯所居坐，盎輒避；盎所居坐，錯亦避；兩人未嘗同堂語。及錯為御史大夫，使吏按盎受吳王財物，抵罪；詔赦以為庶人。吳、楚反，錯謂丞、史曰③：「袁盎多受吳王金錢，專為蔽匿④，言不反；今果反，欲請治盎，宜知其計謀。」丞、史曰：「事未發，治之有絕⑤；今兵西向，治之何益！且盎不宜有謀。」錯猶與未決⑥。人有告盎，盎恐，夜見竇嬰，為言吳所以反，願至前，口對狀。嬰入言，上乃召盎。盎入見，上方與錯調兵食。上問盎：「今吳、楚反，於公意何如？」對曰：「不足憂也！」上曰：「吳王即山鑄錢，煮海為鹽，誘天下豪傑；白頭舉事，此其計不百全，豈發乎！何以言其無能為也？」對曰：「吳銅鹽之利則有之，安得豪傑而誘之！誠令吳得豪傑，亦且輔而為誼，不反矣。吳所誘皆無賴子弟、亡命、鑄錢奸人，故相誘以亂。」錯曰：「盎策之善。」上曰：「計安出？」盎對曰：「願屏左右。」上屏人，獨錯在。盎曰：「臣所言，人臣不得知。」乃屏錯。錯趨避東廂，甚恨。上卒問盎，對曰：「吳、楚相遺書，言高皇帝王子弟各有分地，今賊臣鼂錯擅適諸侯⑦，削奪之地，以故反，欲西共誅錯，復故地而罷。方今計獨有斬錯，發使赦吳、楚七國，復其故地，則兵可毋血刃而俱罷。」於是上默然良久，曰：「顧誠何如？吾不愛一人以謝天下。」盎曰：「愚計出此，唯上孰計之！」乃拜盎為太常，密裝治行。後十餘日，上令丞相青、中尉嘉、廷尉歐劾奏錯：「不稱主上德信，欲疏群臣、百姓，又欲以城邑予吳，無臣子禮，大逆無道。錯當要斬⑧，父母、妻子、同產無少長皆棄市⑨。」制曰：「可。」錯殊不知。壬子，上使中尉召錯，紿載行市，錯衣朝衣斬東市。上乃使袁盎與吳王弟子宗正德侯通使吳。

注釋

①譁嘩：同「喧嘩」。大聲說笑或喊叫。

②逮：及，到。

③丞、史：是御史大夫的屬官。

④蔽匿：掩飾，隱藏。

⑤「事未發」句：意為事情在未發生之前，及時整治能夠杜絕事情的發生。

⑥猶與：即猶豫。

⑦適：同「謫」。責罰。

⑧要斬：即腰斬。古代的一種酷刑，從腰部將人斬斷。

⑨棄市：古代在鬧市執行死刑，並將屍體暴露街頭，稱為棄市。

【原文】

　　謁者僕射鄧公為校尉，上書言軍事，見上，上問曰：「道軍所來①，聞鼂錯死，吳、楚罷不？」鄧公曰：「吳為反數十歲矣；發怒削地，以誅錯為名，其意不在錯也。且臣恐天下之士鉗口不敢復言矣②。」上曰：「何哉？」鄧公曰：「夫鼂錯患諸侯強大不可制，故請削之以尊京師，萬世之利也。計畫始行，卒受大戮。內杜忠臣之口③，外為諸侯報仇，臣竊為陛下不取也。」於是帝喟然長息曰：「公言善，吾亦恨之④！」

　　袁盎、劉通至吳，吳、楚兵已攻梁壁矣。宗正以親故⑤，先入見，諭吳王，令拜受詔。吳王聞袁盎來，知其欲說，笑而應曰：「我已為東帝，尚誰拜！」不肯見盎，而留軍中，欲劫使將；盎不肯，使人圍守，且殺之。盎得間⑥，脫亡歸報。

注釋

①道軍所來：指從吳軍那裡前來。道，由的意思。

②鉗口：閉嘴。

③杜：堵塞。

④恨：懊悔。

⑤宗正：官名。掌管皇室親族事務。秦始設，漢代沿設，為九卿之一。

漢魏以後多用皇族擔任。這裡指劉通。

　　⑥得間：得到空隙，乘機。

【原文】

　　太尉亞夫言於上曰：「楚兵剽輕①，難與爭鋒，願以梁委之，絕其食道，乃可制也。」上許之。亞夫乘六乘傳，將會兵滎陽②。發至灞上，趙涉遮說亞夫曰③：「吳王素富，懷輯死士久矣④。此知將軍且行，必置間人於殽、澠阨陝之間⑤；且兵事尚神密，將軍何不從此右去⑥，走藍田，出武關，抵洛陽！間不過差一二日，直入武庫，擊鳴鼓。諸侯聞之，以為將軍從天而下也。」太尉如其計，至洛陽，喜曰：「七國反，吾乘傳至此，不自意全。今吾據滎陽，滎陽以東，無足憂者。」使吏搜殽、澠間，果得吳伏兵。乃請趙涉為護軍。

注釋

　　①剽輕：行動敏捷。

　　②滎陽：在今河南省鄭州市西部、黃河南岸。

　　③遮：阻遏，攔住。

　　④懷輯死士：安撫聚集不畏懼死亡的人。

　　⑤間人：刺客。阨：同「厄」，狹隘。陝：同「狹」。

　　⑥右：方位名，與「左」相對。文中所指是面向北，則西為左，東為右。

【原文】

　　太尉引兵東北走昌邑。吳攻梁急，梁數使使條侯求救①，條侯不許。又使使惡條侯於上②。上使告條侯救梁，亞夫不奉詔，堅壁不出；而使弓高侯等將輕騎兵出淮泗口，絕吳、楚兵後，塞其餉道。梁使中大夫韓安國及楚相張尚弟羽為將軍；羽力戰，安國持重，乃得頗敗吳兵。吳兵欲西，梁城守，不敢西；即走條侯軍，會下邑，欲戰。條侯堅壁不肯戰；吳糧絕卒飢，數挑戰，終不出。條侯軍中夜驚，內相攻擊，擾亂至帳下，亞夫堅臥不起，頃之，復定。吳奔壁東南陬③，亞夫使備西北；已而其精兵果奔西北④，不得入。吳、楚士卒多飢死叛散，乃引而去。二月，亞夫出精兵

追擊，大破之。吳王濞棄其軍，與壯士數千人夜亡走；楚王戊自殺。

注釋

①條侯：即周亞夫，其初封條侯。

②愬：同「訴」。

③東南陬（ㄗㄡ）：東南角。

④已而：過了不久。

【原文】

　　吳王之初發也，吳臣田祿伯為大將軍。田祿伯曰：「兵屯聚而西，無他奇道，難以立功。臣願得五萬人，別循江、淮而上，收淮南、長沙，入武關，與大王會，此亦一奇也。」吳王太子諫曰：「王以反為名，此兵難以借人，人亦且反王，奈何？且擅兵而別①，徒自損耳！」吳王即不許田祿伯。

　　吳少將桓將軍說王曰：「吳多步兵，步兵利險②；漢多車騎，車騎利平地。願大王所過城不下，直去，疾西據洛陽武庫，食敖倉粟，阻山河之險以令諸侯，雖無入關，天下固已定矣。大王徐行留下城邑，漢軍車騎至，馳入梁、楚之郊，事敗矣。」吳王問諸老將，老將曰：「此年少，椎鋒可耳③，安知大慮！」於是王不用桓將軍計。

注釋

①擅兵：掌握兵權。

②利：有利於。

③椎鋒：捶打器物的尖端，指做小事。

【原文】

　　王專並將兵。兵未渡淮，諸賓客皆得為將、校尉、候、司馬，獨周丘不用。周丘者，下邳人，亡命吳，酤酒無行①；王薄之②，不任。周丘乃上謁③，說王曰：「臣以無能，不得待罪行間。臣非敢求有所將也，願請王一漢節，必有以報。」王乃予之。周丘得節，夜馳入下邳；下邳時聞吳反，皆城守。至傳舍，召令入戶，使從者以罪斬令，遂召昆弟所善豪吏告

曰：「吳反，兵且至，屠下邳不過食頃；今先下，家室必完，能者封侯矣。」出，乃相告，下邳皆下。周丘一夜得三萬人，使人報吳王，遂將其兵北略城邑④；比至陽城，兵十餘萬，破陽城中尉軍；聞吳王敗走，自度無與共成功，即引兵歸下邳，未至，疽發背死⑤。

【注釋】

①酤（ㄍㄨ）酒：買酒，賣酒。

②薄：鄙視。

③謁：請見，進見。一般用於下對上、幼對長，或用作謙辭。

④略：侵奪，奪取。

⑤疽（ㄐㄩ）：癰疽，毒瘡。

【原文】

吳王之棄軍亡也，軍遂潰，往往稍降太尉條侯及梁軍。吳王渡淮，走丹徒，保東越，兵可萬餘人，收聚亡卒。漢使人以利啗東越①，東越即給吳王出勞軍②，使人鏦殺吳王③，盛其頭，馳傳以聞。吳太子駒亡走閩越。吳、楚反，凡三月，皆破滅，於是諸將乃以太尉謀為是；然梁王由此與太尉有隙。

三王之圍臨菑也，齊王使路中大夫告於天子。天子復令路中大夫還報，告齊王堅守，「漢兵今破吳楚矣」。路中大夫至，三國兵圍臨菑數重，無從入。三國將與路中大夫盟曰：「若反言：『漢已破矣，齊趣下三國④，不⑤，且見屠。』」路中大夫既許，至城下，望見齊王曰：「漢已發兵百萬，使太尉亞夫擊破吳、楚，方引兵救齊，齊必堅守無下！」三國將誅路中大夫。齊初圍急，陰與三國通謀，約未定；會路中大夫從漢來，其大臣乃復勸王無下三國。會漢將欒布、平陽侯等兵至齊，擊破三國兵。解圍已，後聞齊初與三國有謀，將欲移兵伐齊。齊孝王懼，飲藥自殺。

【注釋】

①啗：利誘，引誘。

②給（ㄉㄞ丶）：欺騙。

③鏦（ㄘㄨㄥˊ）：古兵器，短矛。

④趣：趨向，奔赴。

⑤不：否。

【原文】

　　膠西、膠東、菑川王各引兵歸國。膠西王徒跣、席藁、飲水謝太后。王太子德曰：「漢兵還，臣觀之，已罷，可襲，願收王餘兵擊之！不勝而逃入海，未晚也。」王曰：「吾士卒皆已壞，不可用。」弓高侯韓頹當遺膠西王書曰：「奉詔誅不義，降者赦除其罪，復故；不降者滅之。王何處？須以從事。」王肉袒叩頭①，詣漢軍壁謁曰：「臣卬奉法不謹，驚駭百姓，乃苦將軍遠道至於窮國②，敢請菹醢之罪③！」弓高侯執金鼓見之曰：「王苦軍事，願聞王發兵狀。」王頓首膝行，對曰：「今者鼂錯，天子用事臣，變更高皇帝法令，侵奪諸侯地。卬等以為不義，恐其敗亂天下，七國發兵且誅錯。今聞錯已誅，卬等謹已罷兵歸。」將軍曰：「王苟以錯為不善，何不以聞？及未有詔、虎符，擅發兵擊義國？以此觀之，意非徒欲誅錯也。」乃出詔書，為王讀之，曰：「王其自圖！」王曰：「如卬等死有餘罪！」遂自殺，太后、太子皆死。膠東王、菑川王、濟南王皆伏誅。

　　酈將軍兵至趙，趙王引兵還邯鄲城守④。酈寄攻之，七月不能下。匈奴聞吳、楚敗，亦不肯入邊。欒布破齊還，並兵引水灌趙城。城壞，王遂自殺。

　　帝以齊首善，以迫劫有謀，非其罪也，召立齊孝王太子壽，是為懿王。

注釋

　　①肉袒：脫去上衣，裸露肢體。古人在祭祀或謝罪時，常脫衣露體，表示自己的虔誠或惶恐。

　　②苦：辛苦；勞苦。

　　③菹醢（ㄐㄩ ㄏㄞˇ）：古代一種酷刑，把人剁成肉醬。

　　④邯鄲：今河北邯鄲市，時為趙的都城。

【原文】

　　濟北王亦欲自殺，幸全其妻子。齊人公孫玃謂濟北王曰[1]：「臣請試
為大王明說梁王，通意天子；說而不用，死未晚也。」公孫玃遂見梁王
曰：「夫濟北之地，東接強齊，南牽吳、越，北脅燕、趙。此四分五裂
之國，權不足以自守[2]，勁不足以捍寇，又非有奇怪云以待難也；雖墜言
於吳，非其正計也。鄉使濟北見情實，示不從之端，則吳必先歷齊[3]，畢
濟北，招燕、趙而總之，如此，則山東之從結而無隙矣。今吳王連諸侯之
兵，驅白徒之眾[4]，西與天子爭衡；濟北獨底節不下，使吳失與而無助，
跬步獨進[5]，瓦解土崩，破敗而不救者，未必非濟北之力也。夫以區區之
濟北而與諸侯爭強，是以羔犢之弱而扞虎狼之敵也[6]。守職不橈[7]，可謂誠
一矣。功義如此，尚見疑於上，脅肩低首，累足撫衿，使有自悔不前之
心，非社稷之利也。臣恐藩臣守職者疑之。臣竊料之，能歷西山，徑長
樂，抵未央，攘袂而正議者[8]，獨大王耳。上有全亡之功，下有安百姓之
名，德淪於骨髓，恩加於無窮，願大王留意詳惟之。」孝王大說，使人馳
以聞；濟北王得不坐，徙封於菑川。

　　河間王太傅衛綰擊吳、楚有功，拜為中尉。綰以中郎將事文帝，醇
謹無他[9]。上為太子時，召文帝左右飲，而綰稱病不行。文帝且崩，屬上
曰：「綰長者，善遇之。」故上亦寵任焉。

注釋

　　①公孫玃（ㄐㄩㄝˊ）：濟北王的謀士。
　　②權：權謀。
　　③歷：過。
　　④白徒：指沒有經過軍事訓練的人。
　　⑤跬步：半步，跨一腳。
　　⑥扞（ㄏㄢˋ）：同「捍」。
　　⑦橈：同「撓」。彎曲。
　　⑧攘袂：捋起袖子。
　　⑨醇謹無他：厚重謹慎。

【原文】

　　夏，六月，乙亥，詔：「吏民為吳王濞等所註誤當坐及逋逃亡軍者[1]，皆赦之。」帝欲以吳王弟德哀侯廣之子續吳，以楚元王子禮續楚。竇太后曰：「吳王，老人也，宜為宗室順善[2]；今乃首率七國紛亂天下，奈何續其後！」不許吳，許立楚後。乙亥，徙淮陽王餘為魯王；汝南王非為江都王，王故吳地；立宗正禮為楚王[3]；立皇子端為膠西王，勝為中山王。

注釋

　　①「吏民」句：註（ㄍㄨㄚˋ）誤，沒有過錯而被連累受處罰或損害。逋逃，逃亡的罪人。

　　②順善：順從親善。

　　③宗正：官名。始於秦，漢沿置，九卿之一，多由皇族中人充任，為皇族事務機關的長官。

【原文】

　　四年（西元前153年）

　　（冬，十月）初，吳、楚七國反，吳使者至淮南，淮南王欲發兵應之。其相曰：「王必欲應吳，臣願為將。」王乃屬之[1]。相已將兵，因城守，不聽王而為漢，漢亦使曲城侯將兵救淮南，以故得完[2]。

　　吳使者至廬江，廬江王不應，而往來使越。至衡山，衡山王堅守無二心。及吳、楚已破，衡山王入朝。上以為貞信[3]，勞苦之，曰：「南方卑濕[4]。」徙王王於濟北以襃之。廬江王以邊越，數使使相交，徙為衡山王，王江北。

注釋

　　①屬：通「囑」。委託，交付。

　　②完：完好。

　　③貞信：堅定，有操守，誠實。

　　④卑：低。

張騫通西域

漢武帝時，為了解除匈奴對漢西北部的威脅，必須破壞匈奴與西域的聯合，而當時漢和西域的交通完全掌握在匈奴手裡，要打通這條通道是非常困難的。這時，張騫毅然出使西域。他開闢了漢與西域的交通，溝通了漢與西域的文化交流，也使他成為中國歷史上一位傑出的探險家。本文節選自《資治通鑑》卷十八至二十，標題為編者所加。

【原文】

（漢武帝）元朔三年（西元前126）

（夏，四月）初，匈奴降者言：「月氏故居敦煌、祁連間①，為強國，匈奴冒頓攻破之。老上單于殺月氏王②，以其頭為飲器③。餘眾遁逃遠去，怨匈奴，無與共擊之。」上募能通使月氏者，漢中張騫以郎應募④，出隴西，徑匈奴中；單于得之，留騫十餘歲。騫得間亡⑤，鄉月氏西走⑥，數十日，至大宛。大宛聞漢之饒財，欲通不得，見騫，喜，為發導譯抵康居⑦，傳致大月氏。大月氏太子為王，既擊大夏，分其地而居之，地肥饒，少寇，殊無報胡之心。騫留歲餘，竟不能得月氏要領，乃還；並南山⑧，欲從羌中歸，復為匈奴所得，留歲餘。會伊稚斜逐於單，匈奴國內亂，騫乃與堂邑氏奴甘父逃歸。上拜騫為太中大夫，甘父為奉使君。騫初行時百餘人，去十三歲，唯二人得還。

注釋

①月氏（ㄖㄨˋ ㄓ）：西域一個國家的名稱。

②老上單（ㄔㄢˊ）于：冒頓單于的兒子，老上是稱號。單于，漢時匈奴族的君長。

③飲器：飲酒的觴，一說溺器。

④郎：帝王侍從官的通稱。

⑤間：引申為機會。

⑥鄉：同「向」。
⑦康居：當時西域的大國。
⑧並：「傍」的古字。南山：今阿爾金山及祁連山北麓。

【原文】

（漢武帝）元狩元年（西元前122）

（五月）初，張騫自月氏還，具為天子言西域諸國風俗：「大宛在漢正西，可萬里。其俗土著①，耕田；多善馬，馬汗血；有城郭、室屋，如中國。其東北則烏孫，東則于闐。于闐之西，則水皆西流注西海，其東，水東流注鹽澤②。鹽澤潛行地下，其南則河源出焉。鹽澤去長安可五千里。匈奴右方居鹽澤以東，至隴西長城，南接羌，鬲漢道焉③。烏孫、康居、奄蔡、大月氏，皆行國，隨畜牧，與匈奴同俗。大夏在大宛西南，與大宛同俗。臣在大夏時，見邛竹杖④、蜀布，問曰：『安得此？』大夏國人曰：『吾賈人往市之身毒⑤。』身毒在大夏東南可數千里，其俗土著，與大夏同。以騫度之，大夏去漢萬二千里，居漢西南；今身毒國又居大夏東南數千里，有蜀物，此其去蜀不遠矣。今使大夏，從羌中，險，羌人惡之；少北，則為匈奴所得；從蜀，宜徑⑥，又無寇。」

注釋

①土著：世代定居於一地。
②鹽澤：今羅布泊。
③鬲：同「隔」。
④邛：今四川邛崍山。
⑤身毒：今印度。
⑥徑：這裡指直道。

【原文】

天子既聞大宛及大夏、安息之屬皆大國，多奇物，土著，頗與中國同業，而兵弱，貴漢財物。其北有大月氏、康居之屬，兵強，可以賂遺設利朝也。誠得而以義屬之，則廣地萬里，重九譯①，致殊俗②，威德遍於四海，欣然以騫言為然。乃令騫因蜀、犍為發間使王然于等四道並出③，

出駹，出冉，出徙，出邛、僰④，指求身毒國，各行一二千里，其北方閉氐、莋，南方巂、昆明。昆明之屬無君長，善寇盜，輒殺略漢使，終莫得通。於是漢以求身毒道，始通滇國⑤。滇王當羌謂漢使者曰：「漢孰與我大？」及夜郎侯亦然⑥。以道不通，故各自以為一州主，不知漢廣大。使者還，因盛言滇大國，足事親附；天子注意焉，乃復事西南夷。

注釋

①九譯：多次輾轉翻譯。

②殊俗：不同的風俗。

③蜀：郡名，治今四川成都市。犍（ㄑㄧㄢˊ）為：郡名，治今四川宜賓市西南。

④出駹，出冉，出徙，出邛、僰：駹（ㄇㄤˊ）、冉、徙、邛、僰（ㄅㄛˊ），都是當時居住在四川一帶的少數民族。

⑤滇國：古族名、國名。在今雲南東部滇池附近。

⑥夜郎：古族名、國名。戰國至漢時，主要在今貴州西部及北部，並包括雲南東北、四川南部及廣西北部部分地區。

【原文】

（漢武帝）元鼎二年（西元前115）

渾邪王既降漢，漢兵擊逐匈奴於幕北①，自鹽澤以東空無匈奴，西域道可通。於是張騫建言：「烏孫王昆莫本為匈奴臣，後兵稍強，不肯復朝事匈奴，匈奴攻不勝而遠之。今單于新困於漢，而故渾邪地空無人，蠻夷俗戀故地，又貪漢財物，今誠以此時厚幣賂烏孫，招以益東，居故渾邪之地，與漢結昆弟，其勢宜聽，聽則是斷匈奴右臂也。既連烏孫，自其西大夏之屬皆可招來而為外臣。」天子以為然，拜騫為中郎將，將三百人，馬各二匹，牛羊以萬數，齎金幣帛直數千巨萬；多持節副使，道可便，遣之他旁國。

騫既至烏孫，昆莫見騫，禮節甚倨②。騫諭指曰③：「烏孫能東居故地，則漢遣公主為夫人，結為兄弟，共距匈奴④，匈奴不足破也。」烏孫自以遠漢，未知其大小；素服屬匈奴日久，且又近之，其大臣皆畏匈奴，不欲移徙。騫留久之，不能得其要領，因分遣副使使大宛、康居、大月

氏、大夏、安息、身毒、于闐及諸旁國。烏孫發譯道送騫還，使數十人，馬數十匹，隨騫報謝，因令窺漢大小。是歲，騫還，到，拜為大行⑤。後歲餘，騫所遣使通大夏之屬者，皆頗與其人俱來，於是西域始通於漢矣。

注釋

①幕北：即漠北，指大戈壁以北。

②倨：傲慢。

③諭指：以漢朝廷的意旨曉諭他們。指，通「旨」。

④距：同「拒」。

⑤大行：漢代九卿之一，職掌外交及處理國內少數民族事務。

【原文】

西域凡三十六國，南北有大山，中央有河，東西六千餘里，南北千餘里，東則接漢玉門、陽關①，西則限以蔥嶺。河有兩源，一出蔥嶺，一出于闐，合流東注鹽澤。鹽澤去玉門、陽關三百餘里。自玉門、陽關出西域有兩道：從鄯善傍南山北，循河西行至莎車，為南道；南道西逾蔥嶺，則出大月氏、安息。自車師前王廷隨北山循河西行至疏勒，為北道；北道西逾蔥嶺，則出大宛、康居、奄蔡焉。故皆役屬匈奴②，匈奴西邊日逐王，置僮僕都尉③，使領西域，常居焉耆、危須、尉黎間，賦稅諸國，取富給焉。

烏孫王既不肯東還，漢乃於渾邪王故地置酒泉郡，稍發徙民以充實之；後又分置武威郡，以絕匈奴與羌通之道。

天子得宛汗血馬，愛之，名曰「天馬」。使者相望於道以求之。諸使外國，一輩大者數百④，少者百餘人，人所齎操大放博望侯時⑤，其後益習而衰少焉⑥。漢率一歲中使多者十餘，少者五六輩；遠者八九歲，近者數歲而反⑦。

注釋

①玉門：即玉門關。故址在今甘肅敦煌西北小方盤城。陽關：位於玉門關之南，和玉門關同為當時與西域交通的門戶。

②故：舊。

③僮僕都尉：官名，匈奴所置。

④一輩：一批。

⑤放：通「仿」，仿照。博望侯：指張騫。

⑥益習而衰少焉：對於外國情形知道得更清楚，派遣的使者就不像從前那樣多了。

⑦反：通「返」。

【原文】

元鼎六年（西元前111）

博望侯既以通西域尊貴，其吏士爭上書言外國奇怪利害求使。天子為其絕遠，非人所樂往，聽其言，予節①，募吏民，毋問所從來②，為具備人眾遣之，以廣其道。來還，不能毋侵盜幣物及使失指③，天子為其習之，輒覆按致重罪，以激怒令贖，復求使，使端無窮，而輕犯法。其吏卒亦輒復盛推外國所有④，言大者予節，言小者為副，故妄言無行之徒皆爭效之。其使皆貧人子，私縣官齎物⑤，欲賤市以私其利。外國亦厭漢使，人人有言輕重，度漢兵遠不能至，而禁其食物以苦漢使。漢使乏絕，積怨至相攻擊。而樓蘭、車師，小國當空道⑥，攻劫漢使王恢等尤甚，而匈奴奇兵又時遮擊之。使者爭言西域皆有城邑，兵弱易擊。於是天子遣浮沮將軍公孫賀將萬五千騎⑦，出九原二千餘里，至浮沮井而還；匈河將軍趙破奴將萬餘騎⑧，出令居數千里，至匈河水而還；以斥逐匈奴，不使遮漢使，皆不見匈奴一人。乃分武威、酒泉地置張掖、敦煌郡，徙民以實之。

注釋

①予節：給予使者代表國家的符節，表示代表國家。

②毋問所從來：不追問參加使團的人們的出身履歷。

③使失指：執行使命犯了錯誤。

④其吏卒亦輒復盛推外國所有：下級官吏士兵也都極力誇張外國的物產。

⑤縣官：漢代人稱政府為縣官。

⑥空道：必經之道。空，孔也；引申為必經之道。

⑦浮沮將軍：出軍時，期望公孫賀能至浮沮井，故以為將軍之號。

⑧匈河將軍：出軍時，期望趙破奴能至匈河，故以為將軍之號。

霍光廢立

題解

　　漢武帝去世後，霍光、上官桀、桑弘羊等大臣和皇室之間發生了權力之爭，霍光在漢昭帝的支持下最後取得勝利。本文節選自《資治通鑑》卷二十三，標題為編者所加。

【原文】

　　（漢昭帝）始元元年（西元前86）

　　（秋，七月）武帝初崩，賜諸侯王璽書。燕王旦得書不肯哭，曰：「璽書封小，京師疑有變。」遣幸臣壽西長、孫縱之、王孺等之長安，以問禮儀為名，陰刺候朝廷事[①]。及有詔褒賜旦錢三十萬，益封萬三千戶，旦怒曰：「我當為帝，何賜也！」遂與宗室中山哀王子長、齊孝王孫澤等結謀，詐言以武帝時受詔[②]，得職吏事，修武備，備非常。郎中成軫謂旦曰：「大王失職，獨可起而索，不可坐而得也[③]。大王壹起，國中雖女子皆奮臂隨大王。」旦即與澤謀，為奸書[④]，言：「少帝非武帝子，大臣所共立；天下宜共伐之！」使人傳行郡國以搖動百姓。澤謀歸發兵臨菑，殺青州刺史雋不疑。旦招來郡國奸人，賦斂銅鐵作甲兵，數閱其車騎、材官卒[⑤]，發民大獵以講士馬[⑥]，須期日[⑦]。郎中韓義等數諫旦，旦殺義等凡十五人。會齊孝王孫成知澤等謀[⑧]，以告雋不疑。八月，不疑收捕澤等以聞。天子遣大鴻臚丞治，連引燕王。有詔，以燕王至親，勿治；而澤等皆伏誅。遷雋不疑為京兆尹。

注釋

　　①刺：探。

　　②「詐言以武帝時受詔」句：當時諸侯不能參與國家政事，所以謊稱得到詔書，獲得參政權，為出兵作準備。

　　③「大王失職」句：失職，指應當為漢嗣而不被用。索，求。

　　④奸書：即懷有惡意的偽書。

⑤車騎：漢代將軍的名號，位次於上卿。材官：西漢時根據地方特點訓練各個兵種，內郡平原及山阻地區訓練步卒，稱材官。

⑥講：練習。

⑦須：通「需」，需要。期日：規定的日子。

⑧鉼（ㄆㄧㄥˊ）：漢屬琅玡郡。其地在今山東臨淄北。

【原文】

　　九月，丙子，秺敬侯金日磾薨①。初，武帝病，有遺詔，封金日磾為秺侯，上官桀為安陽侯，霍光為博陸侯②；皆以前捕反者馬何羅等功封。日磾以帝少，不受封，光等亦不敢受。及日磾病困，光白封③，日磾臥受印綬；一日薨。日磾兩子賞、建俱侍中，與帝略同年，共臥起。賞為奉車，建駙馬都尉。及賞嗣侯④，佩兩綬⑤，上謂霍將軍曰：「金氏兄弟兩人，不可使俱兩綬邪？」對曰：「賞自嗣父為侯耳。」上笑曰：「侯不在我與將軍乎？」對曰：「先帝之約，有功乃得封侯。」遂止。

注釋

　　①秺（ㄉㄨˋ）敬侯金日磾（ㄇㄧˋ　ㄉㄧ）薨（ㄏㄨㄥ）：秺敬侯金日磾去世。薨，君王時代稱諸侯大臣的死。

　　②博陸侯：博，大。陸，平。博陸侯，沒有博陸這個縣，封霍光為博陸侯是取博陸所表示的美好之意。

　　③白：告訴。

　　④嗣：繼承，接續。

　　⑤綬：古代繫帷幕或印紐的絲帶。

【原文】

　　二年（西元前85）

　　春，正月，封大將軍光為博陸侯，左將軍桀為安陽侯。

　　或說霍光曰：「將軍不見諸呂之事乎？處伊尹、周公之位①，攝政擅權，而背宗室，不與共職，是以天下不信，卒至於滅亡。今將軍當盛位②，帝春秋富③，宜納宗室，又多與大臣共事，反諸呂道。如是，則可以免患。」光然之，乃擇宗室可用者，遂拜楚元王孫辟彊及宗室劉長樂皆為光

祿大夫，辟疆守長樂衛尉④。

注釋

①伊尹：商初大臣。名伊，尹是官名。幫助湯攻滅夏桀，湯去世後，歷佐卜丙、仲壬二王。周公：西周初年政治家。姬姓，周武王之弟，名旦，曾助武王滅商。武王死後，成王年幼，由他攝政。

②盛：極點，頂點。

③春秋富：指年齡小。春秋，年齡。富，寬裕、豐厚。

④長樂衛尉：漢代長樂、建章、甘泉各有衛尉來掌管宮衛，但不常設。

【原文】

三年（西元前84）

（冬，十一月）初，霍光與上官桀相親善。光每休沐出①，桀常代光入決事。光女為桀子安妻，生女，年甫五歲②，安欲因光內之宮中；光以為尚幼，不聽。蓋長公主私近子客河間丁外人③，安素與外人善，說外人曰：「安子容貌端正，誠因長主時得入為后，以臣父子在朝而有椒房之重④，成之在於足下⑤。漢家故事，常以列侯尚主，足下何憂不封侯乎！」外人喜，言於長主。長主以為然，詔召安女為婕妤⑥，安為騎都尉。

五年（西元前82）

（秋）諫大夫杜延年見國家承武帝奢侈、師旅之後⑦，數為大將軍光言：「年歲比不登⑧，流民未盡還，宜修孝文時政，示以儉約、寬和，順天心，說民意⑨，年歲宜應。」光納其言。延年，故御史大夫周之子也。

六年（西元前81）

（秋，七月）武帝之末，海內虛耗，戶口減半，霍光知時務之要，輕徭薄賦，與民休息。至是匈奴和親，百姓充實，稍復文、景之業焉。

注釋

①休沐：漢代制度，大臣每隔五天有例假一天，供休息、沐浴之用。

②甫：才，方。

③蓋長公主：即下文的蓋主，指漢武帝的長女、漢昭帝的姐姐，因她嫁給蓋侯，所以稱為蓋長公主或蓋主、長公主。

④椒房：漢代后妃所住的宮殿，用椒和泥塗壁，取其溫暖有香氣，兼有多子之意，故名。

⑤足下：敬辭，稱對方。古代下稱上或同輩相稱都用「足下」。

⑥婕妤：妃嬪的稱號。漢武帝時始置，以後朝代多沿置。

⑦師旅：古代軍隊的通稱。這裡用如動詞，指征戰、打仗。

⑧比：連續。不登：歉收。

⑨説：通「悦」。

【原文】

（漢昭帝）元鳳元年（西元前80）

（八月）上官桀父子既尊盛，德長公主①，欲為丁外人求封侯，霍光不許。又為外人求光祿大夫②，欲令得召見，又不許。長主大以是怨光，而桀、安數為外人求官爵弗能得，亦慚。又桀妻父所幸充國為太醫監③，闌入殿中④，下獄當死；冬月且盡，蓋主為充國入馬二十匹贖罪，乃得減死論。於是桀、安父子深怨光而重德蓋主。自先帝時，桀已為九卿⑤，位在光右，及父子並為將軍，皇后親安女，光乃其外祖，而顧專制朝事，由是與光爭權。燕王旦自以帝兄不得立，常懷怨望。及御史大夫桑弘羊建造酒榷、鹽鐵⑥，為國興利，伐其功，欲為子弟得官，亦怨恨光。於是蓋主、桀、安、弘羊皆與旦通謀。

注釋

①德：感恩。

②光祿大夫：當時供皇帝顧問的官員。

③太醫監：皇室的醫生稱為太醫，太醫監是太醫們的辦公機構。

④闌入：擅入。漢制度規定，凡入宮殿門皆著籍；無籍而入的，稱為闌入。

⑤九卿：秦漢通常以奉常（太常）、郎中令（光祿勳）、衛尉、太僕、廷尉、典客（大鴻臚）、宗正、治粟內史（大司農）、少府為九卿，實即中央各行政機關的總稱。

⑥建造：創設。酒榷（ㄑㄩㄝˋ）：酒類專賣。鹽鐵：指鹽鐵國營。

【原文】

旦遣孫縱之等前後十餘輩，多齎金寶、走馬賂遺蓋主、桀、弘羊等。桀等又詐令人為燕王上書，言「光出都肄郎、羽林，道上稱蹕，太官先置」①。又引「蘇武使匈奴二十年不降，乃為典屬國②；大將軍長史敞無功，為搜粟都尉③；又擅調益莫府校尉④。光專權自恣，疑有非常。臣旦願歸符璽，入宿衛，察奸臣變。」候司光出沐日奏之⑤，桀欲從中下其事，弘羊當與諸大臣共執退光。書奏，帝不肯下。明旦，光聞之，止畫室中不入⑥。上問：「大將軍安在？」左將軍桀對曰：「以燕王告其罪，故不敢入。」有詔：「召大將軍。」光入，免冠、頓首謝。上曰：「將軍冠！朕知是書詐也，將軍無罪。」光曰：「陛下何以知之？」上曰：「將軍之廣明都郎，近耳；調校尉以來，未能十日，燕王何以得知之！且將軍為非，不須校尉。」是時帝年十四，尚書、左右皆驚。而上書者果亡，捕之甚急。桀等懼，白上：「小事不足遂。」上不聽。後桀黨與有譖光者⑦，上輒怒曰：「大將軍忠臣，先帝所屬以輔朕身，敢有毀者坐之⑧！」自是桀等不敢復言。

注釋

①都肄（ㄧˋ）：總的檢閱武裝力量。郎、羽林：郎官、羽林騎都是當時皇帝的侍從警衛。蹕（ㄅㄧˋ）：皇帝出行稱蹕，以禁止行人。太官：漢代負責皇帝飲食的官。先置：皇帝出行，太官要提前到休息處準備好飲食。這裡是指責霍光僭越天子的儀式。

②典屬國：漢代負責掌管少數民族以及外國交往事情的官。

③搜粟都尉：漢代負責軍事時期財務的官，級別同典屬國，不常設。

④調益：增選。莫府：即幕府，軍隊出征施用帳幕，所以稱大將軍府為幕府。

⑤司（ㄙˋ）：同「伺」。

⑥畫室：近臣入朝時暫時停留的房間，壁上有雕刻繪畫。

⑦譖（ㄗㄣˋ）：誣陷。

⑧毀：詆毀。坐：治罪。

【原文】

　　桀等謀令長公主置酒請光，伏兵格殺之，因廢帝，迎立燕王為天子。旦置驛書往來相報，許立桀為王，外連郡國豪桀以千數。旦以語相平，平曰：「大王前與劉澤結謀，事未成而發覺者，以劉澤素誇，好侵陵也。平聞左將軍素輕易，車騎將軍少而驕，臣恐其如劉澤時不能成，又恐既成反大王也。」旦曰：「前日一男子詣闕，自謂故太子，長安中民趣鄉之①，正讙不可止。大將軍恐，出兵陳之，以自備耳。我，帝長子，天下所信，何憂見反！」後謂群臣：「蓋主報言，獨患大將軍與右將軍王莽。今右將軍物故②，丞相病，幸事必成③，徵不久。」令群臣皆裝④。

注釋

　　①鄉：通「向」。趨向。
　　②物故：亡故。
　　③幸：希冀。
　　④裝：準備行裝。

【原文】

　　安又謀誘燕王至而誅之，因廢帝而立桀。或曰：「當如皇后何？」安曰：「逐麋之狗①，當顧菟邪②！且用皇后為尊，一旦人主意有所移，雖欲為家人亦不可得③。此百世之一時也！」會蓋主舍人父稻田使者燕倉知其謀④，以告大司農楊敞。敞素謹，畏事，不敢言，乃移病臥，以告諫大夫杜延年；延年以聞。九月，詔丞相部中二千石逐捕孫縱之及桀、安、弘羊、外人等，並宗族悉誅之；蓋主自殺。燕王旦聞之，召相平曰：「事敗，遂發兵乎？」平曰：「左將軍已死，百姓皆知之，不可發也。」王憂懣⑤，置酒與群臣、妃妾別。會天子以璽書讓旦⑥，旦以綬自絞死，后、夫人隨旦自殺者二十餘人。天子加恩，赦王太子建為庶人，賜旦諡曰剌王。皇后以年少，不與謀，亦霍光外孫，故得不廢。

注釋

　　①麋（ㄇㄧˊ）：麋鹿。

②菟（ㄊㄨˋ）：同「兔」。

③家人：普通老百姓。

④舍人：漢代皇后、公主的屬官。稻田使者：徵收稻田賦稅的官。

⑤懣（ㄇㄣˋ）：憤慨。

⑥讓：責備。

【原文】

大將軍光以朝無舊臣，光祿勳張安世自先帝時為尚書令，志行純篤①，乃白用安世為右將軍兼光祿勳以自副焉。安世，故御史大夫湯之子也。光又以杜延年有忠節，擢為太僕、右曹、給事中②。光持刑罰嚴，延年常輔之以寬。吏民上書言便宜③，輒下延年平處復奏。言可官試者，至為縣令；或丞相、御史除用④，滿歲，以狀聞；或抵其罪法⑤。

注釋

①志行純篤：志向和操行純樸而敦厚。

②擢：選拔；提升。

③便宜：指有利國家，合乎時宜之事。

④除：拜官授職。

⑤抵：抵償。

【原文】

四年（西元前77）

（春，正月）甲戌，富民定侯田千秋薨。時政事一決大將軍光①；千秋居丞相位，謹厚自守而已。

注釋

①一：一概。決：決定。

光武中興

題解

　　王莽末年爆發了農民大起義，劉秀和兄劉縯乘機起兵，加入綠林起義軍。之後力量逐漸壯大。西元25年，劉秀稱帝。後鎮壓農民起義軍，削平各地割據勢力，統一全國。本文節選自《資治通鑒》卷三十九、卷四十，標題為編者所加。

【原文】

　　（漢淮陽王）更始元年（23）

　　（夏，五月）諸將見尋、邑兵盛[1]，皆反走[2]，入昆陽，惶怖，憂念妻孥，欲散歸諸城。劉秀曰：「今兵穀既少而外寇強大，並力禦之，功庶可立；如欲分散，勢無俱全。且宛城未拔，不能相救；昆陽即拔，一日之間，諸部亦滅矣。今不同心膽，共舉功名，反欲守妻子財物邪！」諸將怒曰：「劉將軍何敢如是！」秀笑而起。會候騎還[3]，言：「大兵且至城北，軍陳數百里，不見其後。」諸將素輕秀，及迫急，乃相謂曰：「更請劉將軍計之。」秀復為圖畫成敗[4]，諸將皆曰：「諾。」時城中唯有八九千人，秀使王鳳與廷尉大將軍王常守昆陽，夜與五威將軍李軼等十三騎出城南門，於外收兵。

注釋

　　①尋、邑：指王莽政權的大司徒王尋、大司空王邑。

　　②反走：轉身逃跑。

　　③會：恰巧，適逢。候騎：偵察敵情的騎兵。

　　④圖畫成敗：策劃戰爭的勝敗。畫，通「劃」。

【原文】

　　時莽兵到城下者且十萬[1]，秀等幾不得出。尋、邑縱兵圍昆陽，嚴尤說邑曰：「昆陽城小而堅，今假號者在宛[2]，亟進大兵，彼必奔走。宛

敗，昆陽自服。」邑曰：「吾昔圍翟義，坐不生得以見責讓。今將百萬
之眾，遇城而不能下，非所以示威也。當先屠此城，蹀血而進③，前歌後
舞，顧不快邪④！」遂圍之數十重，列營百數，鉦鼓之聲聞數十里⑤，或為
地道、衝輣撞城⑥；積弩亂發，矢下如雨，城中負戶而汲⑦。王鳳等乞降，
不許。尋、邑自以為功在漏刻⑧，不以軍事為憂。嚴尤曰：「《兵法》：
『圍城為之闕⑨。』宜使得逸出以怖宛下。」邑又不聽。

注釋

①且：將近。
②假號者：冒稱帝號的人，指劉玄。
③蹀（ㄉㄧㄝˊ）：蹈；頓足。
④顧：副詞。表示輕微轉折，相當於「而」。
⑤鉦（ㄓㄥ）：古代行軍用青銅打擊樂器，像狹長、有柄的鐘。
⑥輣（ㄆㄥˊ）：古代攻城用的樓車。
⑦負戶而汲：為了防箭，背著門板出去取水。汲，從井中取水。
⑧漏刻：頃刻。
⑨闕（ㄑㄩㄝ）：通「缺」。

【原文】

　　劉秀至郾、定陵，悉發諸營兵。諸將貪惜財物，欲分兵守之。秀
曰：「今若破敵，珍寶萬倍，大功可成；如為所敗，首領無餘，何財物之
有！」乃悉發之。六月，己卯朔，秀與諸營俱進，自將步騎千餘為前鋒，
去大軍四五里而陳；尋、邑亦遣兵數千合戰，秀奔之，斬首數十級。諸
將喜曰：「劉將軍平生見小敵怯，今見大敵勇，甚可怪也！且復居前，請
助將軍！」秀復進，尋、邑兵卻，諸部共乘之，斬首數百、千級。連勝，
遂前，諸將膽氣益壯，無不一當百，秀乃與敢死者三千人從城西水上衝
其中堅。尋、邑易之①，自將萬餘人行陳，敕諸營皆按部毋得動，獨迎與
漢兵戰，不利，大軍不敢擅相救。尋、邑陳亂，漢兵乘銳崩之②，遂殺王
尋。城中亦鼓噪而出，中外合勢，震呼動天地。莽兵大潰，走者相騰踐
③，伏屍百餘里。會大雷、風，屋瓦皆飛，雨下如注，滍川盛溢④，虎豹皆
股戰，士卒赴水溺死者以萬數，水為不流。王邑、嚴尤、陳茂輕騎乘死人

渡水逃去，盡獲其軍實輜重，不可勝算，舉之連月不盡，或燔燒其餘⑤。士卒奔走，各還其郡，王邑獨與所將長安勇敢數千人還洛陽，關中聞之震恐。於是海內豪桀翕然響應⑥，皆殺其牧守，自稱將軍，用漢年號以待詔命。旬月之間，遍於天下。

注釋

①易：輕視。

②崩：敗壞。用作動詞。

③走者相騰踐：逃跑的人互相被馬跳躍踩踏。走，逃跑。騰踐，馬跳躍踩踏。

④溰（ㄓㄟˋ）川：水名。源出河南省魯山縣，東流經昆陽城北入汝水。

⑤燔（ㄈㄢˊ）燒：焚燒。

⑥翕（ㄒㄧ）然：迅疾。

【原文】

劉秀復徇潁川①，攻父城不下，屯兵巾車鄉。潁川郡掾馮異監五縣，為漢兵所獲。異曰：「異有老母在父城，願歸，據五城以效功報德！」秀許之。異歸，謂父城長苗萌曰：「諸將多暴橫，獨劉將軍所到不虜略，觀其言語舉止，非庸人也。」遂與萌率五縣以降。

新市、平林諸將以劉縯兄弟威名益盛，陰勸更始除之②。秀謂縯曰：「事欲不善。」縯笑曰：「常如是耳。」更始大會諸將，取縯寶劍視之。繡衣御史申徒建隨獻玉玦，更始不敢發。縯舅樊宏謂縯曰：「建得無有范增之意乎？」縯不應。李軼初與縯兄弟善，後更諂事新貴。秀戒縯曰：「此人不可復信。」縯不從。縯部將劉稷，勇冠三軍，聞更始立，怒曰：「本起兵圖大事者，伯升兄弟也。今更始何為者邪！」更始以稷為抗威將軍，稷不肯拜。更始乃與諸將陳兵數千人，先收稷，將誅之，縯固爭。李軼、朱鮪因勸更始並執縯，即日殺之；以族兄光祿勳賜為大司徒。秀聞之，自父城馳詣宛謝。司徒官屬迎弔秀③，秀不與交私語，惟深引過而已④，未嘗自伐昆陽之功；又不敢為縯服喪，飲食言笑如平常。更始以是慚⑤，拜秀為破虜大將軍，封武信侯。

注釋

①徇（ㄒㄩㄣˋ）：略地。

②陰：暗中。更始：為劉玄稱帝的年號。這裡代指劉玄。

③弔：慰問喪家或遭遇不幸者。

④深引過：自己大大地承擔過失。深，甚。

⑤慚：羞愧。

【原文】

（冬，十月）更始將都洛陽，以劉秀行司隸校尉①，使前整修宮府。秀乃置僚屬，作文移，從事司察，一如舊章。時三輔吏士東迎更始②，見諸將過，皆冠幘而服婦人衣③，莫不笑之。及見司隸僚屬，皆歡喜不自勝，老吏或垂涕曰：「不圖今日復見漢官威儀！」由是識者皆屬心焉。

更始欲令親近大將徇河北，大司徒賜言：「諸家子獨有文叔可用。」朱鮪等以為不可，更始狐疑，賜深勸之；更始乃以劉秀行大司馬事，持節北渡河，鎮慰州郡④。

大司馬秀至河北，所過郡縣，考察官吏，黜陟能否⑤，平遣囚徒，除王莽苛政，復漢官名。吏民喜悅，爭持牛酒迎勞，秀皆不受。

注釋

①司隸校尉：糾察衛戍京都和附近郡縣的長官。

②三輔：長安附近的京兆、左馮翊、右扶風三郡，治所都在長安城內，故稱「三輔」。

③冠幘（ㄗㄜˊ）：戴頭巾。幘，古代的一種頭巾。

④鎮慰：壓制安慰。

⑤黜陟（ㄔㄨˋ ㄓˋ）能否：按官吏的能力來決定進退升降。黜陟，指官吏的進退升降。

【原文】

南陽鄧禹杖策追秀①，及於鄴。秀曰：「我得專封拜，生遠來，寧欲仕乎？」禹曰：「不願也。」秀曰：「即如是，何欲為？」禹曰：「但願

明公威德加於四海②，禹得效其尺寸，垂功名於竹帛耳！」秀笑，因留宿間語③。禹進說曰：「今山東未安，赤眉、青犢之屬動以萬數。更始既是常才而不自聽斷，諸將皆庸人屈起④，志在財幣，爭用威力。朝夕自快而已，非有忠良明智、深慮遠圖、欲尊主安民者也。歷觀往古聖人之興，二科而已，天時與人事也。今以天時觀之，更始既立而災變方興；以人事觀之，帝王大業非凡夫所任，分崩離析，形勢可見。明公雖建藩輔之功，猶恐無所成立也。況明公素有盛德大功，為天下所嚮服，軍政齊肅，賞罰明信⑤。為今之計，莫如延攬英雄，務悅民心，立高祖之業，救萬民之命。以公而慮，天下不足定也。」秀大悅，因令禹常宿止於中，與定計議。每任使諸將，多訪於禹，皆當其才。

注釋

①杖策：拄著拐杖。
②加：施加。
③間語：私下談話。
④屈：通「崛」。
⑤明信：明白確實。

【原文】

秀自兄縯之死，每獨居輒不御酒肉①，枕席有涕泣處，主簿馮異獨叩頭寬譬②，秀止之曰：「卿勿妄言！」異因進說曰：「更始政亂，百姓無所依戴。夫人久飢渴，易為充飽。今公專命方面③，宜分遣官屬徇行郡縣，宣佈惠澤。」秀納之。

騎都尉宋子耿純謁秀於邯鄲，退，見官屬將兵法度不與他將同，遂自結納。

故趙繆王子林說秀決列人河水以灌赤眉，秀不從；去之真定。林素任俠於趙、魏間。王莽時，長安中有自稱成帝子子輿者，莽殺之。邯鄲卜者王郎緣是詐稱真子輿，云：「母故成帝謳者④，嘗見黃氣從上下，遂任身；趙后欲害之，偽易他人子，以故得全。」林等信之，與趙國大豪李育、張參等謀共立郎。會民間傳赤眉將渡河，林等因此宣言「赤眉當立劉子輿」，以觀眾心，百姓多信之。十二月，林等率車騎數百晨入邯鄲城，

止於王宮，立郎為天子；分遣將帥徇下幽、冀，移檄州郡⑤，趙國以北、遼東以西皆望風響應。

注釋

①御：用，引申為「吃」。

②寬譬：寬慰勸解。

③方面：一方的軍政事務。

④謳：唱歌。

⑤移檄：移，移送；傳遞。檄，佈告文書。

【原文】

二年（24）

春，正月，大司馬秀以王郎新盛，乃北徇薊。

耿況遣其子弇奉奏詣長安，弇時年二十一。行至宋子，會王郎起，弇從吏孫倉、衛包曰：「劉子輿，成帝正統；捨此不歸，遠行安之！」弇按劍曰：「子輿弊賊①，卒為降虜耳！我至長安，與國家陳上谷、漁陽兵馬，歸發突騎②，以轢烏合之眾③，如摧枯折腐耳。觀公等不識去就，族滅不久也！」倉、包遂亡，降王郎。

弇聞大司馬秀在盧奴，乃馳北上謁；秀留署長史，與俱北至薊。王郎移檄購秀十萬戶④，秀令功曹令史潁川王霸至市中募人擊王郎，市人皆大笑，舉手邪揄之⑤，霸慚懅而反⑥。秀將南歸，耿弇曰：「今兵從南方來，不可南行。漁陽太守彭寵，公之邑人；上谷太守，即弇父也。發此兩郡控弦萬騎，邯鄲不足慮也。」秀官屬腹心皆不肯，曰：「死尚南首，奈何北行入囊中！」秀指弇曰：「是我北道主人也。」

注釋

①弊賊：疲困之賊。

②突騎：衝鋒陷陣的精銳騎兵。

③轢：車輪。這裡作動詞。

④購秀十萬戶：懸賞十萬戶捉拿劉秀。購，懸賞捉拿。

⑤邪揄：同「揶揄」。嘲笑，戲弄。

⑥慚愫（ㄐㄩˋ）：羞愧惶恐。

【原文】

　　進至下博城西，惶惑不知所之。有白衣老父在道旁①，指曰：「努力！信都郡為長安城守②，去此八十里。」秀即馳赴之。是時郡國皆已降王郎，獨信都太守南陽任光、和成太守信都邳彤不肯從③。光自以孤城獨守，恐不能全，聞秀至，大喜，吏民皆稱萬歲。邳彤亦自和成來會，議者多言可因信都兵自送，西還長安。邳彤曰：「吏民歌吟思漢久矣，故更始舉尊號而天下響應，三輔清宮除道以迎之。今卜者王郎，假名因勢④，驅集烏合之眾，遂振燕、趙之地，無有根本之固。明公奮二郡之兵以討之，何患不克！今釋此而歸，豈徒空失河北，必更驚動三輔，墮損威重，非計之得者也。若明公無復征伐之意，則雖信都之兵，猶難會也。何者？明公既西，則邯鄲勢成，民不肯捐父母、背成主而千里送公，其離散亡逃可必也！」秀乃止。

注釋

　　①白衣老父：白衣，古代平民著白衣。老父，對老人的尊稱。
　　②信都郡為長安城守：意思是說信都郡站在更始方面，不肯歸附王郎。
　　③邳彤（ㄆㄟˊ ㄇㄨㄥˊ）：信都人，字偉君。初為王莽和成郡卒正，不久舉城歸光武帝，拜太守，以功封靈壽侯。
　　④假名因勢：假借名號勢力。假，借助。因，依靠；憑藉。

【原文】

　　秀以二郡兵弱，欲入城頭子路、力子都軍中，任光以為不可。乃發傍縣，得精兵四千人，拜任光為左大將軍，信都都尉李忠為右大將軍，邳彤為後大將軍、和成太守如故，信都令萬修為偏將軍，皆封列侯。留南陽宗廣領信都太守事①；使任光、李忠、萬修將兵以從，邳彤將兵居前。任光乃多作檄文曰：「大司馬劉公將城頭子路、力子都兵百萬眾從東方來，擊諸反虜！」遣騎馳至鉅鹿界中。吏民得檄，傳相告語。秀投暮入堂陽界②，多張騎火，彌滿澤中，堂陽即降；又擊貫縣③，降之。城頭子路者，東平爰曾也，寇掠河、濟間，有眾二十餘萬，力子都有眾六七萬，故秀欲依

之。昌城人劉植聚兵數千人據昌城，迎秀；秀以植為驍騎將軍。耿純率宗族賓客二千餘人，老病者皆載木自隨④，迎秀於育；拜純為前將軍。進攻下曲陽，降之。眾稍合，至數萬人，復北擊中山。耿純恐宗家懷異心，乃使從弟訢宿歸，燒廬舍以絕其反顧之望。

　　秀進拔盧奴，所過發奔命兵⑤，移檄邊郡共擊邯鄲；郡縣還復響應。時真定王楊起兵附王郎，眾十餘萬，秀遣劉植說楊，楊乃降。秀因留真定，納楊甥郭氏為夫人以結之⑥。進擊元氏、防子，皆下之。至鄗，擊斬王郎將李惲；至柏人，復破郎將李育。育還保城；攻之，不下。

注釋

①領信都太守事：兼任信都太守。

②投暮：傍晚。

③葘（ㄗ）縣：治所在今山東曹縣南。

④木：這裡指棺材。

⑤奔命兵：漢時郡國有材官（步兵）、騎士（騎兵），如有急難，就選調其中驍勇者，聽候命令，急速奔赴前方，故稱「奔命兵」。

⑥納：娶。

【原文】

　　南鄭人延岑起兵據漢中，漢中王嘉擊降之，有眾數十萬。校尉南陽賈復見更始政亂，乃說嘉曰：「今天下未定，而大王安守所保，所保得無不可保乎①？」嘉曰：「卿言大，非吾任也②。大司馬在河北，必能相用。」乃為書薦復及長史南陽陳俊於劉秀。復等見秀於柏人，秀以復為破虜將軍，俊為安集掾。

　　秀舍中兒犯法，軍市令潁川祭遵格殺之，秀怒，命收遵。主簿陳副諫曰：「明公常欲眾軍整齊，今遵奉法不避，是教令所行也。」乃貰之③，以為刺奸將軍，謂諸將曰：「當備祭遵！吾舍中兒犯法尚殺之，必不私諸卿也④。」

　　或說大司馬秀以守柏人不如定鉅鹿，秀乃引兵東北拔廣阿。秀披輿地圖⑤，指示鄧禹曰：「天下郡國如是，今始乃得其一。子前言以吾慮天下不足定，何也？」禹曰：「方今海內殽亂⑥，人思明君，猶赤子之慕慈

母。古之興者在德薄厚，不以大小也。」

注釋

　①得無：莫非，豈不是。
　②任：擔當，承擔。
　③眚（ㄕㄥˋ）：赦免。
　④私：偏愛；偏向。
　⑤披輿地圖：翻閱地圖。披，翻閱。輿，地圖，也稱輿圖、地圖。
　⑥海內殽亂：國內混亂。

【原文】

　　薊中之亂，耿弇與劉秀相失，北走昌平，就其父況，因說況擊邯鄲。時王郎遣將徇漁陽、上谷，急發其兵。北州疑惑，多欲從之。上谷功曹寇恂、門下掾閔業說況曰：「邯鄲拔起，難可信向。大司馬，劉伯升母弟，尊賢下士，可以歸之。」況曰：「邯鄲方盛，力不能獨拒，如何？」對曰：「今上谷完實①，控弦萬騎②，可以詳擇去就。恂請東約漁陽，齊心合眾，邯鄲不足圖也！」況然之，遣恂東約彭寵，欲各發突騎二千四、步兵千人詣大司馬秀。

　　安樂令吳漢、護軍蓋延、狐奴令王梁亦勸寵從秀，寵以為然；而官屬皆欲附王郎，寵不能奪③。漢出止外亭，遇一儒生，召而食之，問以所聞。生言：「大司馬劉公，所過為郡縣所稱，邯鄲舉尊號者，實非劉氏。」漢大喜，即詐為秀書，移檄漁陽，使生齎以詣寵，令具以所聞說之。會寇恂至，寵乃發步騎三千人，以吳漢行長史，與蓋延、王梁將之，南攻薊，殺王郎大將趙閎④。

注釋

　①完實：完好充實。
　②控弦：拉弓。引申為持弓箭作戰的騎兵。
　③奪：做出決定。
　④趙閎（ㄏㄨㄥˊ）：閬中（今屬四川）人。

【原文】

　　寇恂還，遂與上谷長史景丹及耿弇將兵俱南，與漁陽軍合，所過擊斬王郎大將、九卿、校尉以下，凡斬首三萬級，定涿郡、中山、鉅鹿、清河、河間凡二十二縣。前及廣阿，聞城中車騎甚眾，丹等勒兵問曰[1]：「此何兵？」曰：「大司馬劉公也。」諸將喜，即進至城下。城下初傳言二郡兵為邯鄲來，眾皆恐。劉秀自登西城樓勒兵問之；耿弇拜於城下，即召入，具言發兵狀[2]。秀乃悉召景丹等入，笑曰：「邯鄲將帥數言我發漁陽、上谷兵，吾聊應言『我亦發之』，何意二郡良為吾來！方與士大夫共此功名耳。」乃以景丹、寇恂、耿弇、蓋延、吳漢、王梁皆為偏將軍，使還領其兵，加耿況、彭寵大將軍；封況、寵、丹、延皆為列侯。吳漢為人，質厚少文[3]，造次不能以辭自達[4]，然沉厚有智略，鄧禹數薦之於秀，秀漸親重之。

注釋

　　①勒：這裡指約束的意思。
　　②具：陳述。
　　③質厚少文：樸實淳厚不善表面應酬。
　　④造次：這裡指急促匆忙之時。

【原文】

　　耿純言於秀曰：「久守鉅鹿，上眾疲弊；不如及大兵精銳，進攻邯鄲。若王郎已誅，鉅鹿不戰自服矣。」秀從之。夏，四月，留將軍鄧滿守鉅鹿。進軍邯鄲，連戰，破之。郎乃使其諫大夫杜威請降，威雅稱郎實成帝遺體[1]。秀曰：「設使成帝復生，天下不可得，況詐子輿者乎！」威請求萬戶侯，秀曰：「願得全身可矣！」威怒而去。秀急攻之[2]，二十餘日。五月，甲辰，郎少傅李立開門內漢兵，遂拔邯鄲。郎夜亡走，王霸追斬之。秀收郎文書，得吏民與郎交關謗毀者數千章。秀不省[3]，會諸將軍燒之，曰：「令反側子自安[4]！」

　　秀部分吏卒各隸諸軍，士皆言願屬大樹將軍。大樹將軍者，偏將軍馮異也，為人謙退不伐[5]，敕吏士非交戰受敵，常行諸營之後。每所止舍，

諸將並坐論功，異常獨屏樹下，故軍中號曰「大樹將軍」。

護軍宛人朱祐從容言於秀曰：「長安政亂，公有日角之相⑥，此天命也！」秀曰：「召刺奸收護軍！」祐乃不敢復言。

注釋

①雅：平素；向來；常常。遺體：舊謂身體為父母所生，因而稱自己的身體為父母的「遺體」。

②急：很快而且猛烈。

③省：察看。

④反側子：三心二意的人。

⑤謙退不伐：伐，誇；炫耀。謙退不伐，謙虛不炫耀。

⑥日角之相：相面術中的一種面相。即指額骨中央部分隆起，是帝王之相。

【原文】

更始遣使立秀為蕭王，悉令罷兵，與諸將有功者詣行在所①。遣苗曾為幽州牧，韋順為上谷太守，蔡充為漁陽太守，並北之部。

蕭王居邯鄲宮，晝臥溫明殿，耿弇入，造床下請間②，因說曰：「吏士死傷者多，請歸上谷益兵。」蕭王曰：「王郎已破，河北略平，復用兵何為？」弇曰：「王郎雖破，天下兵革乃始耳。今使者從西方來，欲罷兵，不可聽也。銅馬、赤眉之屬數十輩，輩數十百萬人，所向無前，聖公不能辦也，敗必不久。」蕭王起坐曰：「卿失言，我斬卿！」弇曰：「大王哀厚弇如父子，故敢披赤心③。」蕭王曰：「我戲卿耳，何以言之？」弇曰：「百姓患苦王莽，復思劉氏，聞漢兵起，莫不歡喜，如去虎口得歸慈母。今更始為天子，而諸將擅命於山東，貴戚縱橫於都內，虜掠自恣，元元叩心，更思莽朝，是以知其必敗也。公功名已著，以義征伐，天下可傳檄而定也。天下至重，公可自取，毋令他姓得之。」蕭王乃辭以河北未平，不就徵，始貳於更始④。

注釋

①行在所：古代皇帝所在的地方。

②造：前往，到。
③披赤心：披露真心誠意，披露忠心。
④貳：離異，有二心。

【原文】

（秋）初，謝躬與蕭王共滅王郎，數與蕭王違戾①，常欲襲蕭王，畏其兵強而止。雖俱在邯鄲，遂分城而處，然蕭王每有以慰安之。躬勤於吏職，蕭王常稱之曰：「謝尚書，真吏也！」故不自疑。其妻知之，常戒之曰：「君與劉公積不相能②，而信其虛談③，終受制矣。」躬不納。既而躬率其兵數萬還屯於鄴。及蕭王南擊青犢，使躬邀擊尤來於隆慮山，躬兵大敗。蕭王因躬在外，使吳漢與刺奸大將軍岑彭襲據鄴城④。躬不知，輕騎還鄴，漢等收斬之，其眾悉降。

注釋

①違戾：違背；違反。
②積不相能：長期不和。
③虛談：虛假的話。
④襲：掩襲。謂軍事上乘人不備而進攻。

【原文】

（冬）蕭王將北徇燕、趙，度赤眉必破長安，又欲乘釁併關中①，而未知所寄，乃拜鄧禹為前將軍，中分麾下精兵二萬人，遣西入關，令自選偏裨以下可與俱者②。時朱鮪、李軼、田立、陳僑將兵號三十萬，與河南太守武勃共守洛陽；鮑永、田邑在并州。蕭王以河內險要富實，欲擇諸將守河內者而難其人，問於鄧禹。鄧禹曰：「寇恂文武備足，有牧人御眾之才，非此子莫可使也！」乃拜恂河內太守，行大將軍事。蕭王謂恂曰：「昔高祖留蕭何關中，吾今委公以河內。當給足軍糧，率屬士馬，防遏他兵，勿令北渡而已③！」拜馮異為孟津將軍，統魏郡、河內兵於河上，以拒洛陽。蕭王親送鄧禹至野王，禹既西，蕭王乃復引兵而北。寇恂調餱糧、治器械以供軍④；軍雖遠征，未嘗乏絕。

①釁（ㄒㄧㄣˋ）：事端。
②偏裨（ㄆㄧˊ）：偏將，副將。
③渡：通「度」。過，越過。
④餱（ㄏㄡˊ）糧：乾糧。

【原文】

（光武帝）建武元年（25）

（夏，四月）蕭王北擊尤來、大槍、五幡於元氏，追至北平，連破之；又戰於順水北，乘勝輕進，反為所敗。王自投高岸①，遇突騎王豐下馬授王，王僅而得免。散兵歸保范陽。軍中不見王，或云已歿②，諸將不知所為，吳漢曰：「卿曹努力！王兄子在南陽，何憂無主！」眾恐懼，數日乃定。賊雖戰勝，而憚王威名，夜，遂引去。大軍復追至安次，連戰，破之。賊退入漁陽，所過虜掠。強弩將軍陳俊言於王曰：「賊無輜重③，宜令輕騎出賊前，使百姓各自堅壁以絕其食，可不戰而殄也④。」王然之，遣俊將輕騎馳出賊前，視人保壁堅完者，敕令固守；放散在野者，因掠取之。賊至，無所得，遂散敗。王謂俊曰：「困此虜者，將軍策也。」

馮異遺李軼書，為陳禍福，勸令歸附蕭王；軼知長安已危，而以伯升之死，心不自安，乃報書曰：「軼本與蕭王首謀造漢，今軼守洛陽，將軍鎮孟津，俱據機軸⑤，千載一會，思成斷金。唯深達蕭王，願進愚策以佐國安民。」軼自通書之後，不復與異爭鋒，故異得北攻天井關，拔上黨兩城，又南下河南成皋以東十三縣，降者十餘萬。武勃將萬餘人攻諸畔者，異與戰於士鄉下，大破，斬勃；軼閉門不救。異見其信效，具以白王。王報異曰：「季文多詐⑥，人不能得其要領。今移其書告守、尉當警備者。」眾皆怪王宣露軼書；朱鮪聞之，使人刺殺軼，由是城中乖離⑦，多有降者。

①自投高岸：從高坡上跳下來。
②歿：終，死。

③輜重：軍隊出戰時攜帶的軍用器械、糧草、營帳、服裝等物資的統稱。

④殄：滅絕。

⑤機軸：重要之地。機，事物的關鍵。軸，指中心，樞紐。

⑥季文：李軼字季文。

⑦乖離：背離。

【原文】

異、恂移檄上狀，諸將入賀，因上尊號。將軍南陽馬武先進曰：「大王雖執謙退①，奈宗廟社稷何！宜先即尊位，乃議征伐。今此誰賊而馳騖擊之乎②？」王驚曰：「何將軍出此言！可斬也！」乃引軍還薊。復遣吳漢率耿弇、景丹等十三將軍追尤來等，斬首萬三千餘級，遂窮追至浚靡而還。賊散入遼西、遼東，為烏桓、貊人所鈔擊略盡③。

注釋

①執：保持。

②今此誰賊而馳騖擊之乎：意思是稱帝之後，那些不服從命令的人就是賊；如今不即帝位，就分不出誰是賊，你跑去打誰呢？馳騖，縱橫奔馳。

③貊（ㄇㄛˋ）：古代稱居住在東北地區的少數民族。鈔：通「抄」。強取，掠奪。

【原文】

都護將軍賈復與五校戰於真定，復傷創甚。王大驚曰：「我所以不令賈復別將者，為其輕敵也。果然，失吾名將！聞其婦有孕，生女邪，我子娶之；生男邪，我女嫁之；不令其憂妻子也。」復病尋愈，追及王於薊，相見甚歡。

還至中山，諸將復上尊號；王又不聽。行到南平棘，諸將復固請之；王不許。諸將且出，耿純進曰：「天下士大夫，捐親戚，棄土壤①，從大王於矢石之間者②，其計固望攀龍鱗，附鳳翼，以成其所志耳。今大王留時逆眾，不正號位，純恐士大夫望絕計窮，則有去歸之思，無為久自苦也。大眾一散，難可復合。」純言甚誠切，王深感曰：「吾將思之。」

　　行至鄗③，召馮異，問四方動靜。異曰：「更始必敗，宗廟之憂在於大王④，宜從眾議！」會儒生強華自關中奉〈赤伏符〉來詣王曰：「劉秀發兵捕不道，四夷雲集龍鬥野，四七之際火為主。」群臣因復奏請。六月，己未，王即皇帝位於鄗南；改元，大赦。

注釋

　　①棄土壤：背井離鄉。土壤，指鄉土。

　　②矢石：箭與礌（ㄌㄟˋ）石，古時守城的武器。

　　③鄗（ㄏㄠˋ）：漢縣名，治所在今河北省柏鄉縣。

　　④宗廟：王室的代稱。

【原文】

　　先是，赤眉過式，掠故式侯萌之子恭、茂、盆子三人自隨。恭少習《尚書》，隨樊崇等降更始於洛陽，復封式侯，為侍中，在長安。茂與盆子留軍中，屬右校卒史劉俠卿，主牧牛。及崇等欲立帝，求軍中景王後，得七十餘人，唯茂、盆子及前西安侯孝最為近屬。崇等曰：「聞古者天子將兵稱上將軍。」乃書箚為符曰「上將軍」。又以兩空箚置笥中①，於鄭北設壇場，祠城陽景王，諸三老、從事皆大會。列盆子等三人居中立，以年次探箚，盆子最幼，後探，得符；諸將皆稱臣，拜。盆子時年十五，被髮徒跣②，敝衣赭汗③，見眾拜，恐畏欲啼。茂謂曰：「善臧符！」盆子即齧折④，棄之。以徐宣為丞相，樊崇為御史大夫，逢安為左大司馬，謝祿為右大司馬，其餘皆列卿、將軍。盆子雖立，猶朝夕拜劉俠卿，時欲出從牧兒戲；俠卿怒止之，崇等亦不復候視也⑤。

注釋

　　①笥（ㄙˋ）：盛飯食或衣物的竹器。

　　②被髮徒跣（ㄒㄧㄢˇ）：披散著頭髮，光著腳。跣，光著腳。

　　③敝衣赭（ㄓㄜˇ）汗：破舊骯髒的衣服。

　　④齧折：咬彎。

　　⑤候視：問候，探望。

【原文】

秋，七月，辛未，帝使使持節拜鄧禹為大司徒，封酇侯，食邑萬戶；禹時年二十四。又議選大司空，帝以〈赤伏符〉曰「王梁主衛作玄武」，丁丑，以野王令王梁為大司空。又欲以讖文用平狄將軍孫咸行大司馬①，眾咸不悅。壬午，以吳漢為大司馬。

初，更始以琅邪伏湛為平原太守。時天下兵起，湛獨晏然②，撫循百姓③。門下督謀為湛起兵，湛收斬之。於是吏民信向，平原一境賴湛以全。帝徵湛為尚書，使典定舊制④。又以鄧禹西征，拜湛為司直，行大司徒事；車駕每出征伐，常留鎮守。

辛未，詔封更始為淮陽王；吏民敢有賊害者⑤，罪同大逆⑥；其送詣吏者封列侯。

注釋

①讖（ㄔㄣ丶）：預言，預兆。
②晏然：平靜、安逸的樣子。
③撫循：撫慰。
④典：主管，執掌。
⑤賊害：作強盜殺人。
⑥大逆：古代刑律中「十惡」罪行之一，即毀壞皇家宗廟、祖墓及宮殿的行為。

【原文】

諸將圍洛陽數月，朱鮪堅守不下。帝以廷尉岑彭嘗為鮪校尉，令往說之。鮪在城上，彭在城下，為陳成敗①。鮪曰：「大司徒被害時，鮪與共謀，又諫更始無遣蕭王北伐，誠自知罪深，不敢降！」彭還，具言於帝。帝曰：「舉大事者不忌小怨。鮪今若降，官爵可保，況誅罰乎！河水在此，吾不食言！」彭復往告鮪，鮪從城上下索曰：「必信，可乘此上。」彭趣索欲上，鮪見其誠，即許降。辛卯，朱鮪面縛②，與岑彭俱詣河陽。帝解其縛，召見之，復令彭夜送鮪歸城。明旦，與蘇茂等悉其眾出降。拜鮪為平狄將軍，封扶溝侯；後為少府，傳封累世③。

　　帝使侍御史河內杜詩安集洛陽。將軍蕭廣縱兵士暴橫，詩敕曉不改，遂格殺廣。還，以狀聞。上召見，賜以棨戟④，遂擢任之。

　　冬，十月，癸丑，車駕入洛陽，幸南宮，遂定都焉。

注釋

　　①陳：陳述。

　　②面縛：當面捆綁。

　　③累世：歷代。

　　④棨（〈一ˇ）戟：有黑色帛衣或油漆的木戟。是古代官吏出行所用儀仗之一。

【原文】

　　二年（26）

　　（春，正月）庚辰，悉封諸功臣為列侯；梁侯鄧禹、廣平侯吳漢皆食四縣①。博士丁恭議曰②：「古者封諸侯不過百里，強幹弱枝，所以為治也。今封四縣，不合法制。」帝曰：「古之亡國皆以無道，未嘗聞功臣地多而滅亡者也。」陰鄉侯陰識，貴人之兄也，以軍功當增封，識叩頭讓曰：「天下初定，將帥有功者眾，臣托屬掖廷③，仍加爵邑，不可以示天下；此為親戚受賞，國人計功也。」帝從之。帝令諸將各言所樂，皆占美縣；河南太守潁川丁綝獨求封本鄉。或問其故，綝曰：「綝能薄功微，得鄉亭厚矣！」帝從其志，封新安鄉侯。帝使郎中魏郡馮勤典諸侯封事，勤差量功次輕重④，國土遠近，地勢豐薄，不相逾越，莫不厭服焉⑤。帝以為能，尚書眾事皆令總錄之。故事：尚書郎以令史久次補之，帝始用孝廉為尚書郎。

注釋

　　①食：俸祿。

　　②博士：中國古代學官名。源於戰國。

　　③掖廷：皇宮中的旁舍，宮嬪所居的地方。

　　④差量：衡量，度量。

　　⑤厭服：滿足和信服。

【原文】

　　起高廟於洛陽①，四時合祀高祖、太宗、世宗；建社稷於宗廟之右；
立郊兆於城南②。

注釋

　　①起：興建。高廟：宗廟。
　　②郊兆：祭祀天地之所。

黨錮之禍

題解

　　東漢末年，統治階層中外戚、宦官和士人派系的衝突激化。宦官一派左右朝政，在漢桓帝延熹九年（166）逮捕了以李膺為首的士人，下令禁錮終身，不許做官。到漢靈帝建寧二年（169），又捕殺李膺、杜密等所謂「黨人」，史稱「黨錮之禍」。本文節選自《資治通鑑》卷五十五、卷五十六，標題為編者所加。

【原文】

　　（漢桓帝）延熹七年（164）

　　春，二月，丙戌，郎鄉忠侯黃瓊薨①。將葬，四方遠近名士會者六七千人。

　　初，瓊之教授於家。徐穉從之咨訪大義，及瓊貴，穉絕不復交。至是，穉往弔之，進酹②，哀哭而去，人莫知者。諸名士推問喪宰，宰曰：「先時有一書生來，衣粗薄而哭之哀，不記姓字③。」眾曰：「必徐孺子也。」於是選能言者陳留茅容輕騎追之，及於塗④。容為沽酒市肉，穉為飲食。容問國家之事，穉不答。更問稼穡之事，穉乃答之。容還，以語諸人，或曰：「孔子云：『可與言而不與言，失人。』然則孺子其失人乎？」太原郭泰曰：「不然。孺子之為人，清潔高廉，飢不可得食，寒不可得衣，而為季偉飲酒食肉⑤，此為已知季偉之賢故也。所以不答國事者，是其智可及，其愚不可及也。」

　　泰博學，善談論。初游雒陽，時人莫識，陳留符融一見嗟異，因以介於河南尹李膺⑥。膺與相見，曰：「吾見士多矣，未有如郭林宗者也⑦。其聰識通朗，高雅密博，今之華夏，鮮見其儔⑧。」遂與為友，於是名震京師。後歸鄉里，衣冠諸儒送至河上⑨，車數千兩，膺唯與泰同舟而濟，眾賓望之，以為神仙焉。

注釋

　①邟（ㄎㄤˊ）鄉：古地名。在今河南臨汝縣東。東漢時，黃瓊、袁紹曾封為邟鄉侯。

　②進酹（ㄌㄟˋ）：祭奠時以酒澆地。

　③不記姓字：不肯留下姓名。

　④塗：同「途」。

　⑤季偉：茅容字季偉。

　⑥介：介紹。

　⑦郭林宗：郭泰字林宗。

　⑧儔（ㄔㄡˊ）：伴侶，同輩。

　⑨衣冠：古代士以上戴冠，衣冠是士以上的服裝。後引申指世族、士紳。

【原文】

　泰性明知人，好獎訓士類，周遊郡國。茅容，年四十餘，耕於野，與等輩避雨樹下，眾皆夷踞相對①，容獨危坐愈恭②；泰見而異之，因請寓宿。旦日，容殺雞為饌，泰謂為己設；容分半食母，餘半庋置③，自以草蔬與客同飯。泰曰：「卿賢哉遠矣④！郭林宗猶減三牲之具以供賓旅⑤，而卿如此，乃我友也。」起，對之揖，勸令從學，卒為盛德。鉅鹿孟敏，客居太原，荷甑墮地⑥，不顧而去。泰見而問其意，對曰：「甑已破矣，視之何益！」泰以為有分決⑦，與之言，知其德性，因勸令遊學，遂知名當世。陳留申屠蟠，家貧，傭為漆工；鄢陵庾乘，少給事縣廷為門士⑧；泰見而奇之，其後皆為名士。自餘或出於屠沽、卒伍，因泰獎進成名者甚眾。

注釋

　①夷踞：蹲在地上。

　②危坐：端正地坐著。

　③庋（ㄐㄧˇ）置：置放，收藏。

　④卿賢哉遠矣：你真是個了不起的賢人啊。

⑤三牲：古代指用於祭祀的牛、羊、豬。後世以雞、魚、豬為「三牲」。

⑥甑（ㄗㄥˋ）：古代蒸飯的一種瓦器。

⑦有分決：爽快，果斷。

⑧縣廷：漢代稱郡縣政府為縣廷、府廷。

【原文】

陳國童子魏昭請於泰曰：「經師易遇①，人師難遭②，願在左右，供給灑掃。」泰許之。泰嘗不佳③，命昭作粥，粥成，進泰，泰呵之曰④：「為長者作粥，不加意敬，使不可食！」以杯擲地。昭更為粥重進，泰復呵之。如此者三，昭姿容無變。泰乃曰：「吾始見子之面，而今而後，知卿心耳！」遂友而善之。

陳留左原，為郡學生，犯法見斥，泰遇諸路，為設酒肴以慰之。謂曰：「昔顏涿聚，梁甫之巨盜，段干木，晉國之大駔⑤，卒為齊之忠臣，魏之名賢；蘧瑗、顏回尚不能無過，況其餘乎！慎勿恚恨，責躬而已！」原納其言而去。或有譏泰不絕惡人者，泰曰：「人而不仁，疾之已甚，亂也⑥。」原後忽更懷忿結客，欲報諸生。其日，泰在學，原愧負前言，因遂罷去。後事露，眾人咸謝服焉。

注釋

①經師：指學問可以為人師表者。

②人師：指品行道德可以為人師表者。

③不佳：不舒服。

④呵：斥責。

⑤駔（ㄗㄤˇ）：壯馬。引申為馬匹交易的經紀人，泛指經紀人。

⑥「人而不仁」句：語出《論語·泰伯》，意思是不仁的人，如果過分加以仇恨，就要造成禍亂。

【原文】

或問范滂曰：「郭林宗何如人？」滂曰：「隱不違親，貞不絕俗①，天子不得臣，諸侯不得友，吾不知其他。」

　　泰嘗舉有道②，不就，同郡宋沖素服其德，以為自漢元以來，未見其四，嘗勸之仕。泰曰：「吾夜觀乾象，晝察人事，天之所廢，不可支也，吾將優游卒歲而已。」然猶周旋京師，誨誘不息。徐穉以書戒之曰：「大木將顛，非一繩所維，何為棲棲不遑寧處③！」泰感寤曰：「謹拜斯言，以為師表。」

　　濟陰黃允，以儁才知名，泰見而謂曰：「卿高才絕人，足成偉器，年過四十，聲名著矣。然至於此際，當深自匡持④，不然，將失之矣！」後司徒袁隗欲為從女求姻，見允，歎曰：「得婿如是，足矣。」允聞而黜遣其妻。妻請大會宗親為別，因於眾中攘袂數允隱慝十五事而去⑤，允以此廢於時。

注釋

　　①隱不違親，貞不絕俗：雖然隱居卻並不拋棄父母，雖然性情高尚卻並不摒絕世事。

　　②有道：漢代選舉科目之一。

　　③「大木將顛」句：意為大局將壞，一個人的力量是維持不住的，何必東奔西走，不暇安居呢？

　　④匡持：自己檢點約束行為。

　　⑤攘袂：挽起袖子。隱慝（ㄊㄜˋ）十五事：十五件邪惡的隱私。

【原文】

　　初，允與漢中晉文經並恃其才智，曜名遠近，徵辟不就①。托言療病京師，不通賓客，公卿大夫遣門生旦暮問疾，郎吏雜坐其門②，猶不得見；三公所辟召者③，輒以詢訪之，隨所臧否，以為與奪④。符融謂李膺曰：「二子行業無聞，以豪桀自置⑤，遂使公卿問疾，王臣坐門，融恐其小道破義，空譽違實，特宜察焉。」膺然之。二人自是名論漸衰，賓徒稍省，旬日之間，慚歎逃去，後並以罪廢棄。

注釋

　　①徵辟：徵召，薦舉。舊指朝廷或三公以下召舉布衣之士授以官職。

　　②郎吏：泛指中央政府的官屬。

③三公：東漢時以太尉、司徒、司空合稱三公。為輔助皇帝掌握政權的最高官員。

④隨所臧否（ㄗㄤ ㄆㄧˇ），以為與奪：意為依照他們的品評，來決定是否任用徵召者。隨，依據，按照。與奪，賜予和剝奪。臧否，品評；褒貶。

⑤以豪桀自置：自命為豪傑。桀，同「傑」。

【原文】

陳留仇香，至行純嘿①，鄉黨無知者。年四十，為蒲亭長。民有陳元，獨與母居，母詣香告元不孝。香驚曰：「吾近日過元舍，廬落整頓，耕耘以時，此非惡人，當是教化未至耳。母守寡養孤，苦身投老②，奈何以一旦之忿，棄歷年之勤乎！且母養人遺孤，不能成濟，若死者有知，百歲之後，當何以見亡者！」母涕泣而起。香乃親到元家，為陳人倫孝行，譬以禍福之言，元感悟，卒為孝子。考城令河內王奐署香主簿③，謂之曰：「聞在蒲亭，陳元不罰而化之，得無少鷹鸇之志邪④？」香曰：「以為鷹鸇不若鸞鳳，故不為也。」奐曰：「枳棘之林非鸞鳳所集，百里非大賢之路。」乃以一月奉資香⑤，使入太學。郭泰、符融齎刺謁之⑥，因留宿。明旦，泰起，下床拜之曰：「君，泰之師，非泰之友也。」香學畢歸鄉里，雖在宴居，必正衣服，妻子事之若嚴君；妻子有過，免冠自責，妻子庭謝思過，香冠，妻子乃敢升堂，終不見其喜怒聲色之異。不應徵辟，卒於家。

注釋

①至行純嘿：品行非常好。至，最好的。行，品行。純，善，美好。

②苦身投老：辛苦了一輩子。

③署：委派。主簿：官名。漢代中央及郡縣官署多置之。其職責為主管文書，辦理事務。

④鷹鸇（ㄓㄢ）：喻勇猛。

⑤奉：通「俸」。

⑥齎刺：攜帶名帖。刺，名帖。

【原文】

八年（165）

（三月）宛陵大姓羊元群罷北海郡，臧汙狼籍；郡舍溷軒有奇巧[1]，亦載之以歸。河南尹李膺表按其罪；元群行賂宦官，膺竟反坐。單超弟遷為山陽太守，以罪繫獄，廷尉馮緄考致其死[2]；中官相黨，共飛章誣緄以罪[3]。中常侍蘇康、管霸，固天下良田美業[4]，州郡不敢詰，大司農劉祐移書所在，依科品沒入之[5]；帝大怒，與膺、緄俱輸作左校[6]。

注釋

①溷（ㄏㄨㄣˋ）軒：廁所。

②考致其死：拷打致其死亡。

③飛章：紛紛上奏。

④固：把持，壟斷。

⑤依科品：根據法律條文。

⑥左校：東漢官署名。凡大臣犯法，常遣送到左校勞作。

【原文】

（十一月）陳蕃數言李膺、馮緄、劉祐之枉，請加原宥，升之爵任，言及反覆，誠辭懇切，以至流涕；帝不聽。應奉上疏曰：「夫忠賢武將，國之心膂[1]。竊見左校弛刑徒馮緄、劉祐、李膺等[2]，誅舉邪臣，肆之以法；陛下既不聽察，而猥受譖訴，遂令忠臣同愍元惡[3]，自春迄冬，不蒙降恕，踽踽觀聽，為之歎息。夫立政之要，記功忘失[4]；是以武帝捨安國於徒中，宣帝徵張敞於亡命。緄前討蠻荊，均吉甫之功；祐數臨督司，有不吐茹之節[5]；膺著威幽、并，遺愛度遼。今三垂蠢動[6]，王旅未振，乞原膺等，以備不虞。」書奏，乃悉免其刑。久之，李膺復拜司隸校尉。時小黃門張讓弟朔為野王令，貪殘無道，畏膺威嚴，逃還京師，匿於兄家合柱中。膺知其狀，率吏卒破柱取朔，付雒陽獄，受辭畢[7]，即殺之。讓訴冤於帝，帝召膺，詰以不先請便加誅之意。對曰：「昔仲尼為魯司寇，七日而誅少正卯。今臣到官已積一旬，私懼以稽留為愆，不意獲速疾之罪。誠自知釁責，死不旋踵，特乞留五日，克殄元惡，退就鼎鑊[8]，始生之願

也。」帝無復言，顧謂讓曰：「此汝弟之罪，司隸何怨！」乃遣出。自此諸黃門、常侍皆鞠躬屏氣，休沐不敢出宮省⑨。帝怪問其故，並叩頭泣曰：「畏李校尉。」時朝廷日亂，綱紀頹弛，而膺獨持風裁，以聲名自高，士有被其容接者，名為登龍門云。

注釋

①膂（ㄌㄩˇ）：脊骨。

②弛刑徒：解除枷鎖的刑徒。

③忠臣同愆元惡：忠臣和最壞的人同樣治罪。愆，罪過。

④記功忘失：記人之功忘人之過。

⑤吐茹之節：出自《詩經·大雅·烝民》：「柔亦不茹，剛亦不吐。」意思是軟弱的不欺壓，強橫的不畏懼。

⑥三垂：這裡指北、東北、西北三個方面的邊境。垂，同「陲」，邊境。

⑦受辭：接受供詞。

⑧鼎鑊：古代烹飪的器具，也用作把人煮死的酷刑刑具。

⑨宮省：宮禁。

【原文】

九年（166）

（七月）初，帝為蠡吾侯，受學於甘陵周福，及即位，擢福為尚書。時同郡河南尹房植有名當朝，鄉人為之謠曰：「天下規矩，房伯武；因師獲印，周仲進。」二家賓客①，互相譏揣，遂各樹朋徒，漸成尤隙②。由是甘陵有南北部，黨人之議自此始矣。

汝南太守宗資以范滂為功曹③，南陽太守成瑨以岑晊為功曹，皆委心聽任，使之褒善糾違，肅清朝府。滂尤剛勁④，疾惡如仇。滂甥李頌，素無行，中常侍唐衡以屬資，資用為吏；滂寢而不召。資遷怒，捶書佐朱零⑤，零仰曰：「范滂清裁，今日寧受笞而死，滂不可違。」資乃止。郡中中人以下，莫不怨之。於是二郡為謠曰：「汝南太守范孟博，南陽宗資主畫諾；南陽太守岑公孝，弘農成瑨但坐嘯。」

太學諸生三萬餘人，郭泰及潁川賈彪為其冠，與李膺、陳蕃、王暢

更相褒重。學中語曰：「天下模楷，李元禮；不畏強禦，陳仲舉；天下俊秀，王叔茂。」於是中外承風，競以臧否相尚⑥，自公卿以下，莫不畏其貶議，屣履到門⑦。

注釋

①賓客：東漢以後世家豪族對依附人口的一種稱謂。

②尤：怨恨。

③功曹：相當於郡守的總務長，除掌人事外，並得參與一郡的政務。

④剛勁：堅強有力。

⑤書佐：兩漢郡縣各曹都有書佐，負責起草和繕寫文書。

⑥臧否：褒貶，評議。

⑦屣履：鞋跟沒提上，這裡比喻趨附唯恐不及。

【原文】

宛有富賈張汜者，與後宮有親，又善雕鏤玩好之物，頗以賂遺中官，以此得顯位，用勢縱橫。岑晊與賊曹史張牧勸成瑨收捕汜等①；既而遇赦，瑨竟誅之，並收其宗族賓客，殺二百餘人，後乃奏聞。小黃門晉陽趙津，貪暴放恣，為一縣巨患②。太原太守平原劉瓆使郡吏王允討捕，亦於赦後殺之。於是中常侍侯覽使張汜妻上書訟冤，宦者因緣譖訴瑨、瓆。帝大怒，徵瑨、瓆，皆下獄。有司承旨，奏瑨、瓆罪當棄市③。

符節令汝南蔡衍、議郎劉瑜表救成瑨、劉瓆④，言甚切厲，亦坐免官。瑨、瓆竟死獄中。瑨、瓆素剛直，有經術，知名當時，故天下惜之。岑晊、張牧逃竄獲免。

注釋

①賊曹史：官名，主要掌管緝捕賊盜的事。

②患：禍害。

③棄市：古代在鬧市執行死刑，並將屍體暴露街頭，稱為棄市。

④符節令：掌管符節的官。議郎：議論朝政的官。

【原文】

　　河南張成，善風角①，推占當赦，教子殺人。司隸李膺督促收捕，既而逢宥獲免；膺愈懷憤疾，竟按殺之。成素以方伎交通宦官，帝亦頗訊其占；宦官教成弟子牢修上書，告「膺等養太學遊士，交結諸郡生徒，更相驅馳，共為部黨，誹訕朝廷，疑亂風俗」。於是天子震怒，班下郡國，逮捕黨人，佈告天下，使同忿疾。案經三府，太尉陳蕃卻之曰：「今所按者，皆海內人譽，憂國忠公之臣，此等猶將十世宥也②，豈有罪名不章而致收掠者乎！」不肯平署③。帝愈怒，遂下膺等於黃門北寺獄，其辭所連及，太僕穎川杜密、御史中丞陳翔及陳寔、范滂之徒二百餘人④。或逃遁不獲，皆懸金購募，使者四出相望。陳寔曰：「吾不就獄，眾無所恃。」乃自往請囚。范滂至獄，獄吏謂曰：「凡坐繫者，皆祭皋陶。」滂曰：「皋陶，古之直臣，知滂無罪，將理之於帝；如其有罪，祭之何益！」眾人由此亦止。陳蕃復上書極諫，帝諱其言切，托以蕃辟召非其人，策免之⑤。

　　時黨人獄所染逮者⑥，皆天下名賢，度遼將軍皇甫規，自以西州豪桀，恥不得與，乃自上言：「臣前薦故大司農張奐⑦，是附黨也。又，臣昔論輸左校時，太學生張鳳等上書訟臣，是為黨人所附也，臣宜坐之。」朝廷知而不問。

注釋

①風角：利用四方四隅的風占卜吉凶的術數。
②猶將十世宥也：即使到了十代以後，有罪還該赦免。
③平署：聯名簽署。
④太僕：管車馬和馬政的官，九卿之一。
⑤策：通「冊」。這裡指對陳蕃的免官，記其語於簡冊。
⑥染逮：牽連逮捕。
⑦大司農：掌管財政的官，九卿之一。

【原文】

　　（漢桓帝）永康元年（167）

　　（五月）陳蕃既免，朝臣震栗[1]，莫敢復為黨人言者。賈彪曰：「吾不西行，大禍不解。」乃入雒陽，說城門校尉竇武、尚書魏郡霍諝等[2]，使訟之。武上疏曰：「陛下即位以來，未聞善政，常侍、黃門，競行譎詐，妄爵非人。伏尋西京[3]，佞臣執政，終喪天下。今不慮前事之失，復循覆車之軌。臣恐二世之難[4]，必將復及，趙高之變[5]，不朝則夕。近者奸臣牢修造設黨議，遂收前司隸校尉李膺等逮考，連及數百人，曠年拘錄，事無效驗。臣惟膺等建忠抗節，志經王室，此誠陛下稷、契、伊、呂之佐[6]；而虛為奸臣賊子之所誣枉，天下寒心，海內失望。惟陛下留神澄省，時見理出，以厭人鬼喁喁之心[7]。今臺閣近臣，尚書朱寓、荀緄、劉祐、魏朗、劉矩、尹勳等，皆國之貞士，朝之良佐；尚書郎張陵、嬀皓、苑康、楊喬、邊韶、戴恢等，文質彬彬，明達國典，內外之職，群才並列。而陛下委任近習，專樹饕餮[8]，外典州郡，內干心膂，宜以次貶黜，案罪糾罰；信任忠良，平決臧否，使邪正毀譽，各得其所，實愛天官，唯善是授，如此，咎徵可消，天應可待。間者有嘉禾、芝草、黃龍之見。夫瑞生必於嘉士，福至實由善人，在德為瑞，無德為災。陛下所行不合天意，不宜稱慶。」書奏，因以病上還城門校尉、槐里侯印綬。霍諝亦為表請。帝意稍解，使中常侍王甫就獄訊黨人范滂等，皆三木囊頭[9]，暴於階下[10]，甫以次辯詰曰：「卿等更相拔舉，迭為唇齒，其意如何？」滂曰：「仲尼之言：『見善如不及，見惡如探湯。』滂欲使善善同其清，惡惡同其汙，謂王政之所願聞，不悟更以為黨。古之修善，自求多福。今之修善，身陷大戮。身死之日，願埋滂於首陽山側，上不負皇天，下不愧夷、齊。」甫愍然為之改容，乃得並解桎梏[11]。李膺等又多引宦官子弟，宦官懼，請帝以天時宜赦。六月，庚申，赦天下，改元；黨人二百餘人皆歸田里，書名三府，禁錮終身。

注釋

　　①震栗：發抖，哆嗦。

　　②城門校尉：掌首都城門守衛的官。

　　③西京：指西漢時代，因當時都城在西京長安。

　　④二世之難：指秦傳二世而亡。

　　⑤趙高：秦宦官。始皇死，與李斯偽造遺詔，逼始皇長子扶蘇自殺，立胡亥為二世皇帝。

⑥稷：后稷，舜時名臣。契（ㄒㄧㄝˋ）：商代始祖。伊：伊尹，湯時名臣。呂：呂尚，姜太公，周文王、周武王時名臣。

⑦喁喁（ㄩㄥˊ ㄩㄥˊ）：比喻眾人景仰歸向。

⑧饕餮（ㄊㄠ ㄊㄧㄝˋ）：本為惡獸之名，貪吃。借指凶惡的人或貪婪的人。

⑨三木囊頭：指頭、手、足皆戴以木械，並以物蒙蓋其頭。

⑩暴：通「曝」。晾，展示。

⑪桎梏（ㄓˋ ㄍㄨˋ）：刑具。用在手上的叫桎，用在腳上的叫梏。

【原文】

范滂往候霍諝而不謝。或讓之，滂曰：「昔叔向不見祁奚，吾何謝焉！」滂南歸汝南，南陽士大夫迎之者，車數千兩①，鄉人殷陶、黃穆侍衛於旁，應對賓客。滂謂陶等曰：「今子相隨，是重吾禍也！」遂遁還鄉里。

初，詔書下舉鉤黨，郡國所奏相連及者，多至百數，唯平原相史弼獨無所上。詔書前後迫切州郡，髡笞掾史②，從事坐傳舍責曰③：「詔書疾惡黨人，旨意懇惻④。青州六郡，其五有黨，平原何治而得獨無？」弼曰：「先王疆理天下⑤，畫界分境，水土異齊，風俗不同。他郡自有，平原自無，胡可相比⑥！若承望上司⑦，誣陷良善，淫刑濫罰，以逞非理⑧，則平原之人，戶可為黨。相有死而已，所不能也！」從事大怒，即收郡僚職送獄，遂舉奏弼。會黨禁中解，弼以俸贖罪。所脫者甚眾。

竇武所薦：朱寓，沛人；苑康，勃海人；楊喬，會稽人；邊韶，陳留人。喬容儀偉麗，數上言政事，帝愛其才貌，欲妻以公主，喬固辭，不聽，遂閉口不食，七日而死。

冬，十月，先零羌寇三輔，張奐遣司馬尹端、董卓拒擊，大破之，斬其酋豪⑨，首虜萬餘人，三州清定。奐論功當封，以不事宦官故不果封，唯賜錢二十萬，除家一人為郎。奐辭不受，請徙屬弘農。

注釋

①兩：通「輛」。

②髡（ㄎㄨㄣ）笞掾史：對各級屬吏用刑。髡，古代一種剃去頭髮的刑

罰。笞，用竹板或荊條打人脊背或臀腿的刑罰。掾史，各級屬吏。

　　③從事：官名。漢及漢以後三公及州郡長官皆自辟僚屬，多以從事為稱。到宋代廢止。

　　④懇惻：由衷地感到悲痛。懇，忠誠、誠懇。惻，憂傷、悲痛。

　　⑤疆理：劃分界限治理。

　　⑥胡：何。

　　⑦承望：指順承觀望臉色。

　　⑧逞：放任。

　　⑨酋豪：豪強首領。

【原文】

　　（漢靈帝）建寧元年（168）

　　（六月）癸巳，錄定策功，封竇武為聞喜侯，武子機為渭陽侯，兄子紹為鄠侯①，靖為西鄉侯，中常侍曹節為長安鄉侯，侯者凡十一人。

　　涿郡盧植上書說武曰：「足下之於漢朝，猶旦、奭之在周室②，建立聖主，四海有繫，論者以為吾子之功，於斯為重。今同宗相後，披圖案牒③，以次建之，何勳之有！豈可橫叨天功以為己力乎④！宜辭大賞，以全身名。」武不能用。植身長八尺二寸，音聲如鐘，性剛毅，有大節。少事馬融，融性豪侈，多列女倡歌舞於前，植侍講積年，未嘗轉盼⑤，融以是敬之。

注釋

　　①鄠（ㄏㄨˋ）：地名，在陝西。今作戶縣。

　　②旦、奭（ㄕˋ）：周公旦和召公奭。曾佐周武王滅商。

　　③披圖案牒：查看圖牒。

　　④橫叨（ㄉㄠ）天功：意外地貪得大功。叨，貪。

　　⑤轉盼：轉過身看。

【原文】

　　太后以陳蕃舊德，特封高陽鄉侯。蕃上疏讓曰：「臣聞割地之封，功德是為。臣雖無素潔之行，竊慕君子『不以其道得之，不居也』。若受爵

不讓，掩面就之，使皇天震怒，災流下民，於臣之身，亦何所寄！」太后不許。蕃固讓，章前後十上，竟不受封。

（八月）初，竇太后之立也，陳蕃有力焉。及臨朝，政無大小，皆委於蕃。蕃與竇武同心戮力，以獎王室，徵天下名賢李膺、杜密、尹勳、劉瑜等，皆列於朝廷，與共參政事。於是天下之士，莫不延頸想望太平。而帝乳母趙嬈及諸女尚書，旦夕在太后側，中常侍曹節、王甫等共相朋結，諂事太后。太后信之，數出詔命，有所封拜。蕃、武疾之，嘗共會朝堂，蕃私謂武曰：「曹節、王甫等，自先帝時操弄國權，濁亂海內，今不誅之，後必難圖。」武深然之。蕃大喜，以手椎席而起①。武於是引同志尚書令尹勳等共定計策。

會有日食之變，蕃謂武曰：「昔蕭望之困一石顯，況今石顯數十輩乎！蕃以八十之年，欲為將軍除害，今可因日食斥罷宦官，以塞天變。」武乃白太后曰：「故事，黃門、常侍但當給事省內門戶②，主近署財物耳③；今乃使與政事，任重權，子弟布列，專為貪暴。天下匈匈④，正以此故，宜悉誅廢以清朝廷。」太后曰：「漢元以來故事，世有宦官，但當誅其有罪者，豈可盡廢邪！」時中常侍管霸，頗有才略，專制省內，武先白收霸及中常侍蘇康等，皆坐死。武復數白誅曹節等，太后尤豫未忍⑤，故事久不發。蕃上疏曰：「今京師囂囂⑥，道路喧譁，言侯覽、曹節、公乘昕、王甫、鄭颯等，與趙夫人、諸尚書並亂天下，附從者升進，忤逆者中傷⑦，一朝群臣如河中木耳，汎汎東西，耽祿畏害。陛下今不急誅此曹，必生變亂，傾危社稷，其禍難量。願出臣章宣示左右，並令天下諸奸知臣疾之。」太后不納。

注釋

①椎（ㄔㄨㄟˊ）：敲打。
②省內：指禁中。
③近署財物：指少府所掌中藏府、尚方、內者等署的財物。
④匈匈：騷動。
⑤尤（一ㄡˊ）豫：遲疑不決。
⑥囂囂：喧鬧，喧譁。
⑦中傷：攻擊和陷害別人。

【原文】

是月，太白犯房之上將①，入太微②。侍中劉瑜素善天官，惡之，上書皇太后曰：「案《占書》：宮門當閉，將相不利，奸人在主傍，願急防之。」又與武、蕃書，以星辰錯繆，不利大臣，宜速斷大計。於是武、蕃以朱寓為司隸校尉，劉祐為河南尹，虞祁為雒陽令。武奏免黃門令魏彪，以所親小黃門山冰代之，使冰奏收長樂尚書鄭颯③，送北寺獄。蕃謂武曰：「此曹子便當收殺④，何復考為！」武不從，令冰與尹勳、侍御史祝瑨雜考颯，辭連及曹節、王甫。勳、冰即奏收節等，使劉瑜內奏⑤。

注釋

①太白：即金星。房：星宿名，即房宿，亦稱「天馬四」。二十八宿之一，青龍七宿的第四宿。有星四顆，即上將、次將、次相、上相。

②太微：星宿名，象天子之庭。

③長樂尚書：長樂是太后宮名，太后臨朝聽政，所以設長樂尚書。

④此曹子：這班小人。

⑤內：同「納」。

【原文】

九月，辛亥，武出宿歸府。典中書者先以告長樂五官史朱寓，寓盜發武奏，罵曰：「中官放縱者，自可誅耳，我曹何罪，而當盡見族滅！」因大呼曰：「陳蕃、竇武奏白太后廢帝，為大逆！」乃夜召素所親壯健者長樂從官史共普、張亮等十七人，歃血共盟，謀誅武等。曹節白帝曰：「外間切切①，請出御德陽前殿。」令帝拔劍踊躍，使乳母趙嬈等擁衛左右，取棨信②，閉諸禁門，召尚書官屬，脅以白刃，使作詔板，拜王甫為黃門令，持節至北寺獄，收尹勳、山冰。冰疑，不受詔，甫格殺之③，並殺勳；出鄭颯，還兵劫太后，奪璽綬。令中謁者守南宮④，閉門絕複道。使鄭颯等持節及侍御史謁者捕收武等。武不受詔，馳入步兵營，與其兄子步兵校尉紹共射殺使者。召會北軍五校士數千人屯都亭，下令軍士曰：「黃門、常侍反，盡力者封侯重賞。」陳蕃聞難，將官屬諸生八十餘人，並拔刃突入承明門，到尚書門，攘臂呼曰：「大將軍忠以衛國，黃門反逆，何

云竇氏不道邪！」王甫時出與蕃相遇，適聞其言，而讓蕃曰：「先帝新棄天下，山陵未成，武有何功，兄弟父子並封三侯！又設樂飲宴，多取掖廷宮人⑤，旬日之間，貲財巨萬，大臣若此，為是道邪⑥！公為宰輔，苟相阿黨，復何求賊！」使劍士收蕃，蕃拔劍叱甫，辭色逾厲。遂執蕃，送北寺獄。黃門從官騶蹋蹴蕃曰⑦：「死老魅！復能損我曹員數、奪我曹稟假不⑧！」即日，殺之。時護匈奴中郎將張奐徵還京師，曹節等以奐新至，不知本謀，矯制以少府周靖行車騎將軍、加節⑨，與奐率五營士討武。夜漏盡⑩，王甫將虎賁、羽林等合千餘人，出屯朱雀掖門，與奐等合，已而悉軍闕下，與武對陳。甫兵漸盛，使其士大呼武軍曰：「竇武反，汝皆禁兵，當宿衛宮省，何故隨反者乎！先降有賞！」營府兵素畏服中官，於是武軍稍稍歸甫，自旦至食時，兵降略盡。武、紹走，諸軍追圍之，皆自殺，梟首雒陽都亭；收捕宗親賓客姻屬，悉誅之，及侍中劉瑜、屯騎校尉馮述，皆夷其族。宦官又譖虎賁中郎將河間劉淑、故尚書會稽魏朗，云與武等通謀，皆自殺。遷皇太后於南宮，徙武家屬於日南；自公卿以下嘗為蕃、武所舉者及門生故吏，皆免官禁錮。議郎勃海巴肅，始與武等同謀，曹節等不知，但坐禁錮，後乃知而收之。肅自載詣縣，縣令見肅，入閤，解印綬，欲與俱去。肅曰：「為人臣者，有謀不敢隱，有罪不逃刑，既不隱其謀矣，又敢逃其刑乎！」遂被誅。

注釋

①切切：急迫。
②棨（ㄑㄧˇ）信：也稱棨傳，古代作通行憑證用的一種木製信符。
③格殺：擊殺。相拒而殺曰格。
④中謁者：內廷掌門戶的官。
⑤掖廷：皇宮中的旁舍，宮嬪所居的地方。
⑥為是道邪：難道這樣做是正當的嗎？
⑦騶（ㄗㄡ）：騎士。
⑧稟假：指當時官員的福利待遇。稟，通「廩」，給予糧食，引申指給官員俸祿。假，休息日、假期。
⑨矯制：假託君命，發佈詔敕。
⑩夜漏盡：刻漏已盡，謂夜深或天將曉。古代用銅壺滴漏記時，稱夜漏。

【原文】

　　王甫遷中常侍，黃門令如故。朱寓、共普、張亮等六人皆為列侯，十一人為關內侯。於是群小得志，士大夫皆喪氣①。蕃友人陳留朱震收葬蕃屍，匿其子逸，事覺，繫獄，合門桎梏②。震受考掠③，誓死不言，逸由是得免。武府掾桂陽胡騰殯斂武屍④，行喪，坐以禁錮。武孫輔，年二歲，騰詐以為己子，與令史南陽張敞共匿之於零陵界中，亦得免。張奐遷大司農，以功封侯。奐深病為曹節等所賣⑤，固辭不受。

　　以司徒胡廣為太傅，錄尚書事，司空劉寵為司徒，大鴻臚許栩為司空。

注釋

　　①喪氣：意氣沮喪。

　　②桎梏：腳鐐手銬，古代用來拘繫罪人手腳的刑具。

　　③考掠：審問拷打。

　　④掾（ㄩㄢˋ）：古代屬官的通稱。

　　⑤病：不滿。

【原文】

　　建寧二年（169）

　　（九月）初，李膺等雖廢錮，天下士大夫皆高尚其道而污穢朝廷①，希之者唯恐不及②，更共相標榜，為之稱號：以竇武、陳蕃、劉淑為三君，君者，言一世之所宗也③；李膺、荀翌、杜密、王暢、劉祐、魏朗、趙典、朱寓為八俊，俊者，言人之英也；郭泰、范滂、尹勳、巴肅及南陽宗慈、陳留夏馥、汝南蔡衍、泰山羊陟為八顧，顧者，言能以德行引人者也；張儉、翟超、岑晊、苑康及山陽劉表、汝南陳翔、魯國孔昱、山陽檀敷為八及，及者，言其能導人追宗者也；度尚及東平張邈、王孝、東郡劉儒、泰山胡母班、陳留秦周、魯國蕃嚮、東萊王章為八廚，廚者，言能以財救人者也。及陳、竇用事，復舉拔膺等；陳、竇誅，膺等復廢。

注釋

　　①污穢朝廷：賤視朝廷。

　　②希：通「睎（ㄒㄧ）」。企望，仰慕。

　　③宗：尊崇，尊仰。

【原文】

　　宦官疾惡膺等，每下詔書，輒申黨人之禁。侯覽怨張儉尤甚，覽鄉人朱並素佞邪，為儉所棄，承覽意指，上書告儉與同鄉二十四人別相署號，共為部黨，圖危社稷，而儉為之魁。詔刊章捕儉等①。冬，十月，大長秋曹節因此諷有司奏「諸鉤黨者故司空虞放及李膺、杜密、朱㝢、荀翌、翟超、劉儒、范滂等②，請下州郡考治。」是時上年十四，問節等曰：「何以為鉤黨③？」對曰：「鉤黨者，即黨人也。」上曰：「黨人何用為惡而欲誅之邪？」對曰：「皆相舉群輩，欲為不軌④。」上曰：「不軌欲如何？」對曰：「欲圖社稷。」上乃可其奏。

　　或謂李膺曰：「可去矣！」對曰：「事不辭難，罪不逃刑，臣之節也。吾年已六十，死生有命，去將安之！」乃詣詔獄⑤，考死；門生故吏並被禁錮。侍御史蜀郡景毅子顧為膺門徒，未有錄牒⑥，不及於譴，毅慨然曰：「本謂膺賢，遣子師之，豈可以漏脫名籍，苟安而已！」遂自表免歸。

注釋

　　①刊章：是當時行政上的術語，即削去奏章上告密者的姓名而下發其奏章。刊，削。

　　②大長秋：官名。主要負責宣達皇后旨意，管理宮中事宜，為皇后的近侍，多由宦官充任。

　　③鉤黨：互相牽引而聚為朋黨。

　　④不軌：不法。

　　⑤詔獄：奉皇帝詔令特設的監獄。

　　⑥錄牒：記錄言行事物的檔案簿籍。

【原文】

　　汝南督郵吳導受詔捕范滂，至征羌，抱詔書閉傳舍①，伏床而泣，一縣不知所為。滂聞之曰：「必為我也。」即自詣獄。縣令郭揖大驚，出，解印綬②，引與俱亡，曰：「天下大矣，子何為在此！」滂曰：「滂死則禍塞③，何敢以罪累君。又令老母流離乎！」其母就與之訣，滂白母曰：「仲博孝敬，足以供養。滂從龍舒君歸黃泉④，存亡各得其所。惟大人割不可忍之恩，勿增感戚！」仲博者，滂弟也。龍舒君者，滂父龍舒侯相顯也。母曰：「汝今得與李、杜齊名，死亦何恨！既有令名，復求壽考，可兼得乎！」⑤滂跪受教，再拜而辭。顧其子曰：「吾欲使汝為惡，惡不可為；使汝為善，則我不為惡。」行路聞之，莫不流涕。

　　凡黨人死者百餘人，妻子皆徙邊，天下豪桀及儒學有行義者，宦官一切指為黨人；有怨隙者，因相陷害，睚眥之忿⑥，濫入黨中。州郡承旨，或有未嘗交關，亦離禍毒⑦，其死、徙、廢、禁者又六七百人。

注釋

　　①傳舍：古時驛站的房舍。

　　②解印綬：表示棄官不做。印綬，印和繫印的絲帶。指官吏的印章。

　　③塞：停止。

　　④黃泉：地下的流水，指葬身之地。

　　⑤「母曰」句：李杜，指李膺、杜密。壽考，高年長壽。

　　⑥睚眥（ㄧㄚˊ ㄗˋ）：怒目而視，引申為小怨隙。

　　⑦離：同「罹」，遭受。

【原文】

　　張儉亡命困迫，望門投止，莫不重其名行，破家相容。後流轉東萊，止李篤家。外黃令毛欽操兵到門，篤引欽就席曰①：「張儉負罪亡命，篤豈得藏之！若審在此，此人名士，明廷寧宜執之乎！」欽因起撫篤曰：「蘧伯玉恥獨為君子②，足下如何專取仁義！」篤曰：「今欲分之，明廷載半去矣。」欽歎息而去。篤導儉經北海戲子然家，遂入漁陽出塞。其所經歷，伏重誅者以十數，連引收考者布遍天下，宗親並皆殄滅③，郡縣為

之殘破。儉與魯國孔褒有舊,亡抵褒,不遇,褒弟融,年十六,匿之。後事泄,儉得亡走,國相收褒、融送獄,未知所坐。融曰:「保納舍藏者,融也,當坐。」褒曰:「彼來求我,非弟之過。」吏問其母,母曰:「家事任長,妾當其辜④。」一門爭死,郡縣疑不能決,乃上讞之⑤,詔書竟坐褒。及黨禁解,儉乃還鄉里,後為衛尉⑥,卒,年八十四。夏馥聞張儉亡命,歎曰:「孽自己作,空汙良善,一人逃死,禍及萬家,何以生為!」乃自翦鬚變形,入林慮山中,隱姓名,為冶家傭,親突煙炭,形貌毀瘁⑦,積二三年,人無知者。馥弟靜載縑帛追求餉之⑧,馥不受曰:「弟奈何載禍相餉乎!」黨禁未解而卒。

注釋

①就席:跪坐在席子上。

②蘧(ㄑㄩˊ)伯玉:名瑗,春秋時衛國大夫。

③殄:絕。

④辜:罪。

⑤讞(ㄧㄢˋ):審判定案。

⑥衛尉:漢代九卿之一,掌管宮門警衛。

⑦瘁(ㄘㄨㄟˋ):憔悴。

⑧縑(ㄐㄧㄢ):雙絲所織的細絹。餉:贈送。

【原文】

初,中常侍張讓父死,歸葬潁川,雖一郡畢至,而名士無往者,讓甚恥之,陳寔獨弔焉。及誅黨人,讓以寔故,多所全宥①。南陽何顒②,素與陳蕃、李膺善,亦被收捕,乃變名姓匿汝南間,與袁紹為奔走之交③,常私入雒陽,從紹計議,為諸名士罹黨事者求救援④,設權計,使得逃隱,所全免甚眾。

注釋

①宥(ㄧㄡˋ):饒恕。

②南陽:郡名。約相當於今河南南陽地區。

③奔走:為一定的目的而各處活動;也指互相遊揚。

④罹(ㄌㄧˊ):遭受。

黃巾起義

題解

　　東漢末年，宦官專政，政治腐敗，大量農民破產逃亡，成為流民。西元184年，太平道首領張角率眾起義，因起義軍以黃巾裹頭，而被稱為「黃巾軍」，這次起義即被稱為「黃巾起義」。雖然起義軍最終在東漢王朝和豪強地主武裝的聯合鎮壓下以失敗告終，但是它沉重打擊了地主，動搖了東漢王朝的統治。本文節選自《資治通鑑》卷五十八，標題為編者所加。

【原文】

　　（漢靈帝）光和四年（181）

　　是歲，帝作列肆於後宮①，使諸采女販賣，更相盜竊爭鬥；帝著商賈服，從之飲宴為樂。又於西園弄狗，著進賢冠，帶綬。又駕四驢，帝躬自操轡，驅馳周旋；京師轉相仿效，驢價遂與馬齊。

　　帝好為私稽②，收天下之珍貨，每郡國貢獻，先輸中署③，名為「導行費」。中常侍呂強上疏諫曰④：「天下之財，莫不生之陰陽，歸之陛下，豈有公私！而今中尚方斂諸郡之寶⑤，中御府積天下之繒，西園引司農之藏，中廄聚太僕之馬；而所輸之府，輒有導行之財，調廣民困，費多獻少，奸吏因其利，百姓受其敝。又，阿媚之臣，好獻其私，容諂姑息，自此而進。舊典：選舉委任三府⑥，尚書受奏御而已；受試任用，責以成功，功無可察，然後付之尚書舉劾，請下廷尉覆按虛實⑦，行其罪罰。於是三公每有所選，參議掾屬⑧，咨其行狀，度其器能；然猶有曠職廢官，荒穢不治。今但任尚書，或有詔用，如是，三公得免選舉之負，尚書亦復不坐，責賞無歸，豈肯空自勞苦乎！」書奏，不省。

　　何皇后性強忌，後宮王美人生皇子協，后鴆殺美人。帝大怒，欲廢后；諸中官固請，得止。

注釋

①帝：即漢靈帝。列肆：列設商舖。

②稸：同「蓄」。

③中署：內署。

④中常侍：東漢時專用宦官為中常侍，以傳達詔令和掌理文書，權力極大。

⑤尚方：官署名。屬少府。

⑥三府：即三公，東漢把太尉、司徒、司空合稱三公。

⑦廷尉：九卿之一，掌司法。

⑧掾（ㄩㄢˋ）屬：屬官。漢以後職權較重的長官都有掾屬，分曹治事。

【原文】

六年（183）

（秋）初，鉅鹿張角奉事黃、老①，以妖術教授，號「太平道」。咒符水以療病，令病者跪拜首過②，或時病癒，眾共神而信之。角分遣弟子周行四方，轉相誑誘，十餘年間，徒眾數十萬，自青、徐、幽、冀、荊、揚、兗、豫八州之人，莫不畢應。或棄賣財產、流移奔赴，填塞道路，未至病死者亦以萬數。郡縣不解其意，反言角以善道教化，為民所歸。

太尉楊賜時為司徒，上書言：「角誑曜百姓，遭赦不悔，稍益滋蔓。今若下州郡捕討，恐更騷擾，速成其患。宜切敕刺史、二千石，簡別流民，各護歸本郡，以孤弱其黨，然後誅其渠帥③，可不勞而定。」會賜去位，事遂留中④。司徒掾劉陶復上疏申賜前議，言：「角等陰謀益甚，四方私言，云角等竊入京師，覘視朝政⑤。鳥聲獸心，私共鳴呼。州郡忌諱，不欲聞之，但更相告語，莫肯公文⑥。宜下明詔，重募角等，賞以國土，有敢迴避，與之同罪。」帝殊不為意，方詔陶次第《春秋條例》。

角遂置三十六方；方，猶將軍也。大方萬餘人，小方六七千，各立渠帥。訛言：「蒼天已死，黃天當立，歲在甲子，天下大吉。」以白土書京城寺門及州郡官府，皆作「甲子」字。大方馬元義等先收荊、揚數萬人，期會發於鄴⑦。元義數往來京師，以中常侍封諝、徐奉等為內應，約以三月五日內外俱起。

注釋

①鉅鹿：郡名，治今河北平鄉縣南。

②首過：道家所施符水。

③渠帥：首領。舊時統治者稱武裝反抗者的首領或部落首長為渠帥。

④留中：皇帝把臣下的奏章留在宮禁中，不交議也不批答。

⑤覘（ㄔㄢ）：看；窺視。

⑥公文：寫成公文上報。

⑦期：約定。

【原文】

（漢靈帝）中平元年（184）

春，角弟子濟南唐周上書告之。於是收馬元義，車裂於雒陽①。詔三公、司隸按驗宮省直衛及百姓有事角道者，誅殺千餘人；下冀州逐捕角等。角等知事已露，晨夜馳敕諸方②，一時俱起，皆著黃巾以為標幟，故時人謂之「黃巾賊」。二月，角自稱天公將軍，角弟寶稱地公將軍，寶弟梁稱人公將軍。所在燔燒官府③，劫略聚邑，州郡失據，長吏多逃亡；旬月之間，天下響應，京師震動。安平、甘陵人各執其王應賊。

三月，戊申，以河南尹何進為大將軍，封慎侯，率左右羽林、五營士屯都亭④，修理器械，以鎮京師；置函谷、太谷、廣成、伊闕、轘轅、旋門、孟津、小平津八關都尉⑤。

注釋

①車裂：古代酷刑之一，以車輛分別拴住人體四肢及頭部，讓牲口從五個不同方向將人體撕裂。雒（ㄌㄨㄛˋ）陽：即洛陽。

②馳敕：飛快下令。

③燔（ㄈㄢˊ）：焚燒。

④羽林：皇帝的禁衛軍。

⑤轘（ㄏㄨㄢˋ）轅：關名，在今河南偃師縣東南轘轅山。

【原文】

帝召群臣會議。北地太守皇甫嵩以為宜解黨禁，益出中藏錢、西園廄馬以班軍士①。嵩，規之兄子也。上問計於中常侍呂強，對曰：「黨錮久積，人情怨憤，若不赦宥，輕與張角合謀，為變滋大，悔之無救。今請先誅左右貪濁者，大赦黨人，料簡刺史、二千石能否②，則盜無不平矣。」帝懼而從之。壬子，赦天下黨人，還諸徙者③；唯張角不赦。發天下精兵，遣北中郎將盧植討張角，左中郎將皇甫嵩、右中郎將朱儁討潁川黃巾。

是時中常侍趙忠、張讓、夏惲、郭勝、段珪、宋典等皆封侯貴寵，上常言：「張常侍是我公④，趙常侍是我母。」由是宦官無所憚畏，並起第宅，擬則宮室。上嘗欲登永安候臺，宦官恐望見其居處，乃使中大人尚但諫曰：「天子不當登高，登高則百姓虛散。」上自是不敢復升臺榭⑤。及封諝、徐奉事發，上詰責諸常侍曰：「汝曹常言黨人欲為不軌，皆令禁錮，或有伏誅者。今黨人更為國用，汝曹反與張角通，為可斬未？」皆叩頭曰：「此王甫、侯覽所為也！」於是諸常侍人人求退，各自徵還宗親、子弟在州郡者。

注釋

①中藏錢：漢設有中藏府，主管金錢、貨物等。中藏錢即中藏府所貯備的錢幣。班：分發。

②「料簡」句：料簡，品評選擇。二千石，漢代對郡守的通稱。漢郡守俸祿為二千石，即月俸百二十斛，因有此稱。

③徙者：這裡指被遷徙到邊境的黨人的妻子。

④公：父親。

⑤臺榭：臺，高而平的建築物，一般供眺望或遊觀之用。榭，建在高土臺上的敞屋。

【原文】

趙忠、夏惲等遂共譖呂強，云與黨人共議朝廷，數讀《霍光傳》。強兄弟所在並皆貪穢。帝使中黃門持兵召強。強聞帝召，怒曰：「吾死，亂

起矣！丈夫欲盡忠國家，豈能對獄吏乎！」遂自殺。忠、憚復譖曰：「強見召，未知所問而就外自屏①，有姦明審。」遂收捕其宗親，沒入財產。

侍中河內向栩上便宜，譏刺左右。張讓誣栩與張角同心，欲為內應，收送黃門北寺獄，殺之。郎中中山張鈞上書曰：「竊惟張角所以能興兵作亂，萬民所以樂附之者，其源皆由十常侍多放父兄、子弟、婚親、賓客典據州郡②，辜榷財利③，侵掠百姓，百姓之冤，無所告訴，故謀議不軌，聚為盜賊。宜斬十常侍，縣頭南郊④，以謝百姓，遣使者佈告天下，可不須師旅而大寇自消。」帝以鈞章示諸常侍，皆免冠徒跣頓首⑤，乞自致雒陽詔獄，並出家財以助軍費。有詔，皆冠履視事如故。帝怒鈞曰：「此真狂子也！十常侍固當有一人善者不！」御史承旨，遂誣奏鈞學黃巾道，收掠⑥，死獄中。

注釋

①自屏：即自殺。

②十常侍：指當時被漢靈帝封為中常侍的張讓、趙忠等宦官。放：放置，安置。典據：佔據。

③辜榷：壟斷，獨佔。

④縣：同「懸」。

⑤徒跣（ㄒㄧㄢˇ）：赤腳。頓首：磕頭。

⑥收掠：拘押拷打。

【原文】

庚子，南陽黃巾張曼成攻殺太守褚貢①。

帝問太尉楊賜以黃巾事，賜所對切直②，帝不悅。

皇甫嵩、朱儁合將四萬餘人，共討潁川黃巾，嵩、儁各統一軍。儁與賊波才戰，敗；嵩進保長社。

汝南黃巾敗太守趙謙於邵陵。廣陽黃巾殺幽州刺史郭勳及太守劉衛。

波才圍皇甫嵩於長社。嵩兵少，軍中皆恐。賊依草結營，會大風，嵩約敕軍士皆束苣乘城③，使銳士間出圍外，縱火大呼，城上舉燎應之④，嵩從城中鼓噪而出⑤，奔擊賊陳⑥，賊驚，亂走。會騎都尉沛國曹操將兵適至，五月，嵩、操與朱儁合軍，更與賊戰，大破之，斬首數萬級。封嵩都

鄉侯。

注釋

①南陽：郡名，治所在今河南南陽市。

②切直：切要且坦率。

③束苣（ㄐㄩˋ）：捆紮蘆葦。苣，蘆葦。

④燎：火炬。

⑤鼓噪：擂鼓和吶喊。

⑥陳：同「陣」。

【原文】

　　朱儁之擊黃巾也，其護軍司馬北地傅燮上疏曰①：「臣聞天下之禍不由於外，皆興於內。是故虞舜先除四凶，然後用十六相，明惡人不去，則善人無由進也。今張角起於趙、魏，黃巾亂於六州，此皆釁發蕭牆而禍延四海者也。臣受戎任，奉辭伐罪，始到潁川，戰無不克。黃巾雖盛，不足為廟堂憂也。臣之所懼，在於治水不自其源，末流彌增其廣耳。陛下仁德寬容，多所不忍，故閹豎弄權，忠臣不進。誠使張角梟夷②，黃巾變服，臣之所憂，甫益深耳。何者？夫邪正之人不宜共國，亦猶冰炭不可同器。彼知正人之功顯而危亡之兆見，皆將巧辭飾說，共長虛偽。夫孝子疑於屢至③，市虎成於三夫④，若不詳察真偽，忠臣將復有杜郵之戮矣！陛下宜思虞舜四罪之舉，速行讒佞之誅，則善人思進，奸凶自息。」趙忠見其疏而惡之。燮擊黃巾，功多當封，忠譖訴之。帝識燮言，得不加罪，竟亦不封。

注釋

①傅燮（ㄒㄧㄝˋ）：靈州人，字幼起。後出為漢陽太守。

②梟夷：殺戮誅滅。

③「夫孝子」句：《戰國策・秦策二》：「費人有與曾子同名族者而殺人。人告曾子母曰：『曾參殺人。』曾子之母曰：『吾子不殺人。』織自若。有頃焉，人又曰：『曾參殺人。』其母尚織自若也。頃之，一人又告之曰：『曾參殺人。』其母懼，投杼逾牆而走。夫以曾參之賢與母之信也，而三人疑

之，則慈母不能信也。」

④市虎成於三夫：城市內本來無虎，由於傳說的人多，令人信以為真。比喻流言可以聳動視聽。《戰國策・魏策二》：「夫市之無虎明矣，然而三人言而成虎。」

【原文】

皇甫嵩、朱儁乘勝進討汝南、陳國黃巾，追波才於陽翟，擊彭脫於西華，並破之，餘賊降散，三郡悉平。嵩乃上言其狀，以功歸儁，於是進封儁西鄉侯，遷鎮賊中郎將。詔嵩討東郡，儁討南陽。

北中郎將盧植連戰破張角，斬獲萬餘人，角等走保廣宗①。植築圍鑿塹②，造作雲梯③，垂當拔之。帝遣小黃門左豐視軍，或勸植以賂送豐，植不肯。豐還，言於帝曰：「廣宗賊易破耳，盧中郎固壘息軍，以待天誅。」帝怒，檻車徵植④，減死一等；遣東中郎將隴西董卓代之。

八月，皇甫嵩與黃巾戰於蒼亭，獲其帥卜巳。董卓攻張角無功，抵罪。乙巳，詔嵩討角。

九月，安平王續坐不道⑤，誅，國除。

初，續為黃巾所虜，國人贖之得還，朝廷議復其國。議郎李燮曰：「續守藩不稱，損辱聖朝，不宜復國。」朝廷不從。燮坐謗毀宗室，輸作左校，未滿歲，王坐誅，乃復拜議郎。京師為之語曰：「父不肯立帝，子不肯立王。」

注釋

①廣宗：縣名，屬鉅鹿郡，在今河北威縣東。

②圍：土木築成的防守設備。塹：護城河。

③雲梯：古代攻城時攀登城牆的長梯。

④檻（ㄐㄧㄢˋ）車：裝載猛獸或囚禁罪犯的車子。其車為檻形，以板四周之，不能通見。

⑤坐：犯罪。不道：封建時代刑律中所稱「十惡」罪行之一，指殺無死罪者或殺人後肢解的不道德的行為。

【原文】

冬，十月，皇甫嵩與張角弟梁戰於廣宗，梁眾精勇，嵩不能克。明日，乃閉營休士以觀其變，知賊意稍懈，乃潛夜勒兵，雞鳴，馳赴其陳，戰至晡時①，大破之，斬梁，獲首三萬級，赴河死者五萬許人。角先已病死，剖棺戮屍，傳首京師。十一月，嵩復攻角弟寶於下曲陽，斬之，斬獲十餘萬人。即拜嵩為左車騎將軍，領冀州牧，封槐里侯。嵩能溫恤士卒②，每軍行頓止，須營幔修立③，然後就舍，軍士皆食，爾乃嘗飯，故所嚮有功。

張曼成餘黨更以趙弘為帥，眾復盛，至十餘萬，據宛城。朱儁與荊州刺史徐璆等合兵圍之④，自六月至八月不拔。有司奏徵儁，司空張溫上疏曰：「昔秦用白起，燕任樂毅，皆曠年歷載，乃能克敵。儁討潁川已有功效，引師南指，方略已設⑤；臨軍易將，兵家所忌，宜假日月，責其成功。」帝乃止。儁擊弘，斬之。

注釋

①晡（ㄅㄨ）：申時；黃昏時。

②溫恤：溫和體恤。

③修立：建造設置。

④徐璆（ㄑㄧㄡˊ）：字孟玉，徐淑之子。少博學，辟公府。破黃巾有功。後拜太常。

⑤方略：方針策略。

【原文】

賊帥韓忠復據宛拒儁①，儁鳴鼓攻其西南，賊悉眾赴之；儁自將精卒掩其東北②，乘城而入。忠乃退保小城，惶懼乞降。諸將皆欲聽之③，儁曰：「兵固有形同而勢異者。昔秦、項之際，民無定主，故賞附以勸來耳。今海內一統，唯黃巾造逆。納降無以勸善，討之足以懲惡。今若受之，更開逆意，賊利則進戰，鈍則乞降，縱敵長寇，非良計也。」因急攻，連戰不克。儁登土山望之，顧謂司馬張超曰：「吾知之矣。賊今外圍周固，內營逼急，乞降不受，欲出不得，所以死戰也。萬人一心，猶不可

當，況十萬乎！不如徹圍④，並兵入城⑤，忠見圍解，勢必自出。自出則意散，破之道也。」既而解圍，忠果出戰，儁因擊，大破之，斬首萬餘級。

南陽太守秦頡殺忠，餘眾復奉孫夏為帥，還屯宛。儁急攻之，司馬孫堅率眾先登；癸巳，拔宛城。孫夏走，儁追至西鄂精山，復破之，斬萬餘級。於是黃巾破散，其餘州郡所誅，一郡數千人。

十二月，己巳，赦天下，改元。

注釋

①拒：抵禦，抵抗。
②掩：乘人不備而進攻。
③聽：聽任，任憑。
④徹：通「撤」。撤除。
⑤並：合。

火燒赤壁

題解

　　東漢末年，群雄割據，曹操挾天子以令諸侯，統一北方後率大軍南下，想一舉平定江南，於是退居江夏的劉備和割據江東的孫權聯合抗曹，在赤壁大敗曹軍，從而奠定了三分天下的局面。本文節選自《資治通鑒》卷六十五，標題為編者所加。

【原文】

　　（漢獻帝）建安十二年（207）

　　（十一月）初，琅邪諸葛亮寓居襄陽隆中，每自比管仲、樂毅。時人莫之許也，惟潁川徐庶與崔州平謂為信然。

　　劉備在荊州，訪士於襄陽司馬徽。徽曰：「儒生俗士，豈識時務，識時務者在乎俊傑。此間自有伏龍、鳳雛①。」備問為誰，曰：「諸葛孔明、龐士元也。」徐庶見備於新野，備器之②。庶謂備曰：「諸葛孔明，臥龍也，將軍豈願見之乎？」備曰：「君與俱來。」庶曰：「此人可就見，不可屈致也③，將軍宜枉駕顧之④。」

注釋

　　①伏龍、鳳雛：龍鳳用來比喻奇才。伏龍、鳳雛比喻奇才還不曾發揮作用。伏龍指諸葛亮、鳳雛指龐統。

　　②器：器重。

　　③屈：委屈。

　　④枉駕：敬辭。屈駕，屈尊相訪。

【原文】

　　備由是詣亮，凡三往，乃見。因屏人曰：「漢室傾頹，奸臣竊命，孤不度德量力，欲信大義於天下①，而智術淺短，遂用猖蹶②，至於今日。然志猶未已，君謂計將安出？」亮曰：「今曹操已擁百萬之眾，挾天子而

令諸侯，此誠不可與爭鋒。孫權據有江東，已歷三世，國險而民附，賢能為之用，此可與為援而不可圖也③。荊州北據漢、沔④，利盡南海，東連吳會，西通巴、蜀，此用武之國，而其主不能守，此殆天所以資將軍也。益州險塞，沃野千里，天府之土；劉璋闇弱⑤，張魯在北，民殷國富而不知存恤⑥，智能之士思得明君。將軍既帝室之胄⑦，信義著於四海，若跨有荊、益，保其巖阻，撫和戎、越，結好孫權，內修政治，外觀時變，則霸業可成，漢室可興矣。」備曰：「善！」於是與亮情好日密。關羽、張飛不悅，備解之曰：「孤之有孔明，猶魚之有水也。願諸君勿復言。」羽、飛乃止。

注釋

①信：通「伸」。

②猖蹶：狼狽。

③援：救助。

④沔（ㄇㄧㄢˇ）：水名，在今陝西省，為漢水的上游。古代通稱漢水為沔水。

⑤闇弱：愚昧軟弱。

⑥存恤：慰問救濟。

⑦胄：指帝王或貴族的後裔。

【原文】

十三年（208）

（八月）初，劉表二子琦、琮。表為琮娶其後妻蔡氏之姪，蔡氏遂愛琮而惡琦。表妻弟蔡瑁、外甥張允並得幸於表，日相與毀琦而譽琮。琦不自寧，與諸葛亮謀自安之術，亮不對。後乃共升高樓，因令去梯，謂亮曰：「今日上不至天，下不至地，言出子口，而入吾耳，可以言未？」亮曰：「君不見申生在內而危，重耳居外而安乎？」琦意感悟，陰規出計①。會黃祖死，琦求代其任，表乃以琦為江夏太守。表病甚，琦歸省疾。瑁、允恐其見表而父子相感②，更有托後之意，乃謂琦曰：「將軍命君撫臨江夏，其任至重；今釋眾擅來③，必見譴怒④。傷親之歡，重增其疾，非孝敬之道也。」遂遏於戶外，使不得見。琦流涕而去。表卒，瑁、允等

遂以琮為嗣。琮以侯印授琦。琦怒，投之地，將因奔喪作難⑤。會曹操軍至，琦奔江南。

　　章陵太守蒯越及東曹掾傅巽等勸劉琮降操⑥，曰：「逆順有大體，強弱有定勢。以人臣而拒人主，逆道也；以新造之楚而禦中國，必危也；以劉備而敵曹公，不當也。三者皆短，將何以待敵？且將軍自料何如劉備？若備不足禦曹公，則雖全楚不能以自存也；若足禦曹公，則備不為將軍下也。」琮從之。九月，操至新野，琮遂舉州降，以節迎操。諸將皆疑其詐，婁圭曰：「天下擾攘，各貪王命以自重，今以節來，是必至誠。」操遂進兵。

注釋

　　①陰：暗中。規：規劃打算。
　　②感：感動。
　　③擅：自作主張。
　　④譴：責備，責罰。
　　⑤將：欲，打算。
　　⑥掾（ㄩㄢˋ）：古代屬官的通稱。多由長官自行辟舉。唐宋以後廢辟舉制，掾之名漸移於胥吏。

【原文】

　　時劉備屯樊，琮不敢告備。備久之乃覺，遣所親問琮，琮令官屬宋忠詣備宣旨。時曹操已在宛，備乃大驚駭，謂忠曰：「卿諸人作事如此，不早相語，今禍至方告我，不亦太劇乎①！」引刀向忠曰：「今斷卿頭，不足以解忿，亦恥丈夫臨別復殺卿輩！」遣忠去。乃呼部曲共議②。或勸備攻琮，荊州可得。備曰：「劉荊州臨亡托我以孤遺，背信自濟，吾所不為，死何面目以見劉荊州乎！」備將其眾去，過襄陽，駐馬呼琮；琮懼，不能起。琮左右及荊州人多歸備。備過辭表墓，涕泣而去。比到當陽③，眾十餘萬人，輜重數千兩，日行十餘里，別遣關羽乘船數百艘，使會江陵。或謂備曰：「宜速行保江陵，今雖擁大眾④，被甲者少，若曹公兵至，何以拒之！」備曰：「夫濟大事必以人為本，今人歸吾，吾何忍棄去！」

劉琮將王威說琮曰：「曹操聞將軍既降，劉備已走，必懈弛無備，輕行單進。若給威奇兵數千，徼之於險⑤，操可獲也。獲操，即威震四海，非徒保守今日而已。」琮不納。

【注釋】

①劇：甚。
②部曲：古時軍隊的編制單位，也指豪門大族私人的軍隊。
③比：及，等到。
④大眾：指參加軍旅或工役的多數人。
⑤徼（ㄐㄧㄠ、）：攔截。

【原文】

操以江陵有軍實①，恐劉備據之，乃釋輜重②，輕軍到襄陽。聞備已過，操將精騎五千急追之，一日一夜行三百餘里，及於當陽之長坂。備棄妻子，與諸葛亮、張飛、趙雲等數十騎走，操大獲其人眾輜重。

徐庶母為操所獲，庶辭備，指其心曰：「本欲與將軍共圖王霸之業者，以此方寸之地也③。今已失老母，方寸亂矣，無益於事，請從此別。」遂詣操。

張飛將二十騎拒後④，飛據水斷橋，瞋目橫矛曰：「身是張益德也，可來共決死！」操兵無敢近者。

或謂備：「趙雲已北走。」備以手戟擿之曰⑤：「子龍不棄我走也。」頃之，雲身抱備子禪，與關羽船會，得濟沔，遇劉琦眾萬餘人，與俱到夏口。

【注釋】

①軍實：糧儲、器械之類。
②輜（ㄗ）重：軍用器械、糧草、營帳、服裝等的統稱。
③方寸之地：指心。也作「方寸」。
④拒後：殿後。
⑤手戟：手用的小戟。擿（ㄓˋ）：同「擲」。

【原文】

曹操進軍江陵，以劉琮為青州刺史，封列侯，並蒯越等，侯者凡十五人。釋韓嵩之囚，待以交友之禮，使條品州人優劣①，皆擢而用之。以嵩為大鴻臚，蒯越為光祿勳，劉先為尚書，鄧羲為侍中。

荊州大將南陽文聘別屯在外，琮之降也，呼聘，欲與俱。聘曰：「聘不能全州，當待罪而已！」操濟漢②，聘乃詣操。操曰：「來何遲邪？」聘曰：「先日不能輔弼劉荊州以奉國家；荊州雖沒，常願據守漢川，保全土境。生不負於孤弱，死無愧於地下。而計不在己，以至於此，實懷悲慚，無顏早見耳！」遂歔欷流涕③。操為之愴然④，字謂之曰：「仲業⑤，卿真忠臣也！」厚禮待之，使統本兵，為江夏太守。

注釋

①條品：鑒別評定。

②濟：渡過。漢：指漢水，也稱沔水。長江最長支流。源出陝西西南部寧強縣，東南流經陝西南部、湖北西北部和中部，在武漢市入長江。

③歔欷：同「欷歔」，歎氣，抽噎聲。

④愴（ㄔㄨㄤˋ）然：傷悲的樣子。

⑤仲業：文聘字仲業。

【原文】

（冬，十月）初，魯肅聞劉表卒，言於孫權曰：「荊州與國鄰接，江山險固，沃野萬里，士民殷富，若據而有之，此帝王之資也。今劉表新亡，二子不協①，軍中諸將，各有彼此②。劉備天下梟雄，與操有隙，寄寓於表，表惡其能而不能用也。若備與彼協心，上下齊同，則宜撫安，與結盟好；如有離違，宜別圖之，以濟大事。肅請得奉命弔表二子，並慰勞其軍中用事者，及說備使撫表眾，同心一意，共治曹操，備必喜而從命。如其克諧③，天下可定也。今不速往，恐為操所先。」權即遣肅行。

到夏口，聞操已向荊州，晨夜兼道，比至南郡，而琮已降，備南走，肅徑迎之④，與備會於當陽長坂。肅宣權旨，論天下事勢，致殷勤之意⑤，且問備曰：「豫州今欲何至⑥？」備曰：「與蒼梧太守吳巨有舊，欲往投

之。」肅曰：「孫討虜聰明仁惠，敬賢禮士，江表英豪，咸歸附之，已據有六郡，兵精糧多，足以立事。今為君計，莫若遣腹心自結於東，以共濟世業。而欲投吳巨，巨是凡人⑦，偏在遠郡，行將為人所併，豈足托乎！」備甚悅。肅又謂諸葛亮曰：「我，子瑜友也。」即共定交。子瑜者，亮兄瑾也，避亂江東，為孫權長史。備用肅計，進住鄂縣之樊口。

注釋

①二子不協：指劉表的兒子劉琦和劉琮爭位，不能合作。

②各有彼此：指意見不一，各成宗派。

③克：能夠。諧：調和；和諧；一致。

④徑：走近路。

⑤殷勤：懇切深厚的情意。

⑥豫州：就是劉備，他原來是豫州牧。

⑦凡人：一般人。

【原文】

曹操自江陵將順江東下。諸葛亮謂劉備曰：「事急矣，請奉命求救於孫將軍。」遂與魯肅俱詣孫權。亮見權於柴桑，說權曰：「海內大亂，將軍起兵江東，劉豫州收眾漢南，與曹操共爭天下。今操芟夷大難①，略已平矣，遂破荊州，威震四海。英雄無用武之地，故豫州遁逃至此，願將軍量力而處之！若能以吳、越之眾與中國抗衡，不如早與之絕；若不能，何不按兵束甲，北面而事之②！今將軍外托服從之名而內懷猶豫之計，事急而不斷，禍至無日矣。」權曰：「苟如君言，劉豫州何不遂事之乎！」亮曰：「田橫，齊之壯士耳，猶守義不辱；況劉豫州王室之胄，英才蓋世，眾士慕仰，若水之歸海！若事之不濟，此乃天也，安能復為之下乎！」權勃然曰③：「吾不能舉全吳之地，十萬之眾，受制於人。吾計決矣！非劉豫州莫可以當曹操者；然豫州新敗之後，安能抗此難乎？」亮曰：「豫州軍雖敗於長坂，今戰士還者及關羽水軍精甲萬人，劉琦合江夏戰士亦不下萬人。曹操之眾，遠來疲敝，聞追豫州，輕騎一日一夜行三百餘里，此所謂『強弩之末勢不能穿魯縞』者也④。故《兵法》忌之，曰『必蹶上將軍』⑤。且北方之人，不習水戰；又，荊州之民附操者，逼兵勢耳⑥，非心

服也。今將軍誠能命猛將統兵數萬，與豫州協規同力，破操軍必矣。操軍破，必北還；如此，則荊、吳之勢強，鼎足之形成矣。成敗之機，在於今日！」權大悅，與其群下謀之。

【注釋】

①芟（ㄕㄢ）夷：剷除，消滅。大難：不容易對付的敵人。

②北面：古代君王南面而坐，臣子朝見君主則面北，因謂稱臣於人為「北面」。

③勃然：奮發或發怒變色的樣子。

④魯縞（ㄍㄠˇ）：曲阜等地出產的絲織品，極薄。

⑤蹶（ㄐㄩㄝˊ）：摔倒。這裡比喻遭受挫折或失敗。

⑥逼：迫於。

【原文】

是時，曹操遺權書曰：「近者奉辭伐罪①，旌麾南指，劉琮束手。今治水軍八十萬眾，方與將軍會獵於吳②。」權以示臣下，莫不響震失色。長史張昭等曰：「曹公，豺虎也，挾天子以征四方，動以朝廷為辭；今日拒之，事更不順③。且將軍大勢可以拒操者，長江也。今操得荊州，奄有其地④，劉表治水軍，蒙衝鬥艦乃以千數，操悉浮以沿江，兼有步兵，水陸俱下，此為長江之險已與我共之矣，而勢力眾寡又不可論。愚謂大計不如迎之。」魯肅獨不言。權起更衣⑤，肅追於宇下。權知其意，執肅手曰：「卿欲何言？」肅曰：「向察眾人之議，專欲誤將軍，不足與圖大事。今肅可迎操耳，如將軍不可也。何以言之？今肅迎操，操當以肅還付鄉黨，品其名位，猶不失下曹從事，乘犢車，從吏卒，交遊士林，累官故不失州郡也。將軍迎操，欲安所歸乎？願早定大計，莫用眾人之議也！」權歎息曰：「諸人持議，甚失孤望⑥。今卿廓開大計⑦，正與孤同。」

【注釋】

①奉辭伐罪：這裡是說奉漢獻帝的命令，討伐有罪之人。

②會獵：這裡指打仗。

③更：愈加。

④奄：覆蓋，包括。
⑤更衣：指上廁所。
⑥孤：帝王自稱。
⑦廓開：闡明。

【原文】

　　時周瑜受使至番陽①，肅勸權召瑜還。瑜至，謂權曰：「操雖託名漢相，其實漢賊也。將軍以神武雄才，兼仗父兄之烈，割據江東，地方數千里，兵精足用，英雄樂業，當橫行天下，為漢家除殘去穢；況操自送死，而可迎之邪？請為將軍籌之：今北土未平，馬超、韓遂尚在關西，為操後患；而操舍鞍馬，仗舟楫，與吳、越爭衡；今又盛寒，馬無藁草②，驅中國士眾遠涉江湖之間③，不習水土，必生疾病。此數者用兵之患也，而操皆冒行之。將軍禽操④，宜在今日。瑜請得精兵數萬人，進住夏口，保為將軍破之！」權曰：「老賊欲廢漢自立久矣，徒忌二袁、呂布、劉表與孤耳；今數雄已滅，惟孤尚存。孤與老賊勢不兩立，君言當擊，甚與孤合，此天以君授孤也。」因拔刀斫前奏案曰⑤：「諸將吏敢復有言當迎操者，與此案同！」乃罷會。

注釋

　　①受使：受命出使。
　　②藁（ㄍㄠˇ）草：餵馬的乾草。
　　③江湖：這裡指長江一帶多水地區。
　　④禽：通「擒」。
　　⑤斫（ㄓㄨㄛˊ）：砍。

【原文】

　　是夜，瑜復見權曰：「諸人徒見操書言水步八十萬而各恐慴，不復料其虛實，便開此議，甚無謂也。今以實校之①：彼所將中國人不過十五六萬，且已久疲；所得表眾亦極七八萬耳，尚懷狐疑②。夫以疲病之卒御狐疑之眾，眾數雖多，甚未足畏。瑜得精兵五萬，自足制之，願將軍勿慮！」權撫其背曰：「公瑾，卿言至此，甚合孤心。子布、元表諸人，各

顧妻子，挾持私慮，深失所望；獨卿與子敬與孤同耳，此天以卿二人贊孤也。五萬兵難卒合③，已選三萬人，船糧戰具俱辦。卿與子敬、程公便在前發，孤當續發人眾，多載資糧，為卿後援。卿能辦之者誠決，邂逅不如意④，便還就孤，孤當與孟德決之。」遂以周瑜、程普為左右督，將兵與備并力逆操⑤；以魯肅為贊軍校尉，助畫方略⑥。

注釋

①校（ㄐㄧㄠˋ）：核實。

②狐疑：懷疑，猶豫不決。

③卒：通「猝」，突然。引申為很快的意思。

④邂逅（ㄒㄧㄝˋ ㄏㄡˋ）：偶然相遇。

⑤逆：這裡指迎擊。

⑥畫：謀劃，籌畫。

【原文】

劉備在樊口，日遣邏吏於水次候望權軍①。吏望見瑜船，馳往白備，備遣人慰勞之。瑜曰：「有軍任，不可得委署；儻能屈威，誠副其所望②。」備乃乘單舸往見瑜曰③：「今拒曹公，深為得計。戰卒有幾？」瑜曰：「三萬人。」備曰：「恨少。」瑜曰：「此自足用，豫州但觀瑜破之。」備欲呼魯肅等共會語，瑜曰：「受命不得妄委署。若欲見子敬，可別過之④。」備深愧喜。

注釋

①邏：巡邏，巡察。水次：水邊。候望：偵察。

②「有軍任」四句：我有重要軍事責任在身，不能隨便交給別人；如果你肯屈駕來見，那是我所希望的。

③單舸：不帶保護的兵船。

④可別過之：不妨另外去看他。

【原文】

進，與操遇於赤壁。

　　時操軍眾已有疾疫①。初一交戰，操軍不利，引次江北。瑜等在南岸，瑜部將黃蓋曰：「今寇眾我寡，難與持久。操軍方連船艦，首尾相接，可燒而走也。」乃取蒙衝鬥艦十艘，載燥荻、枯柴②，灌油其中，裹以帷幕，上建旌旗，豫備走舸③，繫於其尾。先以書遺操，詐云欲降。時東南風急，蓋以十艦最著前，中江舉帆，餘船以次俱進。操軍吏士皆出營立觀，指言蓋降。去北軍二里餘，同時發火，火烈風猛，船往如箭，燒盡北船，延及岸上營落。頃之，煙炎張天④，人馬燒溺死者甚眾。瑜等率輕銳繼其後，雷鼓大震，北軍大壞。操引軍從華容道步走，遇泥濘，道不通，天又大風，悉使羸兵負草填之⑤，騎乃得過。羸兵為人馬所蹈藉，陷泥中，死者甚眾。劉備、周瑜水陸並進，追操至南郡。時操軍兼以饑疫，死者太半。操乃留征南將軍曹仁、橫野將軍徐晃守江陵，折衝將軍樂進守襄陽，引軍北還。

注釋

　　①疾疫：急性傳染病。
　　②燥荻（ㄉㄧˊ）：乾蘆葦。
　　③豫：通「預」。走舸：古時戰艦中之快艇。
　　④炎：通「焰」。
　　⑤羸（ㄌㄟˊ）兵：疲弱的兵。

淝水之戰

題解

　　淝水之戰發生於西元383年，是中國古代的一次以少勝多，以弱勝強的著名戰役。氐人苻堅建立的前秦統一北方後，兵力空前強盛，於是，不顧眾人的反對，向東晉發起全面進攻，企圖統一南北，結果被東晉一舉擊潰，並迅速導致前秦的滅亡。本文記述了這次戰爭的起因、進軍、交戰的經過和結局，分析了決定雙方勝負的根本原因，總結了歷史教訓，對後世產生了深遠的影響。本文節選自《資治通鑒》卷一〇四、卷一〇五，標題為編者所加。

【原文】

　　（晉孝武帝）太元元年（376）

　　春，正月，謝安欲以王蘊為方伯，故先解沖徐州①。乙卯，加謝安中書監，錄尚書事②。

　　二月，辛卯，秦王堅下詔曰：「朕聞王者勞於求賢，逸於得士，斯言何其驗也！往得丞相，常謂帝王易為。自丞相違世③，鬢髮中白④，每一念之，不覺酸慟。今天下既無丞相，或政教淪替，可分遣侍臣周巡郡縣，問民疾苦。」

注釋

　　①解：廢除，消除，停止。沖：桓沖，徐州刺史。
　　②錄尚書事：初稱領尚書事，西漢後期始置。錄是總領的意思，錄尚書事獨攬大權，無所不總。南北朝時實際擔任宰相的人往往加上錄尚書事的頭銜。
　　③違世：逝世。違，離開。
　　④中白：半白。

【原文】

四年（379）

（春，正月）秦王堅欲自將攻襄陽，詔陽平公融以關東六州之兵會壽春，梁熙以河西之兵為後繼。陽平公融諫曰：「陛下欲取江南，固當博謀熟慮，不可倉猝①。若止取襄陽，又豈足親勞大駕乎！未有動天下之眾而為一城者，所謂『以隨侯之珠彈千仞之雀②』也。」梁熙諫曰：「晉主之暴，未如孫皓，江山險固，易守難攻。陛下必欲廓清江表，亦不過分命將帥，引關東之兵，南臨淮、泗，下梁、益之卒，東出巴、峽，又何必親屈鸞輅，遠幸沮澤乎③！昔漢光武誅公孫述，晉武帝擒孫皓，未聞二帝自統六師，親執枹鼓④，蒙矢石也。」堅乃止。

（七月）謝安為宰相，秦人屢入寇，邊兵失利，安每鎮之以和靜。其為政，務舉大綱，不為小察⑤。時人比安於王導，而謂其文雅過之。

注釋

①倉猝：急忙；急遽。

②以隨侯之珠彈千仞之雀：出自《呂氏春秋》，意為拿很貴重的珠子去打一隻飛得很高的鳥。在文中指很浪費，不值得。

③「陛下必欲」句：廓清，肅清。江表，地區名，指長江以南地。鸞，通「鑾」，古代皇帝車駕所用的鈴。輅（ㄌㄨˋ），綁在車轅上以備人牽挽的橫木。鸞輅，指皇帝的車駕，用作帝王的代稱。沮（ㄐㄩˋ）澤，水草所聚之處。

④枹（ㄈㄨˊ）：同「桴」，鼓槌。

⑤察：苛求。

【原文】

七年（382）

夏，四月，堅以扶風太守王永為幽州刺史①。永，皮之兄也。皮兇險無行，而永清修好學，故堅用之。以陽平公融為司徒，融固辭不受。堅方謀伐晉，乃以融為征南大將軍、開府儀同三司。

冬，十月，秦王堅會群臣於太極殿，議曰：「自吾承業，垂三十載

②，四方略定，唯東南一隅，未霑王化。今略計吾士卒，可得九十七萬，吾欲自將以討之，何如？」秘書監朱肜曰③：「陛下恭行天罰，必有征無戰，晉主不銜璧軍門，則走死江海，陛下返中國士民，使復其桑梓，然後回輿東巡，告成岱宗，此千載一時也④！」堅喜曰：「是吾志也。」

注釋

①「堅以扶風」句：堅下應有「以」字。原文脫漏，今補正。

②承業：繼承帝業。垂：將近。

③秘書監：官名，秘書省長官，執掌圖書著作等事。

④「晉主不銜璧」句：銜璧，古代戰敗國君主請求投降的一種儀式。要縛手於後，惟見其面，銜璧為贄，手縛故銜之。中國，指中原。桑梓，桑和梓是古代家宅旁邊常栽的樹木，後用作故鄉的代稱。告成岱宗，到泰山去祭祀天地，報告統一大業成功。

【原文】

尚書左僕射權翼曰：「昔紂為無道，三仁在朝①，武王猶為之旋師。今晉雖微弱，未有大惡；謝安、桓沖皆江表偉人，君臣輯睦，內外同心。以臣觀之，未可圖也。」堅嘿然良久②，曰：「諸君各言其志。」

太子左衛率石越曰：「今歲鎮守斗，福德在吳③。伐之，必有天殃。且彼據長江之險，民為之用，殆未可伐也！」堅曰：「昔武王伐紂，逆歲違卜。天道幽遠，未易可知。夫差、孫皓皆保據江湖，不免於亡。今以吾之眾，投鞭於江，足斷其流，又何險之足恃乎！」對曰：「三國之君皆淫虐無道，故敵國取之，易於拾遺。今晉雖無德，未有大罪，願陛下且案兵積穀，以待其釁。」於是群臣各言利害，久之不決。堅曰：「此所謂築舍道傍，無時可成④。吾當內斷於心耳！」

注釋

①三仁：指商紂王的賢臣微子、箕子、比干三人。

②嘿然：靜默不語。嘿，同「默」。

③歲鎮守斗，福德在吳：歲，太歲，即木星；鎮，同「正」；斗：南斗星。古代天文學家以星象作為地理上的分野，斗、牛、女星是吳、越、揚州的

分野，象徵東南地區。古人迷信說法，認為太歲星行到哪裡，哪裡就當運有福。吳，吳地，指東晉。這兩句是說，今年木星正運行到東南方，晉朝正在走運的時候，不要去侵犯它。

④「此所謂」句：語見《詩經・小雅・小旻》：「如彼築室於道謀，是用不潰於成。」意為在道旁蓋房子，向過路人徵求意見，因主張各不相同，致使房子久久不能蓋成。

【原文】

群臣皆出，獨留陽平公融，謂之曰：「自古定大事者，不過一二臣而已。今眾言紛紛，徒亂人意，吾當與汝決之。」對曰：「今伐晉有三難：天道不順，一也；晉國無釁，二也；我數戰兵疲，民有畏敵之心，三也。群臣言晉不可伐者，皆忠臣也，願陛下聽之。」堅作色曰：「汝亦如此，吾復何望！吾強兵百萬，資仗如山[1]；吾雖未為令主[2]，亦非闇劣。乘累捷之勢，擊垂亡之國，何患不克，豈可復留此殘寇，使長為國家之憂哉！」融泣曰：「晉未可滅，昭然甚明。今勞師大舉，恐無萬全之功。且臣之所憂，不止於此。陛下寵育鮮卑、羌、羯[3]，佈滿畿甸[4]，此屬皆我之深仇。太子獨與弱卒數萬留守京師，臣懼有不虞之變生於腹心肘掖[5]，不可悔也。臣之頑愚，誠不足采；王景略一時英傑[6]，陛下常比之諸葛武侯，獨不記其臨沒之言乎！」堅不聽。於是朝臣進諫者眾，堅曰：「以吾擊晉，校其強弱之勢[7]，猶疾風之掃秋葉，而朝廷內外皆言不可，誠吾所不解也！」

太子宏曰：「今歲在吳分，又晉君無罪，若大舉不捷，恐威名外挫，財力內竭，此群下所以疑也！」堅曰：「昔吾滅燕，亦犯歲而捷，天道固難知也。秦滅六國，六國之君豈皆暴虐乎！」

注釋

①資仗：資財、兵器。

②令主：賢能的君主。令，善。

③寵育：厚待扶植。

④畿甸：京城周圍地區。

⑤不虞之變：意外的變化。虞，預料。腹心肘掖：比喻要害之處。這裡

指京城及周圍地區。掖，通「腋」。

　　⑥王景略：即王猛，苻堅的重要謀士，曾為苻堅丞相。臨終前曾建議苻堅不要攻晉。

　　⑦校（ㄐㄧㄠˋ）：比較。

【原文】

　　冠軍、京兆尹慕容垂言於堅曰：「弱併於強，小併於大，此理勢自然，非難知也。以陛下神武應期，威加海外，虎旅百萬，韓、白滿朝，而蕞爾江南①，獨違王命，豈可復留之以遺子孫哉！《詩》云：『謀夫孔多，是用不集②。』陛下斷自聖心足矣，何必廣詢朝眾！晉武平吳，所仗者張、杜二三臣而已③，若從朝眾之言，豈有混一之功乎！」堅大悅，曰：「與吾共定天下者，獨卿而已。」賜帛五百匹。

　　堅銳意欲取江東，寢不能旦。陽平公融諫曰：「『知足不辱，知止不殆。』自古窮兵極武，未有不亡者。且國家本戎狄也，正朔會不歸人④。江東雖微弱僅存，然中華正統，天意必不絕之。」堅曰：「帝王曆數⑤，豈有常邪！惟德之所在耳！劉禪豈非漢之苗裔邪，終為魏所滅。汝所以不如吾者，正病此不達變通耳！」

注釋

　　①韓、白：韓指漢韓信，白指秦白起。二人均以善將兵著稱。後指多謀善算者。蕞（ㄗㄨㄟˋ）爾：形容小（多指地區）。

　　②「謀夫孔多」句：意為出主意的人多了，事情就辦不成功。用，以。集，成功。

　　③張、杜：張，張華，西晉大臣。杜，杜預，西晉將領。這兩個人曾積極支持晉武帝司馬炎出兵攻吳。

　　④「正朔」句：意為中國的統治權不會轉移到漢族以外的民族手中。正，一年的開始。朔，一月的開始。正朔，一年的第一天。

　　⑤曆數：古代的人認為帝位相承與天象運行的次序相應，所以稱帝王相承的次序為曆數。

【原文】

堅素信重沙門道安，群臣使道安乘間進言①。十一月，堅與道安同輦游於東苑，堅曰：「朕將與公南游吳、越，泛長江，臨滄海，不亦樂乎！」安曰：「陛下應天御世②，居中土而制四維③，自足比隆堯、舜，何必櫛風沐雨④，經略遐方乎！且東南卑濕，沴氣易構⑤，虞舜遊而不歸，大禹往而不復。何足以上勞大駕也！」堅曰：「天生烝民而樹之君⑥，使司牧之，朕豈敢憚勞，使彼一方獨不被澤乎！必如公言，是古之帝王皆無征伐也！」道安曰：「必不得已，陛下宜駐蹕洛陽⑦，遣使者奉尺書於前，諸將總六師於後，彼必稽首入臣，不必親涉江、淮也。」堅不聽。

注釋

①沙門：佛教名詞。專指依照戒律出家修道的人。

②應天御世：順應天命，治理天下。

③四維：泛指以中原為中心的東西南北四方邊遠地區。

④櫛（ㄐㄧㄝˊ）風沐雨：以風梳髮，用雨洗頭，形容到處奔波，不避風雨，非常辛勞。櫛，木梳子，這裡用作動詞。

⑤沴（ㄌㄧˋ）氣：惡氣。

⑥烝（ㄓㄥ）民：眾民，庶民。烝，眾多。

⑦駐蹕（ㄅㄧˋ）：古代帝王出行，途中停留暫住。蹕，帝王出行時開路清道，禁止通行。因即以指帝王的車駕。

【原文】

堅所幸張夫人諫曰：「妾聞天地之生萬物，聖王之治天下，皆因其自然而順之，故功無不成。是以黃帝服牛乘馬，因其性也；禹浚九川①，障九澤②，因其勢也；后稷播殖百穀，因其時也；湯、武帥天下而攻桀、紂，因其心也。皆有因則成，無因則敗。今朝野之人皆言晉不可伐，陛下獨決意行之，妾不知陛下何所因也。《書》曰：『天聰明自我民聰明③。』天猶因民，而況人乎！妾又聞王者出師，必上觀天道，下順人心。今人心既不然矣，請驗之天道。諺云：『雞夜鳴者不利行師，犬群嗥者宮室將空，兵動馬驚，軍敗不歸。』自秋、冬以來，眾雞夜鳴，群犬哀嗥，

廄馬多驚，武庫兵器自動有聲，此皆非出師之祥也。」堅曰：「軍旅之事，非婦人所當預也！」

堅幼子中山公詵最有寵，亦諫曰：「臣聞國之興亡，繫賢人之用舍④。今陽平公，國之謀主，而陛下違之；晉有謝安、桓沖，而陛下伐之，臣竊惑之。」堅曰：「天下大事，孺子安知⑤！」

注釋

①浚：挖深，疏通。九川：一說指九州的大川。一說以弱、黑、河、瀁、江、沇、淮、渭、洛為九川。

②障：阻塞。九澤：九處大澤，無確指。

③「天聰明」句：出自《尚書》，意思是上天以民眾的視聽作為自己的視聽，天順民意。

④繫賢人之用舍：決定於任用還是捨棄賢人。

⑤孺子：兒童，後生。

【原文】

八年（383）

夏，五月，桓沖帥眾十萬伐秦，攻襄陽；遣前將軍劉波等攻沔北諸城；輔國將軍楊亮攻蜀，拔五城，進攻涪城；鷹揚將軍郭銓攻武當。六月，沖別將攻萬歲、築陽，拔之。秦王堅遣征南將軍鉅鹿公叡、冠軍將軍慕容垂等帥步騎五萬救襄陽，兗州刺史張崇救武當，後將軍張蚝、步兵校尉姚萇救涪城①；叡軍於新野，垂軍於鄧城。桓沖退屯沔南。秋，七月，郭銓及冠軍將軍桓石虔敗張崇於武當，掠二千戶以歸。鉅鹿公叡遣慕容垂為前鋒，進臨沔水。垂夜命軍士人持十炬，繫於樹枝，光照數十里。沖懼，退還上明。張蚝出斜谷，楊亮引兵還。沖表其兄子石民領襄城太守，戍夏口，沖自求領江州刺史；詔許之。

秦王堅下詔大舉入寇，民每十丁遣一兵；其良家子年二十已下②，有材勇者，皆拜羽林郎。又曰：「其以司馬昌明為尚書左僕射，謝安為吏部尚書，桓沖為侍中；勢還不遠，可先為起第③。」良家子至者三萬餘騎，拜秦州主簿趙盛之為少年都統④。是時，朝臣皆不欲堅行，獨慕容垂、姚萇及良家子勸之。陽平公融言於堅曰：「鮮卑、羌虜，我之仇讎，常思風

塵之變以逞其志⑤，所陳策畫，何可從也！良家少年皆富饒子弟，不閑軍旅⑥，苟為諂諛之言以會陛下之意。今陛下信而用之，輕舉大事，臣恐功既不成，仍有後患，悔無及也！」堅不聽。

注釋

①涪（ㄈㄨˊ）城：古縣名，治所在今四川三台西北。

②良家子：本指出身務農人家的子弟，這裡指富貴人家的子弟。

③「勢還」句：從形勢看，滅晉還師的日子已經不遠了。可先給出征立功將士修建宅第。

④主簿：掌管文書簿籍及辦理事務的官。魏晉以後，漸為統兵開府之大臣幕府中重要僚屬，參與機要，總領府事。

⑤風塵：比喻戰亂。

⑥閑：通「嫻」。熟悉，熟練。

【原文】

八月，戊午①，堅遣陽平公融督張蚝、慕容垂等步騎二十五萬為前鋒；以兗州刺史姚萇為龍驤將軍，督益、梁州諸軍事。堅謂萇曰：「昔朕以龍驤建業，未嘗輕以授人，卿其勉之②！」左將軍竇衝曰：「王者無戲言，此不祥之徵也！」堅默然。

慕容楷、慕容紹言於慕容垂曰：「主上驕矜已甚，叔父建中興之業③，在此行也！」垂曰：「然。非汝，誰與成之！」

甲子④，堅發長安，戎卒六十餘萬，騎二十七萬，旗鼓相望，前後千里。九月，堅至項城，涼州之兵始達咸陽，蜀、漢之兵方順流而下，幽、冀之兵至於彭城，東西萬里，水陸齊進，運漕萬艘⑤。陽平公融等兵三十萬，先至潁口。

注釋

①戊午：指農曆八月初二。

②勉：盡力。

③中興之業：指恢復鮮卑族建立過的燕國。

④甲子：指農曆八月初八。

⑤漕：水道運糧。

【原文】

詔以尚書僕射謝石為征虜將軍、征討大都督，以徐、兗二州刺史謝玄為前鋒都督，與輔國將軍謝琰、西中郎將桓伊等眾共八萬拒之；使龍驤將軍胡彬以水軍五千援壽陽①。琰，安之子也。

是時，秦兵既盛，都下震恐②。謝玄入，問計於謝安，安夷然③，答曰：「已別有旨。」既而寂然。玄不敢復言，乃令張玄重請。安遂命駕出遊山墅④，親朋畢集，與玄圍棋賭墅。安棋常劣於玄，是日，玄懼，便為敵手而又不勝。安遂遊陟⑤，至夜乃還。桓沖深以根本為憂，遣精銳三千入衛京師。謝安固卻之，曰：「朝廷處分已定⑥，兵甲無闕，西藩宜留以為防。」沖對佐吏歎曰：「謝安石有廟堂之量，不閑將略⑦。今大敵垂至，方遊談不暇，遣諸不經事少年拒之，眾又寡弱，天下事已可知，吾其左衽矣⑧！」

注釋

①「詔以尚書」句：詔，指東晉孝武帝下詔。壽陽，縣名，今安徽壽縣。

②都下：東晉都城建康，今江蘇南京市。

③夷然：平靜的樣子。

④命駕：命令準備車馬。

⑤遊陟：登山遊玩。

⑥處（ㄔㄨˇ）分：處理，處置。

⑦不閑將略：不熟悉用兵之道。閑，通「嫻」，嫻熟。

⑧吾其左衽矣：我們要穿外族的衣服了，意為將要滅亡了。我國古代某些少數民族的服裝，前襟向左掩，異於中原一帶人民的右衽。當時中原地區的人因以左衽為受異族統治的代稱。

【原文】

冬，十月，秦陽平公融等攻壽陽；癸酉①，克之，執平虜將軍徐元喜等②。融以其參軍河南郭褒為淮南太守。慕容垂拔鄖城。胡彬聞壽陽陷，

退保硤石，融進攻之。秦衛將軍梁成等帥眾五萬屯於洛澗，柵淮以遏東兵③。謝石、謝玄等去洛澗二十五里而軍④，憚成不敢進。胡彬糧盡，潛遣使告石等曰⑤：「今賊盛，糧盡，恐不復見大軍！」秦人獲之，送於陽平公融。融馳使白秦王堅曰：「賊少易擒，但恐逃去，宜速赴之！」堅乃留大軍於項城，引輕騎八千，兼道就融於壽陽。遣尚書朱序來說謝石等，以為「強弱異勢，不如速降」。序私謂石等曰：「若秦百萬之眾盡至，誠難與為敵。今乘諸軍未集，宜速擊之；若敗其前鋒，則彼已奪氣⑥，可遂破也⑦。」

注釋

　　①癸酉：指農曆十月十八日。

　　②執：捉，俘虜。

　　③柵淮：在淮水邊設置柵欄。東兵：這裡指東晉的軍隊。

　　④去：距，離開。

　　⑤潛：暗中，偷偷地。

　　⑥奪氣：喪失銳氣。

　　⑦遂：順利。

【原文】

　　石聞堅在壽陽，甚懼，欲不戰以老秦師①。謝琰勸石從序言。十一月，謝玄遣廣陵相劉牢之帥精兵五千人趣洛澗，未至十里，梁成阻澗為陳以待之。牢之直前渡水，擊成，大破之，斬成及弋陽太守王詠，又分兵斷其歸津②，秦步騎崩潰，爭赴淮水，士卒死者萬五千人，執秦揚州刺史王顯等，盡收其器械軍實。於是謝石等諸軍，水陸繼進。秦王堅與陽平公融登壽陽城望之，見晉兵部陣嚴整，又望八公山上草木，皆以為晉兵，顧謂融曰：「此亦勍敵③，何謂弱也！」憮然始有懼色④。

注釋

　　①老：疲憊，疲勞。這裡為使動用法。

　　②斷：截斷。歸津：撤退的渡口。

　　③勍（ㄑㄧㄥˊ）敵：勢力強大的敵人或對手。勍，強有力。

④憮（ㄨˇ）然：悵然失意的樣子。

【原文】

秦兵逼肥水而陳①，晉兵不得渡。謝玄遣使謂陽平公融曰：「君懸軍深入②，而置陳逼水，此乃持久之計，非欲速戰者也。若移陳少卻，使晉兵得渡，以決勝負，不亦善乎！」秦諸將皆曰：「我眾彼寡，不如遏之，使不得上，可以萬全。」堅曰：「但引兵少卻，使之半渡，我以鐵騎蹙而殺之，蔑不勝矣③！」融亦以為然，遂麾兵使卻④。秦兵遂退，不可復止，謝玄、謝琰、桓伊等引兵渡水擊之。融馳騎略陳⑤，欲以帥退者，馬倒，為晉兵所殺，秦兵遂潰。玄等乘勝追擊，至於青岡；秦兵大敗，自相蹈藉而死者⑥，蔽野塞川。其走者聞風聲鶴唳，皆以為晉兵且至，晝夜不敢息，草行露宿，重以飢凍，死者什七八。

初，秦兵少卻，朱序在陳後呼曰：「秦兵敗矣！」眾遂大奔。序因與張天錫、徐元喜皆來奔。獲秦王堅所乘雲母車⑦。復取壽陽，執其淮南太守郭褒。

注釋

①逼：靠近，接近。肥水：即淝水，源出安徽合肥市西北將軍嶺，在八公山南入淮水。陳：同「陣」。列陣。

②懸軍深入：孤軍深入。

③蹙（ㄘㄨˋ）：逼迫，緊壓。蔑不勝：無不勝。

④麾兵：指揮軍隊。

⑤略陳：巡視陣地。

⑥蹈藉：踐踏。

⑦雲母車：用雲母鑲嵌的車。

【原文】

堅中流矢，單騎走至淮北，飢甚，民有進壺飧、豚髀者①，堅食之，賜帛十四，綿十斤。辭曰：「陛下厭苦安樂，自取危困。臣為陛下子，陛下為臣父，安有子飼其父而求報乎②？」弗顧而去。堅謂張夫人曰：「吾今復何面目治天下乎！」潸然流涕③。

謝安得驛書④，知秦兵已敗，時方與客圍棋，攝書置床上，了無喜色，圍棋如故。客問之，徐答曰：「小兒輩遂已破賊。」既罷，還內⑤，過戶限⑥，不覺屐齒之折⑦。

秦王堅收集離散，比至洛陽，眾十餘萬，百官、儀物，軍容粗備。

注釋

①壺飧（ㄙㄨㄣ）：壺，以壺盛水。飧，熟食。豚髀（ㄊㄨㄣˊㄅㄧˋ）：豬大腿。豚，小豬，泛指豬。髀，大腿。

②飼：供食物給人吃。

③潸（ㄕㄢ）然：流淚的樣子。

④驛書：由驛站傳送來的戰報。

⑤內：內宅。

⑥戶限：門檻。

⑦不覺屐齒之折：連木屐底下的條齒折斷了也不覺得，形容謝安內心的喜悅。

北魏孝文帝改革

題解

　　為了緩和階級衝突，限制地方豪強勢力，加強中央集權，更有效地統治各族人民，以馮太后和孝文帝為首的北魏統治者進行了一系列的改革。內容包括：整頓吏治；規定由縣一級徵收租調；頒佈俸祿制、均田令；以三長制取代宗主督護制，抑制地方豪強的蔭庇人口；改革租調制度；把都城從平城（今山西大同東北）遷至洛陽；改革鮮卑舊俗；鮮卑貴族門閥化，提倡他們與漢族高門通婚；首創從品；確定班族，使鮮卑貴族與漢士族得以進一步融合。經由孝文帝的改革，北魏的社會經濟有了很大的發展，鮮卑貴族進一步封建化。本文節選自《資治通鑒》卷一三五至一四〇，標題為編者所加。

【原文】

　　（南齊武帝）永明元年（483）

　　十二月，癸丑，魏始禁同姓為婚。

　　二年（484）

　　（六月）魏舊制：戶調帛二匹，絮二斤，絲一斤，穀二十斛[1]；又入帛一匹二丈，委之州庫，以供調外之費；所調各隨土之所出。丁卯，詔曰：「置官班祿[2]，行之尚矣；自中原喪亂，茲制中絕。朕憲章舊典，始班俸祿。戶增調帛三匹，穀二斛九斗，以為官司之祿；增調外帛二匹。祿行之後，贓滿一匹者死。變法改度，宜為更始[3]，其大赦天下。」

　　九月，魏詔，班祿以十月為始，季別受之。舊律，枉法十匹，義贓二十匹，罪死；至是，義贓一匹，枉法無多少，皆死。仍分命使者，糾按守宰之貪者[4]。

注釋

　　①斛：量器名，也是容量單位。古代以十斗為一斛。南宋末年改為五斗。

②班祿：分等級制定俸祿。班，位次，規定等級。祿，俸祿。

③宜為更始：應該除舊佈新。

④守宰：官員。

【原文】

秦、益二州刺史恒農李洪之以外戚貴顯，為治貪暴，班祿之後，洪之首以贓敗。魏主命鎮赴平城，集百官親臨數之；猶以其大臣，聽在家自裁①。自餘守宰坐贓死者四十餘人。受祿者無不跼蹐②，賕賂殆絕。然吏民犯他罪者，魏主率寬之，疑罪奏讞多減死徙邊，歲以千計。都下決大辟③，歲不過五六人；州鎮亦簡。

久之，淮南王佗奏請依舊斷祿，文明太后召群臣議之④。中書監高閭以為：「飢寒切身⑤，慈母不能保其子。今給祿，則廉者足以無濫，貪者足以勸慕；不給，則貪者得肆其奸，廉者不能自保。淮南之議，不亦謬乎！」詔從閭議。

注釋

①自裁：自殺。

②跼蹐（ㄐㄩˊㄐㄧˊ）：畏縮不安。

③大辟：死刑。

④文明太后：即馮太后。北魏文成帝皇后，孝文帝祖母。獻文帝時開始臨朝聽政，孝文帝時繼續執政。臨朝二十五年，死後諡文明太皇太后。

⑤切身：親身感受；迫切於身。

【原文】

三年（485）

二月，己亥，魏制皇子皇孫有封爵者，歲祿各有差。

（八月）魏初，民多蔭附①；蔭附者皆無官役，而豪強徵斂倍於公賦。給事中李安世上言：「歲饑民流，田業多為豪右所占奪；雖桑井難復，宜更均量，使力業相稱②。又，所爭之田，宜限年斷，事久難明，悉歸今主，以絕詐妄。」魏主善之，由是始議均田。冬，十月，丁未，詔遣使者循行州郡，與牧守均給天下之田：諸男夫十五以上受露田四十畝③，

婦人二十畝，奴婢依良丁；牛一頭，受田三十畝，限止四牛。所授之田，率倍之；三易之田，再倍之，以供耕作及還受之盈縮。人年及課則受田④，老免及身沒則還田⑤。奴婢、牛隨有無以還受。初受田者，男夫給二十畝，課種桑五十株；桑田皆為世業，身終不還。恒計見口⑥，有盈者無受無還，不足者受種如法，盈者得賣其盈。諸宰民之官，各隨近給公田有差，更代相付；賣者坐如律。

注釋

①蔭附：依附在官僚、貴族、地主、豪紳等特權勢力之下。

②力業：力，勞動力。業，土地。力業，勞動力和土地。

③露田：北魏至隋行均田制時，計口分配種植穀物而要交還的田。

④人年及課：到了國家規定的納稅年齡的人。

⑤身沒：死。

⑥恒計見口：始終按人口計算。

【原文】

四年（486）

春，正月，癸亥朔，魏高祖朝會，始服袞冕①。

（二月）魏無鄉黨之法，唯立宗主督護②；民多隱冒，三五十家始為一戶。內秘書令李沖上言：「宜準古法：五家立鄰長，五鄰立里長，五里立黨長，取鄉人強謹者為之③。鄰長復一夫④，里長二夫，黨長三夫；三載無過，則升一等。其民調，一夫一婦，帛一匹，粟二石。大率十四為公調，二四為調外費，三四為百官俸。此外復有雜調⑤。民年八十已上，聽一子不從役⑥。孤獨、癃老、篤疾、貧窮不能自存者⑦，三長內迭養食之⑧。」書奏，詔百官通議。中書令鄭羲等皆以為不可。太尉丕曰：「臣謂此法若行，於公私有益。但方有事之月，校比戶口，民必勞怨。請過今秋，至冬乃遣使者，於事為宜。」沖曰：「『民可使由之，不可使知之。』若不因調時，民徒知立長校戶之勤，未見均徭省賦之益，心必生怨。宜及調課之月，令知賦稅之均，既識其事，又得其利，行之差易。」群臣多言：「九品差調，為日已久，一旦改法，恐成擾亂。」文明太后曰：「立三長則課調有常準，苞蔭之戶可出，僥倖之人可止，何為不

可！」甲戌，初立黨、里、鄰三長，定民戶籍。民始皆愁苦，豪強者尤不願。既而課調省費十餘倍，上下安之。

夏，四月，辛酉朔，魏始制五等公服⑨；甲子，初以法服、御輦祀南郊⑩。

八月，乙亥，魏給尚書五等爵已上朱衣、玉珮、大小組綬。

注釋

①袞冕：袞衣和冠冕，是古代皇帝及大夫的禮服和禮帽。

②宗主督護：當時大族多聚族而居，推族中大地主一人為宗主都護，他掌握聚居地的領導權，勢力很大。

③強謹：強壯且謹慎。

④復：這裡指免除徭役。

⑤復：又，更。

⑥聽：聽任，任憑。

⑦癃（ㄌㄨㄥˊ）老：衰弱多病的老年人。

⑧迭：更迭，輪流。

⑨五等公服：天子、諸侯、卿、大夫、士之服飾。

⑩法服：古代禮法規定的服飾。

【原文】

五年（487）

春，止月，厂亥朔，魏主詔定樂章，非雅者除之。

（夏，五月）魏春夏大旱，代地尤甚；加以牛疫，民餒死者多①。六月，癸未，詔內外之臣極言無隱。齊州刺史韓麒麟上表曰：「古先哲王，儲積九稔②；逮於中代③，亦崇斯業，入粟者與斬敵同爵，力田者與孝悌均賞④。今京師民庶，不田者多，游食之口，參分居二。自承平日久，豐穰積年，競相矜誇，遂成侈俗。貴富之家，童妾袨服⑤，工商之族，僕隸玉食，而農夫闕糟糠，蠶婦乏短褐。故令耕者日少，田有荒蕪；穀帛罄於府庫，寶貨盈於市里；衣食匱於室，麗服溢於路。飢寒之本，實在於斯。愚謂凡珍異之物，皆宜禁斷；吉凶之禮，備為格式；勸課農桑，嚴加賞罰。數年之中，必有盈贍。往年校比戶貫，租賦輕少。臣所統齊州，租粟才可

給徭，略無入倉，雖於民為利，而不可長久。脫有戎役⑥，或遭天災，恐供給之方，無所取濟。可減絹布，增益穀租；年豐多積，歲儉出賑。所謂私民之穀，寄積於官，官有宿積，則民無荒年矣。」秋，七月，己丑，詔有司開倉賑貸，聽民出關就食。遣使者造籍，分遣去留，所過給糧廩，所至三長贍養之。

注釋

①餒（ㄋㄟˇ）：飢餓。

②九稔（ㄖㄣˇ）：九年。古代指穀一熟為年，故亦謂年為稔。

③中代：指秦、漢時期。

④孝：指敬順父母。悌：指尊敬兄長。

⑤童妾袨（ㄒㄩㄢˋ）服：奴僕和侍妾穿著炫目的盛服，說明很奢侈。童，奴僕。妾，古代男子在妻子以外娶的女人，地位很低，猶如奴僕。袨服，炫目的盛服。

⑥脫：倘或，或許。

【原文】

九月，辛未，魏詔罷起部無益之作，出宮人不執機杼者。冬，十月，丁未，又詔罷尚方錦繡、綾羅之工；四民欲造，任其無禁。是時，魏久無事，府藏盈積。詔盡出御府衣服珍寶、太官雜器、太僕乘具、內庫弓矢刀鈐十分之八①，外府衣物、繒布、絲纊非供國用者，以其太半班賚百司，下至工、商、皂隸，逮於六鎮邊戍，畿內鰥、寡、孤、獨、貧、癃，皆有差②。

魏秘書令高祐、丞李彪奏請改《國書》編年為紀、傳、表、志，魏主從之。祐，允之從祖弟也。十二月，詔彪與著作郎崔光改修《國書》。光，道固之從孫也。

注釋

①「詔盡出」句：御府，皇帝的府庫。太僕，九卿之一。掌皇帝的輿馬和馬政。

②差：不同，差別。

【原文】

七年（489）

（春，正月，辛亥）魏主祀南郊，始備大駕[1]。

夏，四月，丁丑，魏主詔曰：「升樓散物以齎百姓[2]，至使人馬騰踐，多有傷毀；今可斷之，以本所費之物[3]，賜老疾貧獨者[4]。」

注釋

①大駕：指皇帝的車駕。《後漢書·輿服志上》稱：「乘輿大駕，公卿奉引，太僕御，大將軍參乘，屬車八十一乘。」

②齎：賞賜。

③費：花費，耗損。

④獨：老年無子。

【原文】

八年（490）

（十二月）初，太祖以南方錢少，更欲鑄錢。建元末，奉朝請孔顗上言，以為：「食貨相通，理勢自然。李悝云：『糴甚貴傷民[1]，甚賤傷農。』甚賤甚貴，其傷一也。三吳，國之關奧[2]，比歲時被水潦而糴不貴，是天下錢少，非穀賤，此不可不察也。鑄錢之弊，在輕重屢變。重錢患難用，而難用為累輕；輕錢弊盜鑄，而盜鑄為禍深。民所以盜鑄，嚴法不能禁者，由上鑄錢惜銅愛工也。惜銅愛工者，意謂錢為無用之器，以通交易，務欲令質輕而數多，使省工而易成，不詳慮其為患也。夫民之趨利，如水走下。今開其利端，從以重刑，是導其為非而陷之於死，豈為政歟！漢興，鑄輕錢，民巧偽者多。至元狩中，始懲其弊，乃鑄五銖錢，周郭其上下，令不可磨取鋊[3]，而計其費不能相償，私鑄益少，此不惜銅不愛工之效也。王者不患無銅乏工，每令民不能競，則盜鑄絕矣。宋文帝鑄四銖，至景和，錢益輕，雖有周郭，而鎔冶不精，於是盜鑄紛紜而起，不可復禁。此惜銅愛工之驗也。凡鑄錢，與其不衷，寧重無輕。自漢鑄五銖至宋文帝，歷五百餘年，制度世有廢興，而不變五銖者，明其輕重可法、得貨之宜故也。按今錢文率皆五銖，異錢時有耳。自文帝鑄四銖，又不

禁民翦鑿④，為禍既博，鍾弊於今⑤，豈不悲哉！晉氏不鑄錢，後經寇戎水
火，耗散沈鑠，所失歲多，譬猶磨礱砥礪⑥，不見其損，有時而盡，天下
錢何得不竭！錢竭則士、農、工、商皆喪其業，民何以自存！愚以為宜如
舊制，大興鎔鑄，錢重五銖，一依漢法。若官鑄者已布於民，便嚴斷翦
鑿，輕小破缺無周郭者，悉不得行。官錢細小者，稱合銖兩，銷以為大，
利貧良之民，塞奸巧之路。錢貨既均，遠近若一，百姓樂業，市道無爭，
衣食滋殖矣。」太祖然之，使諸州郡大市銅炭。會晏駕，事寢。

自太祖治黃籍⑦，至上，謫巧者戍緣淮各十年，百姓怨望。乃下詔：
「自宋升明以前，皆聽復注；其有謫役邊疆，各許還本；此後有犯，嚴加
翦治。」

注釋

①糴（ㄉㄧˊ）：買進糧食。
②關奧：這裡指西南要塞。關，要塞。奧，室內西南角，為尊位。
③鉛（ㄩˋ）：銅屑。
④翦鑿：用剪刀絞斷，打孔。
⑤鍾：彙聚。
⑥磨礱（ㄌㄨㄥˊ）砥礪：在磨刀石上磨。礱，磨。
⑦黃籍：用黃紙書寫的戶籍總冊。

【原文】

九年（491）

八月，壬辰，又詔議養老及禋於六宗之禮①。先是，魏常以正月吉日
於朝廷設幕，中置松柏樹，設五帝座而祠之。又有探策之祭。帝皆以為非
禮，罷之。戊戌，移道壇於桑乾之陰②，改曰崇虛寺。

（十一月）乙亥，魏大定官品。戊戌，考諸牧守。

魏舊制，群臣季冬朝賀③，服袴褶行事④，謂之小歲；丙戌，詔罷之。

注釋

①禋（ㄧㄣ）：祭祀。六宗：古代祭祀的六位神。六宗的說法不一，一
說水火雷風山澤，一說天地四方。

②陰：水的南面為陰。

③季冬：冬季末。

④袴褶（ㄎㄨˋ ㄅㄧㄝˊ）：套褲和夾衣。

【原文】

（十二月）初，晉張斐、杜預共注《律》三十卷，自泰始以來用之。《律》文簡約，或一章之中，兩家所處，生殺頓異①，臨時斟酌，吏得為奸。上留心法令，詔獄官詳正舊注。七年，尚書刪定郎王植集定二注，表奏之。詔公卿、八座參議考正②，竟陵王子良總其事；眾議異同不能壹者，制旨平決③。是歲，書成。廷尉山陰孔稚珪上表，以為：「《律》文雖定，苟用失其平，則法書徒明於快裡，冤魂猶結於獄中。竊尋古之名流，多有法學；今之士子，莫肯為業。縱有習者，世議所輕，將恐此書永淪走吏之手矣。今若置《律》助教，依《五經》例，國子生有欲讀者，策試高第，即加擢用④，以補內外之官，庶幾士流有所勸慕⑤。」詔從其請，事竟不行。

注釋

①頓：立即。

②八座：東漢至唐代一般以尚書令、僕射、五曹或六曹（部）尚書為八座。

③平決：評論決定。

④擢（ㄓㄨㄛˊ）：選拔。

⑤庶幾：也許可以，表希望。

【原文】

十年（492）

（春，正月）魏主命群臣議行次①。中書監高閭議，以為：「帝王莫不以中原為正統，不以世數為與奪，善惡為是非。故桀、紂至虐，不廢夏、商之曆；屬、惠至昏，無害周、晉之錄。晉承魏為金，趙承晉為水，燕承趙為木，秦承燕為火。秦之既亡，魏乃稱制玄朔②；且魏之得姓，出於軒轅；臣愚以為宜為土德。」秘書丞李彪、著作郎崔光等議，以為：

「神元與晉武往來通好，至於桓、穆，志輔晉室，是則司馬祚終於郟鄏③，而拓跋受命於雲代。昔秦併天下，漢猶比之共工，卒繼周為火德；況劉、石、苻氏，地褊世促，魏承其弊，豈可舍晉而為土邪？」司空穆亮等皆請從彪等議。壬戌，詔承晉為水德，祖申、臘辰。

　　魏舊制，四時祭廟皆用中節④，丙子，詔始用孟月⑤，擇日而祭。

　　夏，四月，丁亥朔，魏班新律令，大赦。

注釋

　　①行次：五行的次序。

　　②玄朔：北方。

　　③郟鄏（ㄐㄧㄚˊ ㄖㄨˋ）：古地名。其地在今河南洛陽市境內。

　　④中節：這裡專指四時仲月的中氣，即春分、秋分、夏至、冬至。

　　⑤孟月：四季的頭一個月，即正月、四月、七月、十月。

【原文】

　　十一年（493）

　　魏主以平城地寒①，六月雨雪②，風沙常起，將遷都洛陽；恐群臣不從，乃議大舉伐齊，欲以脅眾。齋於明堂左个，使太常卿王諶筮之③，遇《革》，帝曰：「『湯、武革命，應乎天而順乎人。』吉孰大焉！」群臣莫敢言。尚書任城王澄曰：「陛下奕葉重光④，帝有中土；今出師以征未服，而得湯、武革命之象，未為全吉也。」帝厲聲曰：「繇云：『大人虎變⑤』，何言不吉！」澄曰：「陛下龍興已久⑥，何得今乃虎變！」帝作色曰：「社稷我之社稷，任城欲沮眾邪⑦！」澄曰：「社稷雖為陛下之有，臣為社稷之臣，安可知危而不言！」帝久之乃解，曰：「各言其志，夫亦何傷！」

注釋

　　①平城：古縣名。秦置，治所在今山西大同。北魏天興元年（398）遷都於此。

　　②雨雪：降雪。雨，作動詞用。

　　③筮：用蓍草占卦。

④奕葉：累代。重光：日有重日，也就是日暈或日珥現象，古人認為是一種瑞應。藉以指太平之世。

⑤大人：君主。

⑥龍興：做皇帝。

⑦沮（ㄐㄩˇ）：阻攔，破壞。

【原文】

既還宮，召澄入見，逆謂之曰①：「嚮者《革卦》，今當更與卿論之②。明堂之忿③，恐人人競言，沮我大計，故以聲色怖文武耳。想識朕意。」因屏人謂澄曰：「今日之舉，誠為不易。但國家興自朔土④，徙居平城；此乃用武之地，非可文治。今將移風易俗，其道誠難，朕欲因此遷宅中原，卿以為何如？」澄曰：「陛下欲卜宅中土以經略四海⑤，此周、漢所以興隆也。」帝曰：「北人習常戀故，必將驚擾，奈何？」澄曰：「非常之事，故非常人之所及。陛下斷自聖心，彼亦何所能為！」帝曰：「任城，吾之子房也⑥！」

注釋

①逆：迎。

②向者：剛才。

③明堂：古代天子宣明政教的地方，凡朝會及祭祀、慶賞、選士、養老、教學等大典，均於其中舉行。

④朔：北方。

⑤經略：策劃處理。

⑥子房：指漢代張良。張良字子房，漢高祖劉邦的謀士，佐漢滅秦楚，因功封留侯。

【原文】

（九月）魏主自發平城至洛陽，霖雨不止①。丙子，詔諸軍前發。丁丑，帝戎服，執鞭乘馬而出。群臣稽顙於馬前②。帝曰：「廟算已定③，大軍將進，諸公更欲何云？」尚書李沖等曰：「今者之舉，天下所不願，唯陛下欲之。臣不知陛下獨行，竟何之也！臣等有其意而無其辭，敢以死

請！」帝大怒曰：「吾方經營天下，期於混壹，而卿等儒生，屢疑大計；斧鉞有常④，卿勿復言！」策馬將出⑤，於是安定王休等並殷勤泣諫。帝乃諭群臣曰：「今者興發不小，動而無成，何以示後！朕世居幽朔，欲南遷中土；苟不南伐，當遷都於此，王公以為何如？欲遷者左，不欲者右。」安定王休等相帥如右。南安王楨進曰：「『成大功者不謀於眾。』今陛下苟輟南伐之謀，遷都洛邑，此臣等之願，蒼生之幸也。」群臣皆呼萬歲。時舊人雖不願內徙，而憚於南伐，無敢言者；遂定遷都之計。

注釋

①霖雨：連綿的大雨。霖，久雨。《左傳·隱公九年》：「凡雨，自三日以往為霖。」

②稽顙（ㄑㄧˇㄙㄤˇ）：古代的一種跪拜禮。屈膝下拜，以額觸地。

③廟算：指朝廷的重大決策。

④斧鉞有常：意思是國有常刑。

⑤策馬：鞭打馬。策，馬鞭。

【原文】

南齊明帝建武元年（494）

（春，正月）癸亥，魏主南巡；戊辰，過比干墓，祭以太牢①，魏主自為祝文曰：「烏呼介士，胡不我臣！」

乙亥，魏主如洛陽西宮。中書侍郎韓顯宗上書陳四事：其一以為：「竊聞輿駕今夏不巡三齊，當幸中山②。往冬輿駕停鄴，當農隙之時，猶比屋供奉，不勝勞費。況今蠶麥方急，將何以堪命！且六軍涉暑，恐生癘疫。臣願早還北京，以省諸州供張之苦③，成洛都營繕之役。」其二以為：「洛陽宮殿故基，皆魏明帝所造，前世已譏其奢。今茲營繕，宜加裁損。又，頃來北都富室，競以第舍相尚；宜因遷徙，為之制度。及端廣衢路，通利溝渠。」其三以為：「陛下之還洛陽，輕將從騎。王者於闈闥之內猶施警蹕④，況涉履山河而不加三思乎！」其四以為：「陛下耳聽法音，目玩墳典，口對百辟⑤，心虞萬機⑥，景昃而食⑦，夜分而寢；加以孝思之至，隨時而深；文章之業，日成篇卷；雖睿明所用，未足為煩，然非所以嗇神養性，保無疆之祚也⑧。伏願陛下垂拱司契而天下治矣。」帝頗納之。顯宗，麒麟之子也。

注釋

①太牢：古代帝王、諸侯祭祀社稷時，牛、羊、豕三牲為太牢。也有專指牛的。

②中山：郡名。西漢高祖置。景帝改為國。十六國後燕改為中山尹。北魏改為郡。治所在今河北定縣。

③供張：陳設、供應。

④警蹕：警戒禁止行人。

⑤百辟：泛指朝中大官。

⑥萬機：皇帝所需要處理的各種政務。

⑦景昃（ㄗㄜ、）：指太陽已經偏西。景，日影。昃，側。

⑧垂拱司契：垂拱，清淨無為而治。司契，抓住最重要的。

【原文】

顯宗又上言，以為：「州郡貢察，徒有秀、孝之名，而無秀、孝之實；朝廷但檢其門望，不復彈坐。如此，則可令別貢門望以敘士人，何假冒秀、孝之名也！夫門望者，乃其父祖之遺烈，亦何益於皇家！益於時者，賢才而已。苟有其才，雖屠、釣、奴、虜，聖王不恥以為臣；苟非其才，雖三后之胤①，墜於皁隸矣②。議者或云『今世等無奇才，不若取士於門』，此亦失矣。豈可以世無周、邵，遂廢宰相邪！但當校其寸長、銖重者先敘之，則賢才無遺矣。

「又，刑罰之要，在於明當，不在於重。苟不失有罪，雖捶撻之薄③，人莫敢犯；若容可僥倖，雖參夷之嚴④，不足懲禁。今內外之官，欲邀當時之名，爭以深刻為無私，迭相敦厲⑤，遂成風俗。陛下居九重之內，視人如赤子；百司分萬務之任，遇下如仇讎。是則堯、舜止一人，而桀、紂以千百；和氣不至，蓋由於此。謂宜敕示百僚，以惠元元之命。

「又，昔周居洛邑，猶存宗周；漢遷東都，京兆置尹。案《春秋》之義，有宗廟曰都，無曰邑。況代京，宗廟山陵所托，王業所基，其為神鄉福地，實亦遠矣，今便同之郡國，臣竊不安。謂宜建畿置尹，一如故事，崇本重舊，光示萬葉⑥。

【注釋】

①胤：後代。

②皁（ㄗㄠˋ）隸：古代賤役。

③捶撻：用鞭子打。

④參（ㄙㄢ）夷：一種刑法，夷三族，即父族、母族、妻族；或父、子、孫；或父母、兄弟、妻子。

⑤敦厲：勸勉，勉力。

⑥葉：世。

【原文】

「又，古者四民異居①，欲其業專志定也。太祖道武皇帝創基撥亂，日不暇給，然猶分別士庶，不令雜居，工伎屠沽，各有攸處②；但不設科禁，久而混殽。今聞洛邑居民之制，專以官位相從，不分族類。夫官位無常，朝榮夕悴，則是衣冠、皁隸不日同處矣。借使一里之內，或調習歌舞，或構肆詩書，縱群兒隨其所之，則必不棄歌舞而從詩書矣。然則使工伎之家習士人風禮，百年難成；士人之子效工伎容態，一朝而就。是以仲尼稱里仁之美③，孟母勤三徙之訓④。此乃風俗之原，不可不察。朝廷每選人士，校其一婚一宦以為升降，何其密也！至於度地居民，則清濁連甍⑤，何其略也！今因遷徙之初，皆是空地，分別工伎，在於一言，有何可疑而闕盛美！

「又，南人昔有淮北之地，自比中華，僑置郡縣。自歸附聖化，仍而不改，名實交錯⑥，文書難辨。宜依地理舊名，一皆釐革，小者併合，大者分置，及中州郡縣，昔以戶少併省，今民口既多，亦可復舊。

「又，君人者以天下為家，不可有所私。倉庫之儲，以供軍國之用，自非有功德者不可加賜。在朝諸貴，受祿不輕；比來賜賚，動以千計。若分以賜鰥寡孤獨之民，所濟實多；今直以與親近之臣，殆非周急不繼富之謂也⑦。」帝覽奏，甚善之。

【注釋】

①四民：指士、農、工、商。

②攸處：所居住的地方。

③里仁之美：意思是說：居住在有仁風的地方才好。里，住所，這裡作動詞用，有「居住」的意思。《論語·里仁》載：「子曰：『里仁為美；擇不處仁，焉得知！』」

④「孟母」句：《列女傳》卷一〈母儀傳〉曰：「孟軻母，其舍近墓。孟子少嬉遊，為墓間之事。孟母曰：『此非吾所以處子也。』乃去，舍市旁，其嬉戲乃賈人衒賣之事。又曰：『此非吾所以處子也。』復徙舍學宮之旁，其嬉乃設俎豆，揖遜進退。孟母曰：『此真可以居吾子矣。』遂居焉。」

⑤甍（ㄇㄥˊ）：屋脊。

⑥交錯：交叉錯雜。

⑦周急不繼富：《論語·雍也》：「子曰：『君子周急不繼富。』」周，周濟，救濟。繼，接濟。

【原文】

壬寅，魏主北巡；癸卯，濟河；三月，壬申，至平城。使群臣更論遷都利害，各言其志。燕州刺史穆羆曰：「今四方未定，未宜遷都。且征伐無馬，將何以克？」帝曰：「廄牧在代①，何患無馬！今代在恒山之北，九州之外，非帝王之都也。」尚書于果曰：「臣非以代地為勝伊、洛之美也。但自先帝以來，久居於此，百姓安之；一旦南遷，眾情不樂。」平陽公丕曰：「遷都大事，當訊之卜筮。」帝曰：「昔周、召聖賢，乃能卜宅。今無其人，卜之何益！且『卜以決疑，不疑何卜！』黃帝卜而龜焦，天老曰『吉』，黃帝從之。然則至人之知未然②，審於龜矣。王者以四海為家，或南或北，何常之有！朕之遠祖，世居北荒，平文皇帝始都東木根山，昭成皇帝更營盛樂③，道武皇帝遷於平城。朕幸屬勝殘之運，何為獨不得遷乎！」群臣不敢復言。羆，壽之孫；果，烈之弟也。癸酉，魏主臨朝堂，部分遷留。

九月，壬申朔，魏詔曰：「三載考績，三考黜陟④；可黜者不足為遲，可進者大成賒緩⑤。朕今三載一考，即行黜陟，欲令愚滯無妨於賢者，才能不擁於下位。各令當曹考其優劣為三等，其上下二等仍分為三。六品已下，尚書重問；五品已上，朕將親與公卿論其善惡，上上者遷之，下下者黜之，中者守其本任。」

　　戊申，魏主親告太廟，使高陽王雍、于烈奉遷神主於洛陽；辛亥，發平城。

　　魏主至洛陽，欲澄清流品⑥，以尚書崔亮兼吏部郎。亮，道固之兄孫也。

　　魏主欲變易舊風，壬寅，詔禁士民胡服。國人多不悅。

　　魏主欲自將入寇。癸卯，中外戒嚴。戊申，詔代民遷洛者復租賦三年。相州刺史高閭上表稱：「洛陽草創，曹虎既不遣質任，必無誠心，無宜輕舉。」魏主不從。

注釋

　　①廄（ㄐ一ㄡˋ）牧：廄，馬房。牧，放牧的地方。

　　②至人：古代用以指思想道德等某方面達到最高境界的人。

　　③盛樂：地名。在今內蒙古和林格爾縣西北。三國魏時拓跋鮮卑定都於此。

　　④黜陟：指官吏的進退和升降。

　　⑤賒緩：寬緩，緩慢。

　　⑥流品：流，品級；流別。品，舊時官吏的等級。

【原文】

　　建武二年（495）

　　（春，正月）癸酉，魏詔：「淮北之人不得侵掠，犯者以大辟論①。」

　　（夏，四月）癸丑，魏主如小沛；己未，如瑕丘；庚申，如魯城，親祠孔子；辛酉，拜孔氏四人、顏氏二人官，仍選諸孔宗子一人封崇聖侯，奉孔子祀，命兗州修孔子墓，更建碑銘。

　　（五月）甲午，魏太子冠於廟②。魏主欲變北俗，引見群臣，謂曰：「卿等欲朕遠追商、周，為欲不及漢、晉邪？」咸陽王禧對曰：「群臣願陛下度越前王耳。」帝曰：「然則當變風易俗，當因循守故邪？」對曰：「願聖政日新。」帝曰：「為止於一身，為欲傳之子孫邪？」對曰：「願傳之百世！」帝曰：「然則必當改作，卿等不得違也。」對曰：「上令下從，其誰敢違！」帝曰：「夫『名不正，言不順，則禮樂不可興』。今欲

斷諸北語，一從正音。其年三十已上，習性已久，容不可猝革。三十已下，見在朝廷之人，語音不聽仍舊③；若有故為，當加降黜。各宜深戒！王公卿士以為然不？」對曰：「實如聖旨。」帝曰：「朕嘗與李沖論此，沖曰：『四方之語，竟知誰是④；帝者言之，即為正矣。』沖之此言，其罪當死！」因顧沖曰：「卿負社稷，當令御史牽下！」沖免冠頓首謝。又責留守之官曰：「昨望見婦女猶服夾領小袖，卿等何為不遵前詔！」皆謝罪。帝曰：「朕言非是，卿等當庭爭⑤。如何入則順旨，退則不從乎！」六月，己亥，下詔：「不得為北俗之語於朝廷。違者免所居官！」

戊午，魏改用長尺、大斗，其法依《漢志》為之。

（八月）魏金墉宮成，立國子、太學、四門小學於洛陽⑥。

注釋

①大辟：死刑。

②冠（ㄍㄨㄢˋ）：男子年二十所舉行的加冠禮，亦即成人禮。

③不聽：不順從，不聽從。

④四方之語，竟知誰是：天下各處的人，言語不同，不知應當以誰為標準。

⑤庭爭：在朝廷上和皇帝力爭。

⑥四門小學：學校初設於京師四門，故稱。

【原文】

十二月，乙未朔，魏主見群臣於光極堂，宣下品令，為大選之始。光祿勳於烈子登引例求遷官，烈上表曰：「方今聖明之朝，理應廉讓，而臣子登引人求進；是臣素無教訓①，乞行黜落！」魏主曰：「此乃有識之言，不謂烈能辦此！」乃引見登，謂曰：「朕將流化天下，以卿父有謙遜之美、直士之風②，故進卿為太子翊軍校尉。」又加烈散騎常侍，封聊城縣子。

魏主謂群臣曰：「國家從來有一事可歎：臣下莫肯公言得失是也。夫人君患不能納諫③，人臣患不能盡忠。自今朕舉一人，如有不可，卿等直言其失；若有才能而朕所不識，卿等亦當舉之。如是，得人者有賞，不言者有罪，卿等當知之。」

先是，魏人未嘗用錢，魏主始命鑄太和五銖。是歲，鼓鑄粗備④，詔公私用之。

注釋

①教訓：教育訓導。

②直士：坦率正直的人。

③患：憂慮。

④鼓鑄：熔金屬以鑄器械或錢幣。

【原文】

三年（496）

（春，正月，丁卯）魏主下詔，以為：「北人謂土為拓，后為跋。魏之先出於黃帝，以土德王，故為拓跋氏。夫土者，黃中之色，萬物之元也；宜改姓元氏。諸功臣舊族自代來者，姓或重復，皆改之。」於是始改拔拔氏為長孫氏，達奚氏為奚氏，乙旃氏為叔孫氏，丘穆陵氏為穆氏，步六孤氏為陸氏，賀賴氏為賀氏，獨孤氏為劉氏，賀樓氏為樓氏，勿忸于氏為于氏，尉遲氏為尉氏；其餘所改，不可勝紀。

魏主雅重門族①，以范陽盧敏、清河崔宗伯、滎陽鄭羲、太原王瓊四姓，衣冠所推②，咸納其女以充後宮。隴西李沖以才識見任，當朝貴重，所結姻婭③，莫非清望；帝亦以其女為夫人。詔黃門郎、司徒左長史宋弁定諸州士族，多所升降。又詔以：「代人先無姓族，雖功賢之胤，無異寒賤；故宦達者位極公卿，其功、衰之親仍居猥任④。其穆、陸、賀、劉、樓、于、嵇、尉八姓，自太祖已降，勳著當世，位盡王公，灼然可知者，且下司州、吏部，勿充猥官⑤，一同四姓。自此以外，應班士流者，尋續別敕。其舊為部落大人，而皇始已來三世官在給事已上及品登王公者為姓；若本非大人，而皇始已來三世官在尚書已上及品登王公者亦為姓。其大人之後而官不顯者為族；若本非大人而官顯者亦為族。凡此姓族，皆應審核，勿容偽冒。令司空穆亮、尚書陸琇等詳定，務令平允。」琇，馛之子也。

注釋

①門族：豪門望族。

②衣冠：古代士以上的服裝。引申為世族、士紳。

③姻婭（ㄅㄧㄢˋ）：姻親。

④「其功、衰（ㄘㄨㄟ）之親」句：功、衰之親，就是大功、小功、齊衰之親。猥任，比較卑下的職位。

⑤猥官：職位低下的官。

【原文】

魏舊制：王國舍人皆應娶八族及清修之門①。咸陽王禧娶隸戶為之②，帝深責之，因下詔為六弟聘室：「前者所納，可為妾媵③。咸陽王禧，可聘故潁川太守隴西李輔女；河南王幹，可聘故中散大夫代郡穆明樂女；廣陵王羽，可聘驃騎諮議參軍滎陽鄭平城女；潁川王雍，可聘故中書博士范陽盧神寶女；始平王勰，可聘廷尉卿隴西李沖女；北海王詳，可聘吏部郎中滎陽鄭懿女。」懿，義之子也。

眾議以薛氏為河東茂族④。帝曰：「薛氏，蜀也，豈可入郡姓！」直閤薛宗起執戟在殿下，出次對曰：「臣之先人，漢末仕蜀，二世復歸河東，今六世相襲，非蜀人也。伏以陛下黃帝之胤⑤，受封北土，豈可亦謂之胡邪！今不預郡姓，何以生為！」乃碎戟於地。帝徐曰：「然則朕甲、卿乙乎？」乃入郡姓，仍曰：「卿非『宗起』，乃『起宗』也！」

注釋

①舍：謂諸王妃嬪之舍，其人即妃嬪也。八族：即從平城遷都而來的八姓。

②隸戶：指沒入為奴隸的戶。

③媵（ㄧㄥˋ）：古代指隨嫁，也指隨嫁的人。

④茂族：盛族、大族。

⑤伏：敬辭。

【原文】

帝與群臣論選調曰：「近世高卑出身，各有常分；此果如何？」李沖對曰：「未審上古已來，張官列位，為膏粱子弟乎①，為致治乎？」帝曰：「欲為治耳。」沖曰：「然則陛下今日何為專取門品，不拔才能乎？」帝曰：「苟有過人之才，不患不知。然君子之門，借使無當世之用，要自德行純篤，朕故用之。」沖曰：「傅說、呂望②，豈可以門地得之③！」帝曰：「非常之人，曠世乃有一二耳。」秘書令李彪曰：「陛下若專取門地，不審魯之三卿，孰若四科④？」著作佐郎韓顯宗曰：「陛下豈可以貴襲貴，以賤襲賤！」帝曰：「必有高明卓然、出類拔萃者，朕亦不拘此制。」頃之，劉昶入朝，帝謂昶曰：「或言唯能是寄，不必拘門；朕以為不爾。何者？清濁同流，混齊一等，君子小人，名器無別，此殊為不可。我今八族以上士人，品第有九；九品之外，小人之官復有七等。若有其人，可起家為三公。正恐賢才難得，不可止為一人渾我典制也⑤。」

注釋

①膏粱子弟：指富貴人家的子弟。

②傅說（ㄩㄝˋ）：商王武丁的大臣，傳說原是傅岩地方從事版築的奴隸。呂望：即姜太公，原垂釣於渭濱，知遇周文王，輔周武王伐商，為西周的開國大臣。

③門地：也作「門第」。指門閥地位，封建時代地主階級內部家族的等級。

④四科：儒家評論人物的分類，包括德行、言語、政事、文學。

⑤渾：渾濁。

【原文】

丙午，魏詔：「畿內七十已上，暮春赴京師行養老之禮。」三月，丙寅，宴群臣及國老、庶老於華林園①。」詔：「國老，黃耇已上②，假中散大夫③、郡守；耆年已上④，假給事中、縣令。庶老，直假郡、縣，各賜鳩杖、衣裳。」

注釋

①國老：卿大夫致仕者。庶老：士。

②黃耇（ㄍㄡˇ）：形容長壽者。黃，指黃髮。耇，老。

③假：給予。

④耆：古稱六十歲為耆。

隋軍滅陳

題解

南北朝後期，南朝陳後主寵愛張麗華等人，縱情歌舞，不理朝政，政治腐敗。而長江以北的隋朝卻日益強大，從君主到臣下，厲兵秣馬，為統一中國進行準備。在雙方力量此消彼長的情況下，隋軍於西元588年大舉攻陳，生擒陳後主，從而一舉滅陳。本文節選自《資治通鑑》卷一七六、卷一七七，標題為編者所加。

【原文】

陳（長城公）至德二年（584）

（冬，十一月）上自居臨春閣①，張貴妃居結綺閣，龔、孔二貴嬪居望仙閣，並複道交相往來②。又有王、李二美人，張、薛二淑媛，袁昭儀、何婕妤、江修容，並有寵，迭遊其上③。以宮人有文學者袁大捨等為女學士。僕射江總雖為宰輔，不親政務，日與都官尚書孔範、散騎常侍王瑳等文士十餘人，侍上遊宴後庭，無復尊卑之序，謂之「狎客」。上每飲酒，使諸妃、嬪及女學士與狎客共賦詩，互相贈答，采其尤豔麗者，被以新聲，選宮女千餘人習而歌之，分部迭進。其曲有〈玉樹後庭花〉、〈臨春樂〉等，大略皆美諸妃嬪之容色。君臣酣歌④，自夕達旦，以此為常。

注釋

①上：指南朝陳的皇帝陳叔寶。
②複道：高樓間或山岩險要處架空的通道，閣道。
③迭：更迭；輪流。
④酣歌：沉湎於歌樂。

【原文】

張貴妃名麗華，本兵家女，為龔貴嬪侍兒，上見而悅之，得幸，生太子深。貴妃髮長七尺，其光可鑒，性敏慧，有神彩，進止詳華，每瞻

視眄睞①，光采溢目，照映左右。善候人主顏色，引薦諸宮女；後宮咸德之，競言其善。又有厭魅之術，常置淫祀於宮中，聚女巫鼓舞。上怠於政事，百司啟奏，並因宦者蔡脫兒、李善度進請；上倚隱囊②，置張貴妃於膝上，共決之。李、蔡所不能記者，貴妃並為條疏，無所遺脫。因參訪外事，人間有一言一事，貴妃必先知白之；由是益加寵異，冠絕後庭。宦官近習，內外連結，援引宗戚，縱橫不法，賣官鬻獄，貨賂公行；賞罰之命，不出於外③。大臣有不從者，因而譖之。於是孔、張之權熏灼四方④，大臣執政皆從風詔附。

注釋

①瞻視眄睞（ㄇㄧㄢˇ ㄌㄞˋ）：仰視為瞻，正觀為視，斜視為眄，旁視為睞。

②隱囊：放在座位上的靠墊。

③賞罰之命，不出於外：指詔命不從中書而從宮掖發佈。

④熏灼：比喻氣焰逼人。

【原文】

（長城公）禎明元年（587）

（十一月）初，隋主受禪以來，與陳鄰好甚篤，每獲陳諜，皆給衣馬禮遣之，而高宗猶不禁侵掠。故太建之末，隋師入寇；會高宗殂，隋主即命班師，遣使赴弔，書稱姓名頓首。帝答之益驕，書末云：「想彼統內如宜①，此宇宙清泰②。」隋主不悅，以示朝臣。上柱國楊素以為主辱臣死，再拜請罪。

隋主問取陳之策於高熲，對曰：「江北地寒，田收差晚③；江南水田早熟。量彼收穫之際，微徵士馬，聲言掩襲，彼必屯兵守禦，足得廢其農時。彼既聚兵，我便解甲。再三若此，彼以為常；後更集兵，彼必不信。猶豫之頃，我乃濟師④；登陸而戰，兵氣益倍。又，江南土薄，舍多茅竹，所有儲積皆非地窖。若密遣行人因風縱火⑤，待彼修立，復更燒之。不出數年，自可財力俱盡。」隋主用其策，陳人始困⑥。

注釋

　　①如宜：順遂適宜。

　　②清泰：清平安定。

　　③差晚：比較晚。

　　④濟：渡。

　　⑤行人：使者的通稱。

　　⑥困：貧乏。

【原文】

　　於是楊素、賀若弼及光州刺史高勱、虢州刺史崔仲方等爭獻平江南之策①。仲方上書曰：「今唯須武昌以下②，蘄、和、滁、方、吳、海等州，更帖精兵③，密營度計；益、信、襄、荊、基、郢等州，速造舟楫，多張形勢，為水戰之具。蜀、漢二江是其上流，水路衝要，必爭之所。賊雖於流頭、荊門、延洲、公安、巴陵、隱磯、夏首、蘄口、溢城置船，然終聚漢口、峽口，以水戰大決。若賊必以上流有軍，令精兵赴援者，下流諸將即須擇便橫渡；如擁眾自衛，上江諸軍鼓行以前④。彼雖恃九江、五湖之險，非德無以為固；徒有三吳、百越之兵，非恩不能自立矣。」隋主以仲方為基州刺史。

　　及受蕭巖等降⑤，隋主益忿，謂高勱曰：「我為民父母，豈可限一衣帶水不拯之乎！」命大作戰船。人請密之，隋主曰：「吾將顯行天誅，何密之有！」使投其柿於江⑥，曰：「若彼懼而能改，吾復何求！」

注釋

　　①高勱（ㄇㄞˋ）：人名。虢（ㄍㄨㄛˊ）州：隋開皇三年（583）置，治盧氏（今屬河南）。

　　②須：通「需」，需要。

　　③帖：增添。

　　④上江諸軍：指蜀江、漢江順流東下的水軍。

　　⑤受：接受。

　　⑥柿（ㄈㄟˋ）：削下的木片。

【原文】

　　楊素在永安，造大艦，名曰「五牙」。上起樓五層，高百餘尺；左右前後置六拍竿[1]，並高五十尺，容戰士八百人；次曰「黃龍」，置兵百人。自餘平乘、舴艋各有等差[2]。

　　晉州刺史皇甫績將之官，稽首言陳有三可滅[3]。帝問其狀，曰：「大吞小，一也；以有道伐無道，二也；納叛臣蕭巖，於我有詞，三也。陛下若命將出師，臣願展絲髮之效[4]！」隋主勞而遣之。

注釋

　　①拍竿：用來拍打敵船的工具。

　　②自餘：其餘。等差（ㄘ）：等第，級次。

　　③稽首：古代一種跪拜禮，即叩頭到地。是九拜中最恭敬者。

　　④絲髮：這裡比喻微小。

【原文】

　　禎明二年（588）

　　（三月）戊寅，隋主下詔曰：「陳叔寶據手掌之地[1]，恣溪壑之欲[2]，劫奪閭閻[3]，資產俱竭，驅逼內外，勞役弗已；窮奢極侈，俾晝作夜[4]；斬直言之客，滅無罪之家；欺天造惡，祭鬼求恩；盛粉黛而執干戈，曳羅綺而呼警蹕；自古昏亂，罕或能比。君子潛逃，小人得志。天災地孽，物怪人妖。衣冠鉗口，道路以目。重以背德違言，搖蕩疆場[5]；晝伏夜遊，鼠竊狗盜。天之所覆，無非朕臣，每關聽覽，有懷傷惻。可出師授律，應機誅殄；在斯一舉，永清吳越。」又送璽書暴帝二十惡[6]；仍散寫詔書三十萬紙，遍諭江外[7]。

注釋

　　①陳叔寶：就是陳後主。

　　②恣溪壑之欲：地方雖小而貪欲無窮。

　　③閭閻：里巷的大門稱閭，中門稱閻，合稱里巷的門，借指里巷或平民。

④俾（ㄅ一ˋ）晝作夜：從早到晚。

⑤疆埸（一ˋ）：田間的小路，邊境。

⑥暴：顯露。

⑦江外：中原以江南為江外。

【原文】

　　（冬，十月）甲子，隋以出師，有事於太廟①，命晉王廣、秦王俊、清河公楊素皆為行軍元帥。廣出六合，俊出襄陽，素出永安，荊州刺史劉仁恩出江陵，蘄州刺史王世積出蘄春，廬州總管韓擒虎出廬江，吳州總管賀若弼出廣陵，青州總管弘農燕榮出東海，凡總管九十②，兵五十一萬八千，皆受晉王節度③。東接滄海，西拒巴、蜀，旌旗舟楫，橫互數千里④。以左僕射高熲為晉王元帥長史，右僕射王韶為司馬，軍中事皆取決焉；區處支度⑤，無所凝滯。

注釋

　　①有事於太廟：按照古代的禮節，出兵前要先告廟。太廟，帝王的祖廟。

　　②總管：周、隋的制度，行軍將帥稱總管。

　　③節度：指揮。

　　④互：連綿。

　　⑤區處支度：處理調度。

【原文】

　　（十二月）隋軍臨江，高熲謂行臺吏部郎中薛道衡曰：「今茲大舉，江東必可克乎？」道衡曰：「克之。嘗聞郭璞有言：『江東分王三百年，復與中國合。』今此數將周，一也。主上恭儉勤勞①，叔寶荒淫驕侈，二也。國之安危在所委任，彼以江總為相，唯事詩酒，拔小人施文慶，委以政事，蕭摩訶、任蠻奴為大將，皆一夫之用耳，三也。我有道而大，彼無德而小，量其甲士不過十萬，西自巫峽，東至滄海，分之則勢懸而力弱，聚之則守此而失彼，四也。席捲之勢，事在不疑。」熲忻然曰：「得君言成敗之理，令人豁然。本以才學相期，不意籌略乃爾②。」

　　楊素引舟師下三峽，軍至流頭灘。將軍戚昕以青龍百餘艘守狼尾灘③，地勢險峭，隋人患之。素曰：「勝負大計，在此一舉。若晝日下船，彼見我虛實，灘流迅激，制不由人，則吾失其便；不如以夜掩之。」素親帥黃龍數千艘，銜枚而下，遣開府儀同三司王長襲引步卒自南岸擊昕別柵④，大將軍劉仁恩帥甲騎自北岸趣白沙，遲明而至，擊之；昕敗走，悉俘其眾，勞而遣之，秋毫不犯。

　　素帥水軍東下，舟艦被江，旌甲曜日。素坐平乘大船⑤，容貌雄偉，陳人望之，皆懼，曰：「清河公即江神也⑥！」

注釋

　　①恭：指恭敬。端莊而有禮貌。
　　②乃爾：如此。
　　③青龍：戰艦名。
　　④柵：柵欄。這裡指營壘。
　　⑤平乘：大船名。
　　⑥清河公：楊素的封爵。

【原文】

　　初，上以蕭巖、蕭瓛，梁之宗室，擁眾來奔①，心忌之，故遠散其眾，以巖為東揚州刺史，瓛為吳州刺史；使領軍任忠出守吳興郡，以襟帶二州②。使南平王嶷鎮江州③，永嘉王彥鎮南徐州。尋召二王赴明年元會④，命緣江諸防船艦悉從二王還都，為威勢以示梁人之來者。由是江中無一鬥船，上流諸州兵皆阻楊素軍，不得至。

　　湘州刺史晉熙王叔文，在職既久，大得人和，上以其據有上流，陰忌之；自度素與群臣少恩，恐不為用，無可任者，乃擢施文慶為都督、湘州刺史，配以精兵二千，欲令西上；仍徵叔文還朝。文慶深喜其事，然懼出外之後，執事者持己短長，因進其黨沈客卿以自代。

　　未發間，二人共掌機密。護軍將軍樊毅言於僕射袁憲曰：「京口、采石俱是要地⑤，各須銳兵五千，並出金翅二百⑥，緣江上下，以為防備。」憲及驃騎將軍蕭摩訶皆以為然，乃與文武群臣共議，請如毅策。施文慶恐無兵從己，廢其述職，而客卿又利文慶之任⑦，己得專權，俱言於朝曰：

「必有論議，不假面陳；但作文啟，即為通奏。」憲等以為然，二人齎啟入⑧。白帝曰：「此是常事，邊城將帥足以當之。若出人船，必恐驚擾。」

　　①奔：投奔。
　　②襟帶：如襟如帶，比喻地勢的廻互縈帶。這裡用作動詞。
　　③王嶷（ㄧˊ）：人名。
　　④元會：皇帝元旦朝見群臣稱元會，也叫正會。
　　⑤京口：今江蘇鎮江市。因此地憑山臨江，所以軍事地位重要，並為陳首都建康（今南京市）北方門戶。采石：在今安徽當塗縣西北。
　　⑥金翅：船名。
　　⑦之任：去擔任職務。之，往。任，職務。
　　⑧齎（ㄐㄧ）：帶著。啟：書簡。

【原文】

　　及隋軍臨江，間諜驟至①，憲等殷勤奏請，至於再三。文慶曰：「元會將逼，南郊之日，太子多從；今若出兵，事便廢闕。」帝曰：「今且出兵，若北邊無事，因以水軍從郊，何為不可！」又曰：「如此則聲聞鄰境，便謂國弱。」後又以貨動江總②，總內為之遊說。帝重違其意③，而迫群官之請，乃令付外詳議。總又抑憲等，由是議久不決。

　　帝從容謂侍臣曰：「王氣在此。齊兵三來，周師再來，無不摧敗。彼何為者邪！」都官尚書孔範曰：「長江天塹④，古以為限隔南北，今日虜軍豈能飛渡邪！邊將欲作功勞，妄言事急。臣每患官卑，虜若渡江，臣定作太尉公⑤！」或妄言北軍馬死，範曰：「此是我馬，何為而死！」帝笑以為然，故不為深備，奏伎、縱酒、賦詩不輟。

　　①驟：屢次。
　　②以貨動江總：江總，陳尚書令。這句話是說用財物賄賂江總。
　　③重違：難以反對。

④天塹（ㄑㄧㄢˋ）：天然形成的隔斷交通的大溝。這裡指長江。

⑤太尉公：自晉、宋以來，習慣上稱三公為太尉公、司徒公、司空公。

【原文】

隋（文帝）開皇九年（589）

春，正月，乙丑朔，陳主朝會群臣，大霧四塞，入人鼻，皆辛酸，陳主昏睡，至晡時乃寤①。

是日，賀若弼自廣陵引兵濟江。先是弼以老馬多買陳船而匿之，買弊船五六十艘，置於瀆內②。陳人覘之③，以為內國無船④。弼又請緣江防人每交代之際⑤，必集廣陵，於是大列旗幟，營幕被野，陳人以為隋兵大至，急發兵為備，既知防人交代，其眾復散；後以為常，不復設備。又使兵緣江時獵，人馬喧噪。故弼之濟江，陳人不覺。韓擒虎將五百人自橫江宵濟采石⑥，守者皆醉，遂克之。晉王廣帥大軍屯六合鎮桃葉山。

注釋

①晡時乃寤（ㄨˋ）：黃昏時才醒。

②瀆：小溝渠。

③覘（ㄓㄢ）：窺視。

④內國：就是中國，指隋統治的北方。

⑤交代：辦理移交。

⑥宵：夜。

【原文】

丙寅，采石戍主徐子建馳啟告變；丁卯，召公卿入議軍旅①。戊辰，陳主下詔曰：「犬羊陵縱②，侵竊郊畿，蜂蠆有毒，宜時掃定。朕當親御六師，廓清八表③，內外並可戒嚴。」以驃騎將軍蕭摩訶、護軍將軍樊毅、中領軍魯廣達並為都督，司空司馬消難、湘州刺史施文慶並為大監軍，遣南豫州刺史樊猛帥舟師出白下，散騎常侍皋文奏將兵鎮南豫州。重立賞格④，僧、尼、道士，盡令執役。

庚午，賀若弼攻拔京口，執南徐州刺史黃恪。弼軍令嚴肅，秋毫不犯，有軍士於民間酤酒者，弼立斬之。所俘獲六千餘人，弼皆釋之，給糧

勞遣，付以敕書，令分道宣諭。於是所至風靡⑤。

注釋

①軍旅：指有關軍隊及作戰的事。

②陵縱：放縱。

③廓清：肅清。

④賞格：懸賞所定的報酬數目。

⑤風靡：這裡指聞風歸降。

【原文】

樊猛在建康，其子巡攝行南豫州事①。辛未，韓擒虎進攻姑孰②。半日，拔之，執巡及其家口。皋文奏敗還。江南父老素聞擒虎威信③，來謁軍門者晝夜不絕。

魯廣達之子世真在新蔡，與其弟世雄及所部降於擒虎，遣使致書招廣達。廣達時屯建康，自劾，詣廷尉請罪；陳主慰勞之，加賜黃金，遣還營。樊猛與左衛將軍蔣元遜將青龍八十艘於白下遊弈，以禦六合兵；陳主以猛妻子在隋軍，懼有異志，欲使鎮東大將軍任忠代之，令蕭摩訶徐諭猛④，猛不悅，陳主重傷其意而止⑤。

於是賀若弼自北道，韓擒虎自南道並進，緣江諸戍，望風盡走；弼分兵斷曲阿之衝而入⑥。陳主命司徒豫章王叔英屯朝堂，蕭摩訶屯樂遊苑，樊毅屯耆闍寺⑦，魯廣達屯白土岡，忠武將軍孔範屯寶田寺。己卯，任忠自吳興入赴，仍屯朱雀門。

注釋

①攝行：代行。

②姑孰：即姑熟，今安徽當塗縣。

③威信：聲威信譽。

④徐：緩慢。

⑤傷：傷害。

⑥曲阿：地名。衝：交通要道。

⑦耆闍（ㄑㄧˊ ㄕㄜˊ）寺：地名。

【原文】

　　辛未，賀若弼進據鍾山，頓白土岡之東①。晉王廣遣總管杜彥與韓擒虎合軍，步騎二萬屯於新林。蘄州總管王世積以舟師出九江，破陳將紀瑱於蘄口②，陳人大駭，降者相繼。晉王廣上狀，帝大悅，宴賜群臣。

　　時建康甲士尚十餘萬人，陳主素怯懦，不達軍士③，唯日夜啼泣，台內處分，一以委施文慶。文慶既知諸將疾己，恐其有功，乃奏曰：「此輩怏怏④，素不伏官⑤，迫此事機，那可專信！」由是諸將凡有啟請，率皆不行。

注釋

　　①頓：止宿，屯駐。
　　②紀瑱（ㄓㄣˋ）：人名。
　　③達：通曉，明白。士：同「事」。
　　④怏怏（一ㄤˋ）：因不滿而鬱鬱不樂。
　　⑤官：當時稱皇帝為官。

【原文】

　　賀若弼之攻京口也，蕭摩訶請將兵逆戰①，陳主不許。及弼至鍾山，摩訶又曰：「弼懸軍深入，壘塹未堅，出兵掩襲，可以必克。」又不許。陳主召摩訶、任忠於內殿議軍事，忠曰：「兵法：客貴速戰，主貴持重。今國家足兵足食，宜固守臺城，緣淮立柵，北軍雖來，勿與交戰；分兵斷江路，無令彼信得通。給臣精兵一萬，金翅三百艘，下江徑掩六合，彼大軍必謂其渡江將士已被俘獲，自然挫氣。淮南土人與臣舊相知悉②，今聞臣往，必皆景從③。臣復揚聲欲往徐州，斷彼歸路，則諸軍不擊自去。待春水既漲，上江周羅睺等眾軍必沿流赴援。此良策也。」陳主不能從。明日，欻然曰④：「兵久不決，令人腹煩，可呼蕭郎一出擊之。」任忠叩頭苦請勿戰。孔範又奏：「請作一決，當為官勒石燕然。」陳主從之，謂摩訶曰：「公可為我一決！」摩訶曰：「從來行陳，為國為身；今日之事，兼為妻子。」陳主多出金帛賦諸軍以充賞⑤。甲申，使魯廣達陳於白土岡，居諸軍之南，任忠次之，樊毅、孔範又次之，蕭摩訶軍最在北⑥。諸

軍南北互二十里，首尾進退不相知。

【原文】

賀若弼將輕騎登山，望見眾軍，因馳下，與所部七總管楊牙、員明等甲士凡八千，勒陳以待之。陳主通於蕭摩訶之妻，故摩訶初無戰意；唯魯廣達以其徒力戰①，與弼相當。隋師退走者數四，弼麾下死者二百七十三人，弼縱煙以自隱，窘而復振。陳兵得人頭，皆走獻陳主求賞，弼知其驕惰，更引兵趣孔範；範兵暫交即走，陳諸軍顧之，騎卒亂潰，不可復止，死者五千人。員明擒蕭摩訶，送於弼，弼命牽斬之。摩訶顏色自若，弼乃釋而禮之。

任忠馳入臺，見陳主言敗狀，曰：「官好住②，臣無所用力矣！」陳主與之金兩縢③，使募人出戰。忠曰：「陛下唯當具舟楫，就上流眾軍，臣以死奉衛④。」陳主信之，敕忠出部分⑤，令宮人裝束以待之⑥，怪其久不至。時韓擒虎自新林進軍，忠已帥數騎迎降於石子岡。領軍蔡徵守朱雀航，聞擒虎將至，眾懼而潰。忠引擒虎軍直入朱雀門，陳人欲戰，忠揮之曰：「老夫尚降，諸軍何事⑦！」眾皆散走。於是城內文武百司皆遁，唯尚書僕射袁憲在殿中，尚書令江總等數人居省中。陳主謂袁憲曰：「我從來接遇卿不勝餘人，今日但以追愧。非唯朕無德，亦是江東衣冠道盡。」

④奉衛：説明保衛。

⑤部分（ㄈㄣ）：部署，安排。

⑥裝束：整理行裝。

⑦事：從事，治事。引申為抵抗。

【原文】

陳主遑遽①，將避匿，憲正色曰：「北兵之入，必無所犯。大事如此，陛下去欲安之！臣願陛下正衣冠，御正殿②，依梁武帝見侯景故事。」陳主不從，下榻馳去，曰：「鋒刃之下，未可交當，吾自有計！」從宮人十餘出後堂景陽殿，將自投於井，憲苦諫不從；後閤舍人夏侯公韻以身蔽井③，陳主與爭，久之，乃得入。既而軍人窺井，呼之，不應，欲下石，乃聞叫聲；以繩引之，驚其太重，及出，乃與張貴妃、孔貴嬪同束而上。沈后居處如常。太子深年十五，閉閤而坐④，舍人孔伯魚侍側，軍士叩閤而入，深安坐，勞之曰：「戎旅在塗，不至勞也⑤！」軍士咸致敬焉。時陳人宗室王侯在建康者百餘人，陳主恐其為變，皆召入，令屯朝堂，使豫章王叔英總督之，又陰為之備，及臺城失守，相帥出降。

注釋

①遑遽（ㄏㄨㄤˊ ㄐㄩˋ）：同「惶遽」，驚懼慌張。

②御：迎迓。

③後閤舍人：宮內的事務官。

④閤：側門。

⑤勞：費，煩。

【原文】

賀若弼乘勝至樂遊苑，魯廣達猶督餘兵苦戰不息，所殺獲數百人，會日暮，乃解甲，面臺再拜慟哭，謂眾曰：「我身不能救國，負罪深矣！」士卒皆流涕歔欷①，遂就擒。諸門衛皆走，弼夜燒北掖門入，聞韓擒虎已得陳叔寶，呼視之，叔寶惶懼，流汗股栗，向弼再拜。弼謂之曰：「小國之君當大國之卿，拜乃禮也。入朝不失作歸命侯，無勞恐懼。」既而恥功在韓擒虎後，與擒虎相詬②，挺刃而出③；欲令蔡徵為叔寶作降箋，命乘騾

車歸己，事不果。弼置叔寶於德教殿，以兵衛守。

高勵先入建康，勵子德弘為晉王廣記室④，廣使德弘馳詣勵所，令留張麗華，勵曰：「昔太公蒙面以斬妲己，今豈可留麗華！」乃斬之於青溪。德弘還報，廣變色曰：「昔人云，『無德不報』，我必有以報高公矣！」由是恨勵。

上遣使以陳亡告許善心，善心衰服號哭於西階之下⑤，藉草東向坐三日，敕書唁焉⑥。明日，有詔就館，拜通直散騎常侍，賜衣一襲。善心哭盡哀，入房改服，復出，北面立，垂泣，再拜受詔，明日乃朝，伏泣於殿下，悲不能興。上顧左右曰：「我平陳國，唯獲此人。既能懷其舊君，即我之誠臣也。」敕以本官直門下省。

注释

①歔欷（ㄒㄩ ㄒㄧ）：同「欷歔」，歎氣，抽噎聲。
②詢（ㄍㄡˋ）：同「詬」，罵。
③挺：挺直。這裡指手持。
④記室：古代官名。東漢置，後世因之。掌章表書記文檄。
⑤衰（ㄘㄨㄟ）服：這裡指喪服。
⑥唁（ㄧㄢˋ）：慰問遭喪的人。

【原文】

陳水軍都督周羅睺與郢州刺史荀法尚守江夏①，秦王俊督三十總管水陸十餘萬屯漢口，不得進，相持逾月。陳荊州刺史陳慧紀遣南康內史呂忠肅屯岐亭，據巫峽，於北岸鑿岩，綴鐵鎖三條，橫截上流以遏隋船，忠肅竭其私財以充軍用。楊素、劉仁恩奮兵擊之，四十餘戰，忠肅守險力爭②，隋兵死者五千餘人，陳人盡取其鼻以求功賞。既而隋師屢捷，獲陳之士卒，三縱之。忠肅棄柵而遁，素徐去其鎖；忠肅復據荊門之延洲，素遣巴蜑千人③，乘五牙四艘，以拍竿碎其十餘艦，遂大破之，俘甲士二千餘人④，忠肅僅以身免。陳信州刺史顧覺屯安蜀城，棄城走。陳慧紀屯公安，悉燒其儲蓄，引兵東下，於是巴陵以東無復城守者。陳慧紀帥將士三萬人，樓船千餘艘，沿江而下，欲入援建康，為秦王俊所拒，不得前。是時，陳晉熙王叔文罷湘州，還，至巴州，慧紀推叔文為盟主。而叔文已帥

巴州刺史畢寶等致書請降於俊，俊遣使迎勞之。會建康平，晉王廣命陳叔寶手書招上江諸將，使樊毅詣周羅睺，陳慧紀子正業詣慧紀諭指。時諸城皆解甲，羅睺乃與諸將大臨三日⑤，放兵散，然後詣俊降，陳慧紀亦降，上江皆平。楊素下至漢口，與俊會。王世積在蘄口，聞陳已亡，移書告諭江南諸郡，於是江州司馬黃偲棄城走⑥，豫章諸郡太守皆詣世積降。

注釋

①周羅睺（ㄏㄡˊ）：人名。

②力爭：竭力獲得或達到。

③巴蜑（ㄉㄢˋ）：古代居住在巴中的少數民族。

④甲士：士兵；披甲執械的武士。

⑤臨：面對。引申為對陣；相持。

⑥黃偲（ㄙ）：人名。

【原文】

於是陳國皆平，得州三十，郡一百，縣四百。詔建康城邑宮室，並平蕩耕墾，更於石頭置蔣州。

晉王廣班師①，留王韶鎮石頭城，委以後事。三月，己巳，陳叔寶與其王公百司發建康，詣長安，大小在路，五百里累累不絕。帝命權分長安士民宅以俟之②，內外修整，遣使迎勞；陳人至者如歸。夏，四月，辛亥，帝幸驪山，親勞旋師。乙卯，諸軍凱入，獻俘於太廟，陳叔寶及諸王侯將相並乘輿服御、大文圖籍等以次行列，仍以鐵騎圍之，從晉王廣、秦王俊入，列於殿廷。拜廣為太尉，賜輅車、乘馬、袞冕之服、玄圭、白璧。丙辰，帝坐廣陽門觀，引陳叔寶於前，及太子、諸王二十八人，司空司馬消難以下至尚書郎凡二百餘人，帝使納言宣詔勞之③；次使內史令宣詔④，責以君臣不能相輔，乃至滅亡。叔寶及其群臣並愧懼伏地，屏息不能對。既而宥之⑤。

注釋

①班師：指軍隊出征歸來；還師。

②俟（ㄙˋ）：等待。

③納言：隋代官名。掌出納王命。

④內史令：官名。隋改中書省為內史省，其長官中書令改稱內史令。中書省總管國家政事。

⑤宥（ーヌˋ）：寬宥，赦罪。

【原文】

帝給賜陳叔寶甚厚，數得引見①，班同三品；每預宴，恐致傷心，為不奏吳音。後監守者奏言：「叔寶云：『既無秩位②，每預朝集③，願得一官號。』」帝曰：「叔寶全無心肝④！」監者又言：「叔寶常醉，罕有醒時。」帝問：「飲酒幾何？」對曰：「與其子弟日飲一石。」帝大驚，使節其酒，既而曰：「任其性；不爾，何以過日！」帝以陳氏子弟既多，恐其在京城為非，乃分置邊州，給田業使為生，歲時賜衣服以安全之。

注釋

①數得引見：幾次受到接見。

②秩位：指官職。秩，官吏的俸祿。

③預：參與，干預。

④心肝：良心。

晉陽起兵

題解

　　隋朝末年，各地起義軍風起雲湧，李淵與其諸子利用太原的有利情勢，內結豪傑，外連突厥，打著擁護隋朝統治的旗號，在太原聚結力量，然後起兵南下，為建立唐朝拉開序幕。本文節選自《資治通鑑》卷一八三、卷一八四，標題為編者所加。

【原文】

　　（隋恭帝）義寧元年（617）

　　（夏，四月）初，唐公李淵娶於神武肅公竇毅，生四男，建成、世民、玄霸、元吉；一女，適太子千牛備身臨汾柴紹①。

　　世民聰明勇決②，識量過人③，見隋室方亂，陰有安天下之志，傾身下士④，散財結客，咸得其歡心⑤。世民娶右驍衛將軍長孫晟之女⑥；右勳衛長孫順德，晟之族弟也，與右勳侍池陽劉弘基，皆避遼東之役，亡命在晉陽⑦，依淵，與世民善。左親衛竇琮，熾之孫也，亦亡命在太原，素與世民有隙，每以自疑；世民加意待之⑧，出入臥內，琮意乃安。

注釋

　①適：舊指女子出嫁。
　②勇決：勇敢而有判斷力。
　③識量過人：見識氣量超過常人。
　④傾身下士：有禮貌地對待比自己身份低的人。傾身，側身。
　⑤咸：都。
　⑥長孫晟（ㄕㄥˋ）：洛陽人。字季晟。終右驍衛將軍。
　⑦晉陽：地名。在今山西太原市南。
　⑧加意：更加用心思。

【原文】

晉陽宮監狐氏裴寂，晉陽令武功劉文靜，相與同宿。見城上烽火，寂歎曰：「貧賤如此，復逢亂離，將何以自存！」文靜笑曰：「時事可知，吾二人相得①，何憂貧賤！」文靜見李世民而異之，深自結納②，謂寂曰：「此非常人，豁達類漢高，神武同魏祖，年雖少，命世才也。」寂初未然之。

文靜坐與李密連昏③，繫太原獄④，世民就省之⑤。文靜曰：「天下大亂，非高、光之才⑥，不能定也。」世民曰：「安知其無，但人不識耳。我來相省，非兒女子之情，欲與君議大事也。計將安出？」文靜曰：「今主上南巡江、淮，李密圍逼東都，群盜殆以萬數。當此之際，有真主驅駕而用之，取天下如反掌耳。太原百姓皆避盜入城，文靜為令數年，知其豪傑，一旦收拾，可得十萬人，尊公所將之兵復且數萬，一言出口，誰敢不從！以此乘虛入關，號令天下，不過半年，帝業成矣。」世民笑曰：「君言正合吾意。」乃陰部署賓客，淵不之知也。世民恐淵不從，猶豫久之，不敢言。

注釋

①相得：彼此相處得很好。

②結納：結交。

③坐：獲罪。李密：為當時農民起義軍瓦崗軍的首領。連昏：指因為婚姻而有的姻親關係。昏，通「婚」，結婚。

④繫：拘禁。

⑤省（ㄒㄧㄥˇ）：探望，問候。

⑥高、光：指漢高祖劉邦和漢光武帝劉秀。

【原文】

淵與裴寂有舊，每相與宴語，或連日夜。文靜欲因寂關說①，乃引寂與世民交。世民出私錢數百萬，使龍山令高斌廉與寂博，稍以輸之，寂大喜，由是日從世民遊，情款益狎②。世民乃以其謀告之，寂許諾。

會突厥寇馬邑，淵遣高君雅將兵與馬邑太守王仁恭並力拒之③；仁

恭、君雅戰不利，淵恐並獲罪，甚憂之。世民乘間屏人說淵曰④：「今主上無道，百姓困窮，晉陽城外皆為戰場。大人若守小節⑤，下有寇盜，上有嚴刑，危亡無日。不若順民心，興義兵，轉禍為福，此天授之時也。」淵大驚曰：「汝安得為此言，吾今執汝以告縣官！」因取紙筆，欲為表。世民徐曰⑥：「世民觀天時人事如此，故敢發言；必欲執告，不敢辭死！」淵曰：「吾豈忍告汝，汝慎勿出口！」明日，世民復說淵曰：「今盜賊日繁，遍於天下，大人受詔討賊，賊可盡乎？要之⑦，終不免罪。且世人皆傳李氏當應圖讖⑧，故李金才無罪，一朝族滅。大人設能盡賊，則功高不賞，身益危矣！唯昨日之言，可以救禍，此萬全之策也，願大人勿疑！」淵乃歎曰：「吾一夕思汝言，亦大有理。今日破家亡軀亦由汝，化家為國亦由汝矣！」

注釋

①關説：指通關節，説人情。

②情款益狎：感情越來越真誠親近。

③馬邑：地名。今屬山西朔州市。

④屏人：使人退避。

⑤大人：對長輩的敬稱。

⑥徐：緩慢。

⑦要之：要，若要；假如。之，代上句。

⑧圖讖（ㄔㄣˋ）：宣揚預言、隱語等迷信內容的書籍。

【原文】

先是，裴寂私以晉陽宮人侍淵①，淵從寂飲，酒酣，寂從容言曰：「二郎陰養士馬，欲舉大事，正為寂以宮人侍公，恐事覺並誅，為此急計耳。眾情已協②，公意如何？」淵曰：「吾兒誠有此謀，事已如此，當復奈何，正須從之耳。」

帝以淵與王仁恭不能禦寇，遣使者執詣江都。淵大懼。世民與寂等復說淵曰：「今主昏國亂，盡忠無益。偏裨失律，而罪及明公③。事已迫矣，宜早定計。且晉陽士馬精強，宮監蓄積巨萬，以茲舉事，何患無成！代王幼沖，關中豪傑並起，未知所附，公若鼓行而西④，撫而有之，如

探囊中之物耳。奈何受單使之囚⑤，坐取夷滅乎！」淵然之，密部勒，將發；會帝繼遣使者馳驛赦淵及仁恭，使復舊任，淵謀亦緩。

【注釋】

①宮人：嬪妃、宮女的通稱。

②情：情況，態度。協：一致。

③明公：古時對有名位者的尊稱。此處指李淵。

④鼓行：敲著鼓走。古代軍隊出戰時要擂鼓和吶喊，以壯大聲勢，所以鼓行是指軍隊出戰。

⑤單使之囚：聽一個使臣的命令（即跟隨皇帝派來的使者去江都）而成為囚犯。

【原文】

淵之為河東討捕使也，請大理司直夏侯端為副。端，詳之孫也，善占候及相人①，謂淵曰：「今玉床搖動，帝座不安，參墟得歲，必有真人起於其分，非公而誰乎！主上猜忍②，尤忌諸李，金才既死，公不思變通，必為之次矣③。」淵心然之。乃留守晉陽，鷹揚府司馬太原許世緒說淵曰：「公姓在圖錄④，名應歌謠；握五郡之兵，當四戰之地，舉事則帝業可成，端居則亡不旋踵；唯公圖之。」行軍司鎧文水武士彠、前太子左勳衛唐憲、憲弟儉皆勸淵舉兵。儉說淵曰：「明公北招戎狄，南收豪傑，以取天下，此湯、武之舉也。」淵曰：「湯、武非所敢擬，在私則圖存，在公則拯亂。卿姑自重，吾將思之。」憲，邕之孫也。時建成、元吉尚在河東⑤，故淵遷延未發⑥。

【注釋】

①占候：根據天象的變化來預測吉凶。

②猜忍：猜忌狠心。

③次：第二位的。

④圖錄：圖讖。是巫師或方士製作的一種隱語或預言，作為吉凶的符驗或徵兆。

⑤河東：指今山西省境內黃河以東的地區。隋置河東郡，治所在河東縣

（今山西永濟市）。

　　⑥遷延：拖延。

【原文】

　　劉文靜謂裴寂曰：「先發制人，後發制於人。何不早勸唐公舉兵，而推遷不已！且公為宮監，而以宮人侍客，公死可爾，何誤唐公也！」寂甚懼，屢趣淵起兵。淵乃使文靜詐為敕書①，發太原、西河、雁門、馬邑民年二十已上五十已下悉為兵，期歲暮集涿郡，擊高麗。由是人情恟恟②，思亂者益眾。

　　及劉武周據汾陽宮③，世民言於淵曰：「大人為留守，而盜賊竊據離宮，不早建大計，禍今至矣！」淵乃集將佐謂之曰：「武周據汾陽宮，吾輩不能制，罪當族滅，若之何？」王威等皆懼，再拜請計。淵曰：「朝廷用兵，動止皆稟節度。今賊在數百里內，江都在三千里外，加以道路險要，復有他賊據之；以嬰城膠柱之兵，當巨猾豕突之勢④，必不全矣。進退維谷⑤，何為而可？」威等皆曰：「公地兼親賢，同國休戚，若俟奏報，豈及事機；要在平賊，專之可也。」淵陽若不得已而從之者⑥，曰：「然則先當集兵。」乃命世民與劉文靜、長孫順德、劉弘基等各募兵，遠近赴集，旬日間近萬人，仍密遣使召建成、元吉於河東，柴紹於長安。

注釋

　　①敕書：皇帝寫給大臣僚屬表示慰問或訓誡的文字。

　　②恟恟（ㄒㄩㄥ）：恐懼，驚駭。

　　③汾陽宮：隋煬帝的行宮，故址在今山西寧武縣西管涔山上。

　　④「以嬰城膠柱之兵」句：用嬰城死板的兵來抵擋成群的，狡猾的，且像豬一樣亂竄亂闖的敵人。

　　⑤進退維谷：形容進退兩難。維，助詞。谷，比喻困難的境地。

　　⑥陽：表面上。

【原文】

　　王威、高君雅見兵大集，疑淵有異志，謂武士彠曰：「順德、弘基皆背征三侍①，所犯當死，安得將兵！」欲收按之。士彠曰：「二人皆唐

公客，若爾，必大致紛紜[②]。」威等乃止。留守司兵田德平欲勸威等按募人之狀，士彠曰：「討捕之兵，悉隸唐公，威、君雅但寄坐耳[③]，彼何能為！」德平亦止。

晉陽鄉長劉世龍密告淵云：「威、君雅欲因晉祠祈雨，為不利。」五月，癸亥夜，淵使世民伏兵於晉陽宮城之外。甲子旦，淵與威、君雅共坐視事，使劉文靜引開陽府司馬胙城劉政會入立庭中，稱有密狀。淵目威等取狀視之，政會不與，曰：「所告乃副留守事，唯唐公得視之。」淵陽驚曰：「豈有是邪！」視其狀，乃云：「威、君雅潛引突厥入寇。」君雅攘袂大詬曰[④]：「此乃反者欲殺我耳！」時世民已布兵塞衢路[⑤]，文靜因與劉弘基、長孫順德等共執威、君雅繫獄。丙寅，突厥數萬眾寇晉陽，輕騎入外郭北門，出其東門。淵命裴寂等勒兵為備，而悉開諸城門，突厥不能測，莫敢進。眾以為威、君雅實召之也，淵於是斬威、君雅以徇。淵部將王康達將千餘人出戰，皆死，城中恟懼[⑥]。淵夜遣軍潛出城，旦則張旗鳴鼓自他道來，如援軍者；突厥終疑之，留城外二日，大掠而去。

注釋

①背征：避役亡命。

②紛紜：麻煩。

③寄坐：謂居客位。比喻地位不穩且無實權。

④攘袂大詬：挽起袖子大罵。

⑤衢路：大路。

⑥恟懼：騷動害怕。

【原文】

六月，己卯，李建成等至晉陽。

劉文靜勸李淵與突厥相結[①]，資其士馬以益兵勢。淵從之，自為手啟[②]，卑辭厚禮，遺始畢可汗云[③]：「欲大舉義兵，遠迎主上，復與突厥和親，如開皇之時。若能與我俱南，願勿侵暴百姓；若但和親，坐受寶貨，亦唯可汗所擇。」始畢得啟，謂其大臣曰：「隋主為人，我所知也。若迎以來，必害唐公而擊我無疑矣。苟唐公自為天子，我當不避盛暑，以兵馬助之。」即命以此意為復書。使者七日而返，將佐皆喜，請從突厥

之言，淵不可。裴寂、劉文靜等皆曰：「今義兵雖集而戎馬殊乏④，胡兵非所須，而馬不可失；若復稽回⑤，恐其有悔。」淵曰：「諸君宜更思其次。」寂等乃請尊天子為太上皇，立代王為帝，以安隋室；移檄郡縣；改易旗幟，雜用絳白，以示突厥。淵曰：「此可謂『掩耳盜鐘』，然逼於時事，不得不爾。」乃許之，遣使以此議告突厥。

注釋

①結：結交，勾結。

②手啟：親筆寫的信。

③遺（ㄨㄟˋ）：贈予。

④殊乏：十分疲乏。殊，很；極。

⑤復稽回：回信延遲。復，回復。稽，延遲。

【原文】

西河郡不從淵命①，甲申，淵使建成、世民將兵擊西河；命太原令太原溫大有與之偕行，曰：「吾兒年少，以卿參謀軍事；事之成敗，當以此行卜之。」時軍士新集，咸未閱習，建成、世民與之同甘苦，遇敵則以身先之。近道菜果，非買不食，軍士有竊之者，輒求其主償之，亦不詰竊者②，軍士及民皆感悅。至西河城下，民有欲入城者，皆聽其入。郡丞高德儒閉城拒守，己丑，攻拔之。執德儒至軍門，世民數之曰：「汝指野鳥為鸞③，以欺人主，取高官，吾興義兵，正為誅佞人耳④！」遂斬之。自餘不戮一人，秋毫無犯，各尉撫使復業⑤，遠近聞之大悅。建成等引兵還晉陽，往返凡九日。淵喜曰：「以此行兵，雖橫行天下可也。」遂定入關之計。

注釋

①西河郡：治今山西汾陽市。

②詰：查究。

③鸞：傳說中鳳凰一類的神鳥。

④佞（ㄋㄧㄥˋ）人：善於巧言逢迎、阿諛奉承的人。

⑤尉：同「慰」。

【原文】

　　淵開倉以賑貧民①，應募者日益多。淵命為三軍，分左右，通謂之義
士。裴寂等上淵號為大將軍，癸巳，建大將軍府；以寂為長史，劉文靜為
司馬，唐儉及前長安尉溫大雅為記室，大雅仍與弟大有共掌機密，武士彠
為鎧曹②，劉政會及武城崔善為、太原張道源為戶曹，晉陽長上邽姜謩為
司功參軍，太谷長殷開山為府掾，長孫順德、劉弘基、竇琮及鷹揚郎將高
平王長諧、天水姜寶誼、陽屯為左、右統軍；自餘文武，隨才授任。又以
世子建成為隴西公，左領軍大都督，左三統軍隸焉；世民為敦煌公，右領
軍大都督，右三統軍隸焉；各置官屬。以柴紹為右領軍府長史；諮議譙人
劉贍領西河通守③。道源名河，開山名嶠，皆以字行。

注釋

　　①賑：救濟。
　　②鎧曹：掌管軍備的官。鎧，古代打仗時用以護身的鐵甲。曹，古代分
職治事的官屬或部門。
　　③領：管領，統屬。

【原文】

　　（秋，七月）壬子，李淵以子元吉為太原太守，留守晉陽宮，後事悉
委之。癸丑，淵帥甲士三萬發晉陽，立軍門誓眾①，並移檄郡縣，諭以尊
立代王之意；西突厥阿史那大奈亦帥其眾以從。甲寅，遣通議大夫張綸將
兵徇稽胡。丙辰，淵至西河，慰勞吏民，賑瞻窮乏；民年七十已上，皆除
散官②，其餘豪俊，隨才授任，口詢功能，手註官秩，一日除千餘人；受
官皆不取告身③，各分淵所書官名而去。淵入雀鼠谷；壬戌，軍賈胡堡，
去霍邑五十餘里④。代王侑遣虎牙郎將宋老生帥精兵二萬屯霍邑，左武侯
大將軍屈突通將驍果數萬屯河東以拒淵。會積雨，淵不得進，遣府佐沈叔
安等將羸兵還太原，更運一月糧。乙丑，張綸克離石，殺太守楊子崇。

注釋

　　①立軍門誓眾：站在營門向將士宣示作戰意義、鼓勵將士殺敵、爭取勝

利。軍門，營門。誓，古代告誡將士的言辭。

　　②除：任命。散官：古代表示官員等級的稱號，與職事官表示所任職務的稱號相對而言。

　　③告身：古代授官的憑信，類似後世的任命狀。

　　④霍邑：地名。今山西霍州市。

【原文】

　　劉文靜至突厥，見始畢可汗，請兵，且與之約曰：「若入長安，民眾土地入唐公，金玉繒帛歸突厥。」始畢大喜，丙寅，遣其大臣級失特勒先至淵軍，告以兵已上道。

　　淵以書招李密。密自恃兵強，欲為盟主，己巳，使祖君彥復書曰：「與兄派流雖異，根系本同。自唯虛薄，為四海英雄共推盟主。所望左提右挈①，戮力同心，執子嬰於咸陽②，殪商辛於牧野③，豈不盛哉！」且欲使淵以步騎數千自至河內，面結盟約。淵得書，笑曰：「密妄自矜大，非折簡可致。吾方有事關中，若遽絕之，乃是更生一敵；不如卑辭推獎以驕其志，使為我塞成皋之道，綴東都之兵，我得專意西征。俟關中平定，據險養威，徐觀鷸蚌之勢，以收漁人之功，未為晚也。」乃使溫大雅復書曰：「吾雖庸劣，幸承餘緒，出為八使，入典六屯，顛而不扶，通賢所責。所以大會義兵，和親北狄，共匡天下，志在尊隋。天生烝民，必有司牧④。當今為牧，非子而誰！老夫年逾知命，願不及此。欣戴大弟，攀鱗附翼，唯弟早膺圖籙，以寧兆民！宗盟之長，屬籍見容，復封於唐，斯榮足矣。殪商辛於牧野，所不忍言；執子嬰於咸陽，未敢聞命。汾晉左右，尚須安輯⑤；盟津之會，未暇卜期。」密得書甚喜，以示將佐曰：「唐公見推，天下不足定矣！」自是信使往來不絕。

【注釋】

　　①左提右挈：相互扶持提攜。

　　②「執子嬰」句：秦末劉邦率義軍入關，秦王子嬰向義軍投降，從而宣告了秦王朝的滅亡。這句話的意思是要攻克長安，讓代王投降。

　　③殪商辛於牧野：商末帝乙、帝辛（紂王）都朝歌，周武王與反商諸侯會師，渡孟津，大敗商於此。殪（一ˋ），殺死。

④天生烝民，必有司牧：上天使百姓存活，必然有掌管他們的人。

⑤安輯：同「安撫」，加以安置，給以撫恤。

【原文】

　　雨久不止，淵軍中糧乏；劉文靜未返，或傳突厥與劉武周乘虛襲晉陽；淵召將佐謀北還①。裴寂等皆曰：「宋老生、屈突通連兵據險，未易猝下。李密雖云連和，奸謀難測。突厥貪而無信，唯利是視。武周，事胡者也。太原一方都會，且義兵家屬在焉，不如還救根本，更圖後舉。」李世民曰：「今禾菽被野②，何憂乏糧！老生輕躁，一戰可擒。李密顧戀倉粟，未遑遠略③。武周與突厥外雖相附，內實相猜。武周雖遠利太原，豈可近忘馬邑！本興大義，奮不顧身以救蒼生，當先入咸陽，號令天下。今遇小敵，遽已班師④，恐從義之徒一朝解體，還守太原一城之地為賊耳，何以自全！」李建成亦以為然。淵不聽，促令引發。世民將復入諫，會日暮，淵已寢；世民不得入，號哭於外，聲聞帳中。淵召問之，世民曰：「今兵以義動，進戰則克，退還則散；眾散於前，敵乘於後，死亡無日，何得不悲！」淵乃悟曰：「軍已發，奈何？」世民曰：「右軍嚴而未發⑤；左軍雖去，計亦未遠，請自追之。」淵笑曰：「吾之成敗皆在爾，知復何言，唯爾所為。」世民乃與建成分道夜追左軍復還。丙子，太原運糧亦至。

注釋

　　①謀：商量。

　　②被：覆蓋。

　　③未遑（ㄏㄨㄤˊ）：沒有來得及。遑，閒暇；空閒。

　　④遽已：迅速急忙地。

　　⑤嚴：整飭。

【原文】

　　八月，己卯，雨霽①。庚辰，李淵命軍中曝鎧仗行裝。辛巳旦，東南由山足細道趣霍邑。淵恐宋老生不出，李建成、李世民曰：「老生勇而無謀，以輕騎挑之，理無不出；脫其固守，則誣以貳於我。彼恐為左右所奏

②，安敢不出！」淵曰：「汝測之善，老生不能逆戰賈胡，吾知其無能為也！」淵與數百騎先至霍邑城東數里以待步兵，使建成、世民將數十騎至城下，舉鞭指麾，若將圍城之狀，且詬之③。老生怒，引兵三萬自東門、南門分道而出，淵使殷開山趣召後軍。後軍至，淵欲使軍士先食而戰，世民曰：「時不可失。」淵乃與建成陳於城東，世民陳於城南。淵、建成戰小卻，世民與軍頭臨淄段志玄自南原引兵馳下，衝老生陳，出其背，世民手殺數十人，兩刀皆缺，流血滿袖，灑之復戰。淵兵復振，因傳呼曰：「已獲老生矣！」老生兵大敗，淵兵先趣其門，門閉，老生下馬投塹④，劉弘基就斬之，僵屍數里。日已暮，淵即命登城，時無攻具，將士肉薄而登⑤，遂克之。

注釋

①霽（ㄐㄧˋ）：雨、雪停止，天氣放晴。
②左右：近侍，近臣。
③詬：罵。
④塹：壕溝，護城河。
⑤肉薄：這裡指人踩著人。薄，接近。

【原文】

淵賞霍邑之功，軍吏疑奴應募者不得與良人同①，淵曰：「矢石之間，不辨貴賤；論勳之際，何有等差，宜並從本勳授。」壬午，淵引見霍邑吏民，勞賞如西河，選其丁壯使從軍；關中軍士欲歸者，並授五品散官，遣歸。或諫以官太濫，淵曰：「隋氏吝惜勳賞，此所以失人心也，奈何效之②！且收眾以官，不勝於用兵乎！」

丙戌，淵入臨汾郡，慰撫如霍邑。庚寅，宿鼓山。絳郡通守陳叔達拒守；辛卯，進攻，克之。叔達，陳高宗之子，有才學，淵禮而用之。

癸巳，淵至龍門，劉文靜、康鞘利以突厥兵五百人、馬二千匹來至。淵喜其來緩，謂文靜曰：「吾西行及河，突厥始至，兵少馬多，皆君將命之功也③。」

汾陽薛大鼎說淵：「請勿攻河東，自龍門直濟河，據永豐倉，傳檄遠近，關中可坐取也④。」淵將從之。諸將請先攻河東，乃以大鼎為大將軍

府察非掾。

【注釋】

①良人：這裡指身家清白的人。

②奈何：怎麼。

③將命：奉命。

④坐：自然而然。這裡指不用費事。

【原文】

河東縣戶曹任瓌說淵曰①：「關中豪傑皆企踵以待義兵②。瓌在馮翊積年③，知其豪傑，請往諭之，必從風而靡。義師自梁山濟河，指韓城，逼郃陽④。蕭造文吏，必望塵請服。孫華之徒，皆當遠迎，然後鼓行而進，直據永豐。雖未得長安，關中固已定矣。」淵悅，以瓌為銀青光祿大夫。

時關中群盜，孫華最強。丙申，淵至汾陰，以書招之。己亥，淵進軍壺口，河濱之民獻舟者日以百數⑤，仍置水軍。壬寅，孫華自郃陽輕騎渡河見淵。淵握手與坐，慰獎之，以華為左光祿大夫、武鄉縣公，領馮翊太守，其徒有功者，委華以次授官，賞賜甚厚。使之先濟⑥；繼遣左右統軍王長諧、劉弘基及左領軍長史陳演壽、金紫光祿大夫史大奈將步騎六千自梁山濟⑦，營於河西以待大軍。以任瓌為招慰大使，瓌說韓城，下之。淵謂長諧曰：「屈突通精兵不少，相去五十餘里，不敢來戰，足明其眾不為之用。然通畏罪，不敢不出。若自濟河擊卿等，則我進攻河東，必不能守；若全軍守城，則卿等絕其河梁：前扼其喉，後拊其背，彼不走必為擒矣。」

【注釋】

①任瓌（ㄍㄨㄟ）：人名。

②企踵：踮起腳後跟。

③積年：多年。

④郃（ㄏㄜˊ）陽：縣名。古代莘國之地，戰國時屬魏國。秦代設合陽縣，漢代改為郃陽縣，以地處郃水之陽而名。1964年改為合陽縣，屬陝西省。

⑤濱：水邊。

⑥濟：渡。

⑦史大柰（ㄋㄞˋ）：人名。

【原文】

驍果從煬帝在江都者多逃去①，帝患之，以問裴矩，對曰：「人情非有匹偶，難以久處，請聽軍士於此納室。」帝從之。九月，悉召江都境內寡婦、處女集宮下，恣將士所取；或先與奸者聽自首，即以配之。

將佐復推淵領太尉，增置官屬，淵從之。時河東未下，三輔豪傑至者日以千數②。淵欲引兵西趣長安，猶豫未決。裴寂曰：「屈突通擁大眾，憑堅城，吾舍之而去，若進攻長安不克，退為河東所踵③，腹背受敵，此危道也。不若先克河東，然後西上。長安恃通為援，通敗，長安必破矣。」李世民曰：「不然。兵貴神速，吾席累勝之威④，撫歸順之眾，鼓行而西，長安之人望風震駭，智不及謀，勇不及斷，取之若振槁葉耳。若淹留自弊於堅城之下，彼得成謀修備以待我，坐費日月，眾心離沮⑤，則大事去矣。且關中蜂起之將，未有所屬，不可不早招懷也。屈突通自守虜耳，不足為慮。」淵兩從之，留諸將圍河東，自引軍而西。

注釋

①驍果：勇猛敢死之士。《隋書‧煬帝紀》：「（大業）九年春正月丁丑，征天下兵，募民為驍果，集於涿郡。」

②三輔：西漢時於京畿之地所設京兆尹、左馮翊、右扶風的合稱，相當於今陝西關中地區。後世政區變更，但習慣上仍稱其地為三輔。

③踵：追蹤。

④席累勝之威：憑藉屢次勝利的威風。席，憑藉，依仗。累，屢次。

⑤離沮：背離喪氣。

【原文】

庚申，李淵帥諸軍濟河；甲子，至朝邑，舍於長春宮，關中士民歸之者如市。丙寅，淵遣世子建成、司馬劉文靜帥王長諧等諸軍數萬人屯永豐倉，守潼關以備東方兵，慰撫使竇軌等受其節度；敦煌公世民帥劉弘基等諸軍數萬人徇渭北，慰撫使殷開山等受其節度。軌，琮之兄也。

　　柴紹之自長安赴太原也，謂其妻李氏曰：「尊公舉兵，今偕行則不可，留此則及禍，奈何？」李氏曰：「君弟速行①，我一婦人，易以潛匿②，當自為計。」紹遂行。李氏歸鄠縣別墅③，散家貲，聚徒眾。淵從弟神通在長安，亡入鄠縣山中，與長安大俠史萬寶等起兵以應淵。西域商胡何潘仁入司竹園為盜，有眾數萬，劫前尚書右丞李綱為長史，李氏使其奴馬三寶說潘仁與之就神通，合勢攻鄠縣，下之。神通眾逾一萬，自稱關中道行軍總管，以前樂城長令狐德棻為記室。德棻，熙之子也。李氏又使馬三寶說群盜李仲文、向善志、丘師利等，皆帥眾從之。仲文，密之從父；師利，和之子也。西京留守屢遣兵討潘仁等，皆為所敗。李氏徇盩厔、武功、始平④，皆下之，眾至七萬。左親衛段綸，文振之子也，娶淵女，亦聚徒於藍田，得萬餘人。及淵濟河，神通、李氏、綸各遣使迎淵。淵以神通為光祿大夫，子道彥為朝請大夫，綸為金紫光祿大夫；使柴紹將數百騎並南山迎李氏。何潘仁、李仲文、向善志及關中群盜，皆請降於淵，淵一一以書慰勞授官，使各居其所，受敦煌公世民節度⑤。

注釋

　　①弟：與「第」同，只管。

　　②潛：暗中，偷偷地。

　　③鄠（ㄏㄨˋ）縣：縣名。在今陝西省中部。漢初置縣，歷代因之。1964年改名為戶縣。

　　④盩厔（ㄓㄡ ㄓˋ）：古縣名。漢武帝時置。山曲曰盩，水曲曰厔，因山水曲折而得名。今作「周至」。屬陝西。

　　⑤節度：統領，管轄。

【原文】

　　刑部尚書領京兆內史衛文昇年老，聞淵兵向長安，憂懼成疾，不復預事①，獨左翊衛將軍陰世師、京兆郡丞骨儀奉代王侑乘城拒守②。己巳，淵如蒲津；庚午，自臨晉濟渭，至永豐勞軍，開倉賑飢民。辛未，還長春宮；壬申，進屯馮翊。世民所至，吏民及群盜歸之如流。世民收其豪俊以備僚屬③，營於涇陽，勝兵九萬。李氏將精兵萬餘會世民於渭北，與柴紹各置幕府④，號「娘子軍」。

先是，平涼奴賊數萬圍扶風太守竇璡⑤，數月不下，賊中食盡。丘師利遣其弟行恭帥五百人負米麥持牛酒詣奴賊營，奴帥長揖，行恭手斬之，謂其眾曰：「汝輩皆良人，何故事奴為主，使天下謂之奴賊！」眾皆俯伏曰：「願改事公。」行恭即帥其眾與師利共謁世民於渭北，世民以為光祿大夫。璡，琮之從子也。隰城尉房玄齡謁世民於軍門，世民一見如舊識，署記室參軍，引為謀主。玄齡亦自以為遇知己，罄竭心力，知無不為。

注釋

①不復預事：不再參與事情。

②乘：登。

③豪俊：豪傑和俊彥。泛指英雄豪傑。僚屬：舊指在同一官署任事的下屬官吏。

④幕府：軍隊出征，施用帳幕，所以古代將軍的府署稱「幕府」。

⑤竇璡（ㄐㄧㄣˋ）：人名。

【原文】

淵命劉弘基、殷開山分兵西略扶風，有眾六萬，南渡渭水，屯長安故城。城中出戰，弘基逆擊，破之。世民引兵趣司竹，李仲文、何潘仁、向善志皆帥眾從之，頓于阿城，勝兵十三萬，軍令嚴整，秋毫不犯。乙亥，世民自盩厔遣使白淵，請期日赴長安①。淵曰：「屈突東行不能復西，不足虞矣②！」乃命建成選倉上精兵自新豐趣長樂宮，世民帥新附諸軍北屯長安故城，至並聽教。延安、上郡、雕陰皆請降於淵。丙子，淵引軍西行，所過離宮園苑皆罷之，出宮女還其親屬。冬，十月，辛巳，淵至長安，營於春明門之西北，諸軍皆集，合二十餘萬。淵命各依壁壘，毋得入村落侵暴③。屢遣使至城下諭衛文昇等以欲尊隋之意，不報④。辛卯，命諸軍進圍城。甲午，淵遷館於安興坊。

注釋

①期日：約定日期。

②虞：擔心。

③侵暴：欺凌。

④報：答覆。

【原文】

（冬，十月）甲辰，李淵命諸軍攻城，約「毋得犯七廟及代王、宗室①，違者夷三族！」孫華中流矢卒。十一月，丙辰，軍頭雷永吉先登，遂克長安。代王在東宮，左右奔散，唯侍讀姚思廉侍側。軍士將登殿，思廉厲聲訶之曰②：「唐公舉義兵，匡帝室③，卿等毋得無禮！」眾皆愕然，布立庭下。淵迎王於東宮，遷居大興殿後，聽思廉扶王至順陽閣下，泣拜而去。思廉，察之子也。淵還，舍於長樂宮，與民約法十二條，悉除隋苛禁。

淵之起兵也，留守官發其墳墓，毀其五廟。至是，衛文昇已卒，戊午，執陰世師、骨儀等，數以貪婪苛酷，且拒義師，俱斬之，死者十餘人，餘無所問。

馬邑郡丞三原李靖，素與淵有隙，淵入城，將斬之。靖大呼曰：「公興義兵，欲平暴亂，乃以私怨殺壯士乎！」世民為之固請④，乃捨之。世民因召置幕府。靖少負志氣，有文武才略，其舅韓擒虎每撫之曰：「可與言將帥之略者⑤，獨此子耳！」

注釋

①七廟：《禮記‧王制》：「天子七廟，三昭三穆，與太祖之廟而七。」按以太祖廟居中，左右三昭三穆，共為「七廟」。

②厲聲訶之：用嚴厲的聲音大聲責備他們。訶，同「呵」，大聲責備。

③匡：幫助，救助。

④固請：這裡是說李世民堅持請求李淵寬恕李靖。固，堅持。

⑤略：謀劃。

【原文】

壬戌，李淵備法駕迎代王即皇帝位於天興殿①，時年十三，大赦，改元，遙尊煬帝為太上皇。甲子，淵自長樂宮入長安。以淵為假黃鉞、使持節、大都督內外諸軍事、尚書令、大丞相，進封唐王。以武德殿為丞相府，改教稱令，日於虔化門視事。乙丑，榆林、靈武、平涼、安定諸郡皆

遣使請命。丙寅，詔軍國機務，事無大小，文武設官，位無貴賤，憲章賞罰②，咸歸相府；唯郊祀天地，四時禘祫奏聞③。置丞相府官屬，以裴寂為長史，劉文靜為司馬。何潘仁使李綱入見，淵留之，以為丞相府司錄，專掌選事。又以前考功郎中竇威為司錄參軍，使定禮儀。威，熾之子也。淵傾府庫以賜勳人，國用不足，右光祿大夫劉世龍獻策，以為「今義師數萬，並在京師，樵蘇貴而布帛賤④；請伐六街及苑中樹為樵，以易布帛，可得數十萬匹。」淵從之。己巳，以李建成為唐世子，李世民為京兆尹、秦公，李元吉為齊公。

注釋

①法駕：天子的車駕。

②憲章：典章制度。

③禘祫（ㄉㄧˋ　ㄐㄧㄚˊ）：禘，古代帝王諸侯的祭祀活動。祫，古時在太廟中合祭祖先。

④樵蘇：樵，木柴。蘇，草。

玄武門之變

題解

　　唐初，高祖次子李世民為與長子李建成爭奪皇位繼承權，於西元626年率尉遲恭等人伏兵玄武門，殺死李建成、李元吉，擊敗二人的衛隊，並殺死二人諸子，最終獲勝。之後高祖立李世民為太子，又在兩個月以後傳位於他，並自稱「太上皇」。本文節選自《資治通鑒》卷一九一，標題為編者所加。

【原文】

　　（唐高祖）武德七年（624）

　　（六月）初，齊王元吉勸太子建成除秦王世民，曰：「當為兄手刃之！」世民從上幸元吉第①，元吉伏護軍宇文寶於寢內，欲刺世民；建成性頗仁厚，遽止之②。元吉慍曰③：「為兄計耳，於我何有！」

　　建成擅募長安及四方驍勇二千餘人為東宮衛士，分屯左、右長林，號長林兵。又密使右虞候率可達志從燕王李藝發幽州突騎三百，置宮東諸坊，欲以補東宮長上，為人所告。上召建成責之，流可達志於巂州④。

　　楊文幹嘗宿衛東宮，建成與之親厚，私使募壯士送長安。上將幸仁智宮，命建成居守，世民、元吉皆從。建成使元吉就圖世民，曰：「安危之計，決在今歲！」又使郎將爾朱煥、校尉橋公山以甲遺文幹。二人至豳州，上變，告太子使文幹舉兵，使表裡相應；又有寧州人杜鳳舉亦詣宮言狀。上怒，托他事，手詔召建成，令詣行在⑤。建成懼，不敢赴。太子舍人徐師謩勸之據城舉兵；詹事主簿趙弘智勸之貶損車服，屏從者⑥，詣上謝罪，建成乃詣仁智宮。未至六十里，悉留其官屬於毛鴻賓堡，以十餘騎往見上，叩頭謝罪，奮身自擲，幾至於絕。上怒不解，是夜，置之幕下，飼以麥飯，使殿中監陳福防守，遣司農卿宇文穎馳召文幹。穎至慶州，以情告之，文幹遂舉兵反。上遣左武衛將軍錢九隴與靈州都督楊師道擊之。

　　甲子，上召秦王世民謀之，世民曰：「文幹豎子，敢為狂逆，計府僚已應擒戮；若不爾⑦，正應遣一將討之耳。」上曰：「不然。文幹事連

建成，恐應之者眾。汝宜自行，還，立汝為太子。吾不能效隋文帝自誅其子，當封建成為蜀王。蜀兵脆弱，他日苟能事汝，汝宜全之；不能事汝，汝取之易耳！」

世民既行，元吉與妃嬪更迭為建成請，封德彝復為之營解於外，上意遂變，復遣建成還京師居守。惟責以兄弟不睦，歸罪於太子中允王珪、左衛率韋挺、天策兵曹參軍杜淹，並流於巂州。挺，沖之子也。初，洛陽既平，杜淹久不得調，欲求事建成。房玄齡以淹多狡數，恐其教導建成，益為世民不利，乃言於世民，引入天策府。

注釋

①幸：帝王駕臨。
②遽：急，驟然。
③慍：含怒，怨恨。
④巂（ㄒ一）州：治今四川西昌市。
⑤行在：皇帝所在的地方。
⑥屏：也作「摒」。此處指命人退避。
⑦爾：如此，這樣。

【原文】

（秋，七月）或說上曰：「突厥所以屢寇關中者，以子女玉帛皆在長安故也。若焚長安而不都，則胡寇自息矣。」上以為然，遣中書侍郎宇文士及逾南山至樊、鄧，行可居之地，將徙都之。太子建成、齊王元吉、裴寂皆贊成其策，蕭瑀等雖知其不可而不敢諫。秦王世民諫曰：「戎狄為患，自古有之。陛下以聖武龍興，光宅中夏①，精兵百萬，所征無敵，奈何以胡寇擾邊，遽遷都以避之，貽四海之羞，為百世之笑乎！彼霍去病漢廷一將，猶志滅匈奴；況臣忝備藩維②，願假數年之期，請繫頡利之頸，致之闕下③。若其不效，遷都未晚。」上曰：「善。」建成曰：「昔樊噲欲以十萬眾橫行匈奴中，秦王之言得無似之！」世民曰：「形勢各異，用兵不同，樊噲小豎，何足道乎！不出十年，必定漠北，非敢虛言也！」上乃止。建成與妃嬪因共譖世民曰④：「突厥雖屢為邊患，得賂則退。秦王外托禦寇之名，內欲總兵權，成其篡奪之謀耳！」

　　上校獵城南⑤，太子、秦、齊王皆從，上命三子馳射角勝。建成有胡馬，肥壯而喜蹶，以授世民曰：「此馬甚駿，能超數丈澗。弟善騎，試乘之。」世民乘以逐鹿，馬蹶，世民躍立於數步之外，馬起，復乘之，如是者三，顧謂宇文士及曰：「彼欲以此見殺，死生有命，庸何傷乎！」建成聞之，因令妃嬪譖之於上曰：「秦王自言，我有天命，方為天下主，豈有浪死⑥！」上大怒，先召建成、元吉，然後召世民入，責之曰：「天子自有天命，非智力可求；汝求之一何急邪！」世民免冠頓首，請下法司案驗。上怒不解，會有司奏突厥入寇，上乃改容勞勉世民⑦，命之冠帶，與謀突厥。閏月，己未，詔世民、元吉將兵出豳州以禦突厥⑧，上餞之於蘭池。上每有寇盜，輒命世民討之，事平之後，猜嫌益甚。

注釋

　　①光宅：充滿，覆被。《尚書・堯典・序》：「昔在帝堯，聰明文思，光宅天下。」引申為居、有、佔據之義。中夏：中國。

　　②忝：辱，有愧於，常用作謙辭。

　　③闕下：宮闕之下。指帝王所居之處。

　　④譖（ㄗㄣˋ）：進讒言；說人的壞話。

　　⑤校（ㄐㄧㄠˋ）獵：用木欄遮阻，獵取禽獸。

　　⑥浪死：白白送死。浪，輕率；徒然。

　　⑦勞勉：也作「勞免」，慰勞；慰勉。

　　⑧豳（ㄅㄧㄣ）州：古地名，在今陝西彬縣、旬邑一帶。

【原文】

　　（八月）是時，頡利、突利二可汗舉國入寇，連營南上，秦王世民引兵拒之。會關中久雨，糧運阻絕，士卒疲於征役，器械頓弊，朝廷及軍中咸以為憂。世民與虜遇於豳州，勒兵將戰。己卯，可汗帥萬餘騎奄至城西①，陳於五隴阪，將士震恐。世民謂元吉曰：「今虜騎憑陵，不可示之以怯，當與之一戰，汝能與我俱乎？」元吉懼曰：「虜形勢如此，奈何輕出？萬一失利，悔可及乎！」世民曰：「汝不敢出，吾當獨往。汝留此觀之。」世民乃帥騎馳詣虜陳，告之曰：「國家與可汗和親，何為負約，深入我地！我秦王也，可汗能鬥，獨出與我鬥；若以眾來，我直以此百騎相

當耳！」頡利不之測，笑而不應。世民又前，遣騎告突利曰：「爾往與我盟，有急相救；今乃引兵相攻，何無香火之情也！」突利亦不應。世民又前，將渡溝水，頡利見世民輕出，又聞香火之言，疑突利與世民有謀，乃遣止世民曰：「王不須渡，我無他意，更欲與王申固盟約耳。」乃引兵稍卻②。是後霖雨益甚③，世民謂諸將曰：「虜所恃者弓矢耳，今積雨彌時，筋膠俱解，弓不可用，彼如飛鳥之折翼；吾屋居火食，刀槊犀利④，以逸制勞，此而不乘，將復何待！」乃潛師夜出，冒雨而進，突厥大驚。世民又遣說突利以利害，突利悅，聽命。頡利欲戰，突利不可，乃遣突利與其夾畢特勒阿史那思摩來見世民，請和親，世民許之。思摩，頡利之從叔也⑤。突利因自托於世民，請結為兄弟。世民亦以恩意撫之，與盟而去。

注釋

①奄：忽，遽。

②稍卻：逐漸後退。

③霖雨：連綿的大雨。

④槊：古代兵器，即長矛。

⑤從叔：堂叔，也就是父親的堂弟。

【原文】

八年（625）

十一月，癸卯，加秦王世民中書令，齊王元吉侍中。

九年（626）

二月，庚申，以齊王元吉為司徒。

（六月）秦王世民既與太子建成、齊王元吉有隙①，以洛陽形勝之地，恐一朝有變，欲出保之，乃以行臺工部尚書溫大雅鎮洛陽，遣秦府車騎將軍滎陽張亮將左右王保等千餘人之洛陽，陰結納山東豪傑以俟變②，多出金帛，恣其所用。元吉告亮謀不軌③，下吏考驗④；亮終無言，乃釋之，使還洛陽。

注釋

①隙：隔閡，嫌隙。

②俟：等候。

③不軌：不守法度，造反。

④下吏：交給官吏。考驗：審訊。

【原文】

　　建成夜召世民，飲酒而鴆之①，世民暴心痛②，吐血數升，淮安王神通扶之還西宮。上幸西宮，問世民疾，敕建成曰：「秦王素不能飲，自今無得復夜飲！」因謂世民曰：「首建大謀，削平海內，皆汝之功。吾欲立汝為嗣，汝固辭；且建成年長，為嗣日久，吾不忍奪也。觀汝兄弟似不相容，同處京邑，必有紛競，當遣汝還行臺③，居洛陽，自陝以東皆主之。仍命汝建天子旌旗，如漢梁孝王故事。」世民涕泣，辭以不欲遠離膝下。上曰：「天下一家，東、西兩都，道路甚邇④。吾思汝即往，毋煩悲也。」將行，建成、元吉相與謀曰：「秦王若至洛陽，有土地甲兵，不可復制；不如留之長安，則一匹夫耳，取之易矣。」乃密令數人上封事⑤，言：「秦王左右聞往洛陽，無不喜躍，觀其志趣，恐不復來。」又遣近幸之臣以利害說上。上意遂移，事復中止。

注釋

　　①鴆（ㄓㄣˋ）：以毒酒謀殺人。

　　②暴：突發。

　　③行臺：唐代在地方代表朝廷行尚書省事的機構稱行台。多由軍事征伐臨時設置。李世民當時領陝東道大行台。

　　④邇：近。

　　⑤封事：古代臣下上書奏事，防有洩漏，用袋封緘，稱為封事。

【原文】

　　建成、元吉與後宮日夜譖訴世民於上，上信之，將罪世民。陳叔達諫曰：「秦王有大功於天下，不可黜也①。且性剛烈，若加挫抑，恐不勝憂憤②，或有不測之疾，陛下悔之何及！」上乃止。元吉密請殺秦王，上曰：「彼有定天下之功，罪狀未著，何以為辭！」元吉曰：「秦王初平東都，顧望不還③，散錢帛以樹私恩，又違敕命，非反而何！但應速殺，何

患無辭！」上不應。

　　秦府僚屬皆憂懼不知所出。行臺考功郎中房玄齡謂比部郎中長孫無忌曰：「今嫌隙已成，一旦禍機竊發，豈惟府朝塗地④，乃實社稷之憂；莫若勸王行周公之事以安家國⑤。存亡之機，間不容髮，正在今日！」無忌曰：「吾懷此久矣，不敢發口；今吾子所言，正合吾心，謹當白之。」乃入言世民。世民召玄齡謀之，玄齡曰：「大王功蓋天地，當承大業；今日憂危，乃天贊也⑥，願大王勿疑！」乃與府屬杜如晦共勸世民誅建成、元吉。

注釋

①黜：貶斥，廢除。
②憂憤：憂慮怨恨。
③顧望：觀望。
④府朝塗地：府朝，指秦王府。塗地，弄髒地，這裡指遭到危害。
⑤周公之事：指周公旦誅殺兄弟管叔、蔡叔以安周室的事。
⑥贊：佐助。

【原文】

　　建成、元吉以秦府多驍將，欲誘之使為己用，密以金銀器一車贈左二副護軍尉遲敬德，並以書招之曰：「願迂長者之眷，以敦布衣之交①。」敬德辭曰：「敬德，蓬戶甕牖之人②，遭隋末亂離，久淪逆地，罪不容誅。秦王賜以更生之恩，今又策名藩邸，唯當殺身以為報；於殿下無功，不敢謬當重賜。若私交殿下，乃是貳心，徇利忘忠，殿下亦何所用！」建成怒，遂與之絕。敬德以告世民，世民曰：「公心如山嶽，雖積金至斗，知公不移。相遺但受，何所嫌也！且得以知其陰計，豈非良策！不然，禍將及公③。」既而元吉使壯士夜刺敬德，敬德知之，洞開重門，安臥不動，刺客屢至其庭，終不敢入。元吉乃譖敬德於上，下詔獄訊治④，將殺之。世民固請，得免。又譖左一馬軍總管程知節，出為康州刺史。知節謂世民曰：「大王股肱羽翼盡矣，身何能久！知節以死不去，願早決計。」又以金帛誘右二護軍段志玄，志玄不從。建成謂元吉曰：「秦府智略之士，可憚者獨房玄齡、杜如晦耳。」皆譖之於上而逐之。

注釋

①「願迂長者」句：意為希望能得到您的關愛，進一步密切我們之間從前作平民時就已經有的交情。迂，勞神或枉屈尊長之敬詞。敦，親密，和睦。布衣，借指平民。

②蓬戶甕牖（一ㄡˇ）：簡陋的門窗，指貧窮人家。

③及：至，到。

④詔獄：奉皇帝詔命關押犯人的監獄。

【原文】

世民腹心唯長孫無忌尚在府中，與其舅雍州治中高士廉、右候車騎將軍三水侯君集及尉遲敬德等，日夜勸世民誅建成、元吉。世民猶豫未決，問於靈州大都督李靖，靖辭；問於行軍總管李世勣，世勣辭；世民由是重二人。

會突厥郁射設將數萬騎屯河南①，入塞，圍烏城，建成薦元吉代世民督諸軍北征；上從之，命元吉督右武衛大將軍李藝、天紀將軍張瑾等救烏城。元吉請尉遲敬德、程知節、段志玄及秦府右三統軍秦叔寶等與之偕行，簡閱秦王帳下精銳之士以益元吉軍②。率更丞王晊密告世民曰：「太子語齊王：『今汝得秦王驍將精兵，擁數萬之眾，吾與秦王餞汝於昆明池，使壯士拉殺之於幕下，奏云暴卒，主上宜無不信。吾當使人進說，令授吾國事。敬德等既入汝手，宜悉坑之③，孰敢不服！』」世民以晊言告長孫無忌等，無忌等勸世民先事圖之。世民歎曰：「骨肉相殘，古今大惡。吾誠知禍在朝夕，欲俟其發，然後以義討之，不亦可乎！」敬德曰：「人情誰不愛其死④！今眾人以死奉王，乃天授也。禍機垂發，而王猶晏然不以為憂⑤，大王縱自輕，如宗廟社稷何！大王不用敬德之言，敬德將竄身草澤，不能留居大王左右，交手受戮也！」無忌曰：「不從敬德之言，事今敗矣。敬德等必不為王有，無忌亦當相隨而去，不能復事大王矣！」世民曰：「吾所言亦未可全棄，公更圖之。」敬德曰：「王今處事有疑，非智也；臨難不決，非勇也。且大王素所畜養勇士八百餘人，在外者今已入宮，擐甲執兵⑥，事勢已成，大王安得已乎！」

注釋

①河南：此指黃河河套之南。

②簡閱：檢查挑選。

③坑：活埋。

④人情誰不愛其死：人之常情，誰不怕死亡呢！愛，吝嗇。

⑤晏然：平靜、安逸的樣子。

⑥擐（ㄏㄨㄢˋ）：套上，穿上。

【原文】

世民訪之府僚，皆曰：「齊王凶戾，終不肯事其兄。比聞護軍薛實嘗謂齊王曰：『大王之名，合之成「唐」字，大王終主唐祀。』齊王喜曰：『但除秦王，取東宮如反掌耳①。』彼與太子謀亂未成，已有取太子之心。亂心無厭，何所不為！若使二人得志，恐天下非復唐有。以大王之賢，取二人如拾地芥耳，奈何徇匹夫之節，忘社稷之計乎！」世民猶未決，眾曰：「大王以舜為何如人？」曰：「聖人也。」眾曰：「使舜浚井不出，則為井中之泥②；塗廩不下，則為廩上之灰，安能澤被天下③，法施後世乎！是以小杖則受，大杖則走，蓋所存者大故也。」世民命卜之，幕僚張公謹自外來，取龜投地，曰：「卜以決疑；今事在不疑，尚何卜乎！卜而不吉，庸得已乎！」於是定計。

世民令無忌密召房玄齡等，曰：「敕旨不聽復事王；今若私謁，必坐死，不敢奉教。」世民怒，謂敬德曰：「玄齡、如晦豈叛我邪！」取所佩刀授敬德曰：「公往觀之，若無來心，可斷其首以來。」敬德往，與無忌共諭之曰④：「王已決計，公宜速入共謀之。吾屬四人，不可群行道中。」乃令玄齡、如晦著道士服，與無忌俱入，敬德自他道亦至。

注釋

①東宮：太子所居之宮，代指太子。

②「使舜」句：舜的父親想謀害舜，讓舜挖井、塗廩，企圖把舜活埋在井下，燒死於廩中，舜均逃跑出來，最後成為一代名君。

③澤：雨露。引申為恩澤、德澤。

④諭：知道，理解。這裡用如動詞。

【原文】

　　己未，太白復經天。傳奕密奏：「太白見秦分，秦王當有天下。」上以其狀授世民。於是世民密奏建成、元吉淫亂後宮，且曰：「臣於兄弟無絲毫負，今欲殺臣，似為世充、建德報仇。臣今枉死，永違君親，魂歸地下，實恥見諸賊！」上省之①，愕然，報曰：「明當鞫問②，汝宜早參。」

　　庚申，世民率長孫無忌等入，伏兵於玄武門③。張婕妤竊知世民表意，馳語建成。建成召元吉謀之，元吉曰：「宜勒宮府兵，托疾不朝，以觀形勢。」建成曰：「兵備已嚴，當與弟入參，自問消息。」乃俱入，趣玄武門。上時已召裴寂、蕭瑀、陳叔達等，欲按其事④。

注釋

　　①省（ㄒㄧㄥˇ）：醒悟。
　　②鞫（ㄐㄩˊ）問：審訊，查問。
　　③玄武門：大內的北門，禁軍屯營於門外。玄武，中國古代文化中的北方之神。
　　④按：調查和推問。

【原文】

　　建成、元吉至臨湖殿，覺變，即跋馬東歸宮府①。世民從而呼之，元吉張弓射世民，再三不彀②，世民射建成，殺之。尉遲敬德將七十騎繼至，左右射元吉墜馬。世民馬逸入林下，為木枝所絓③，墜不能起。元吉遽至，奪弓將扼之，敬德躍馬叱之。元吉步欲趣武德殿，敬德追射，殺之。翊衛車騎將軍馮翊馮立聞建成死，歎曰：「豈有生受其恩，而死逃其難乎！」乃與副護軍薛萬徹、屈咥直府左車騎萬年謝叔方率東宮、齊府精兵二千馳趣玄武門。張公謹多力，獨閉關以拒之，不得入。雲麾將軍敬君弘掌宿衛兵，屯玄武門，挺身出戰，所親止之曰：「事未可知，且徐觀變，俟兵集，成列而戰，未晚也。」君弘不從，與中郎將呂世衡大呼而進，皆死之。君弘，顯雋之曾孫也。守門兵與萬徹等力戰良久，萬徹鼓噪欲攻秦府，將士大懼；尉遲敬德持建成、元吉首示之，宮府兵遂潰，萬徹

與數十騎亡入終南山。馮立既殺敬君弘，謂其徒曰：「亦足以少報太子矣④！」遂解兵，逃於野。

注釋

①跋（ㄅㄚˊ）馬：即掉轉馬頭。

②不彀（ㄍㄡˋ）：射不中。彀，箭靶。

③絓（ㄍㄨㄚˋ）：絆住。

④少：稍，略微。

【原文】

上方泛舟海池①，世民使尉遲敬德入宿衛，敬德擐甲持矛，直至上所。上大驚，問曰：「今日亂者誰邪？卿來此何為？」對曰：「秦王以太子、齊王作亂，舉兵誅之，恐驚動陛下，遣臣宿衛。」上謂裴寂等曰：「不圖今日乃見此事，當如之何？」蕭瑀、陳叔達曰：「建成、元吉本不預義謀②，又無功於天下，疾秦王功高望重，共為奸謀。今秦王已討而誅之，秦王功蓋宇宙，率土歸心，陛下若處以元良③，委之國事，無復事矣。」上曰：「善！此吾之夙心也④。」時宿衛及秦府兵與二宮左右戰猶未已，敬德請降手敕，令諸軍並受秦王處分，上從之。天策府司馬宇文士及自東上閤門出宣敕，眾然後定。上又使黃門侍郎裴矩至東宮曉諭諸將卒，皆罷散。上乃召世民，撫之曰：「近日以來，幾有投杼之惑⑤。」世民跪而吮上乳，號慟久之。

建成子安陸王承道、河東王承德、武安王承訓、汝南王承明、鉅鹿王承義，元吉子梁郡王承業、漁陽王承鸞、普安王承獎、江夏王承裕、義陽王承度，皆坐誅，仍絕屬籍。

注釋

①海池：太極宮內有東海池、北海池、南海池。

②義謀：指幫助李淵起兵爭奪天下。

③元良：當時稱太子為元良。

④夙心：原來就有的心願。夙，舊，素常。

⑤投杼之惑：出自《戰國策·秦策二》。比喻謠言眾多，動搖了最親近

者的信心。

【原文】

　　初，建成許元吉以正位之後，立為太弟，故元吉為之盡死。諸將欲盡誅建成、元吉左右百餘人，籍沒其家，尉遲敬德固爭曰：「罪在二凶，既伏其誅；若及支黨，非所以求安也。」乃止。是日，下詔赦天下。凶逆之罪，止於建成、元吉，自餘黨與，一無所問。其僧、尼、道士、女冠並宜依舊。國家庶事，皆取秦王處分。

　　辛酉，馮立、謝叔方皆自出；薛萬徹亡匿，世民屢使諭之，乃出。世民曰：「此皆忠於所事，義士也。」釋之。

　　癸亥，立世民為皇太子。又詔：「自今軍國庶事①，無大小悉委太子處決，然後聞奏②。」

　　戊辰，以宇文士及為太子詹事，長孫無忌、杜如晦為左庶子，高士廉、房玄齡為右庶子，尉遲敬德為左衛率，程知節為右衛率，虞世南為中舍人，褚亮為舍人，姚思廉為洗馬。悉以齊王國司金帛什器賜敬德。

　　初，洗馬魏徵常勸太子建成早除秦王，及建成敗，世民召徵謂曰：「汝何為離間我兄弟！」眾為之危懼，徵舉止自若，對曰：「先太子早從徵言，必無今日之禍。」世民素重其才，改容禮之，引為詹事主簿。亦召王珪、韋挺於巂州，皆以為諫議大夫。

　　世民命縱禁苑鷹犬，罷四方貢獻，聽百官各陳治道，政令簡肅，中外大悅。

　　（秋，七月）以秦府護軍秦叔寶為左衛大將軍，又以程知節為右武衛大將軍，尉遲敬德為右武候大將軍。

　　壬辰，以高士廉為侍中，房玄齡為中書令，蕭瑀為左僕射，長孫無忌為吏部尚書，杜如晦為兵部尚書。癸巳，以宇文士及為中書令，封德彝為右僕射；又以前天策府兵曹參軍杜淹為御史大夫，中書舍人顏師古、劉林甫為中書侍郎，左衛副率侯君集為左衛將軍，左虞候段志玄為驍衛將軍，副護軍薛萬徹為右領軍將軍，右內副率張公謹為右武候將軍，右監門率長孫安業為右監門將軍，右內副率李客師為領左右軍將軍。安業，無忌之兄；客師，靖之弟也。

　　太子建成、齊王元吉之黨散亡在民間，雖更赦令，猶不自安，徵幸

者爭告捕以邀賞③。諫議大夫王珪以啟太子。丙子，太子下令：「六月四日已前事連東宮及齊王，十七日前連李瑗者，並不得相告言，違者反坐④。」

丁酉，遣諫議大夫魏徵宣慰山東，聽以便宜從事。徵至磁州，遇州縣錮送前太子千牛李志安、齊王護軍李思行詣京師⑤，徵曰：「吾受命之日，前宮、齊府左右皆赦不問；今復送思行等，則誰不自疑！雖遣使者，人誰信之！吾不可以顧身嫌，不為國慮。且既蒙國士之遇⑥，敢不以國士報之乎！」遂皆解縱之。太子聞之，甚喜。

（八月）癸亥，制傳位於太子。太子固辭，不許。甲子，太宗即皇帝位於東宮顯德殿，赦天下；關內及蒲、芮、虞、泰、陝、鼎六州免二年租調，自餘給復一年。

注釋

①庶：眾多。
②聞奏：聞，達，傳報。奏，臣子向君主進言、上書。
③徼幸者：指想獲得意外好處的人。徼，同「僥」。
④反坐：法律用語。指按誣告別人的罪名對誣告人施行懲罰。
⑤錮送：指用刑器枷鎖其身而送之。
⑥國士：舊稱一國傑出的人物。

武則天稱帝

題解

　　唐高宗時，皇后武則天參與政事，與高宗並稱二聖。高宗死後，太后獨攬大權，壓制李氏皇族，抬高武氏地位，並最終改國號為「周」，武則天成為中國歷史上惟一的一位女皇帝。本文節選自《資治通鑑》卷二〇四，標題為編者所加。

【原文】

　　（則天后）垂拱三年（687）

　　（夏，四月）鳳閣侍郎、同鳳閣鸞臺三品劉褘之竊謂鳳閣舍人永年賈大隱曰①：「太后既廢昏立明，安用臨朝稱制！不如返政，以安天下之心。」大隱密奏之，太后不悅，謂左右曰：「褘之我所引，乃復叛我！」或誣褘之受歸誠州都督孫萬榮金，又與許敬宗妾有私，太后命肅州刺史王本立推之②。本立宣敕示之，褘之曰：「不經鳳閣鸞臺，何名為敕③！」太后大怒，以為拒捍制使④；庚午，賜死於家。

　　褘之初下獄，睿宗為之上疏申理⑤，親友皆賀之，褘之曰：「此乃所以速吾死也。」臨刑，沐浴，神色自若，自草謝表，立成數紙。麟臺郎郭翰、太子文學周思鈞稱歎其文。太后聞之，左遷翰巫州司法，思鈞播州司倉。

注釋

　　①鳳閣鸞臺：武則天光宅元年（684）改中書省為鳳閣，改門下省為鸞台。

　　②推：推究審問。

　　③敕：皇帝的詔書。

　　④拒捍：抵禦抗拒。制使：皇帝派遣的使者。

　　⑤申理：申訴冤屈。

【原文】

四年（688）

春，正月，甲子，於神都立高祖、太宗、高宗三廟，四時享祀如西廟之儀①。又立崇先廟以享武氏祖考②。太后命有司議崇先廟室數，司禮博士周悰請為七室，又減唐太廟為五室。春官侍郎賈大隱奏：「禮，天子七廟，諸侯五廟，百王不易之義。今周悰別引浮議③，廣述異聞，直崇臨朝權儀，不依國家常度。皇太后親承顧托④，光顯大猷⑤，其崇先廟室應如諸侯之數，國家宗廟不應輒有變移。」太后乃止。

（夏，四月）初，太后有憾於處俊，會奴誣告象賢反，太后命周興鞫之⑥，致象賢族罪。象賢家人詣朝堂，訟冤於監察御史樂安任玄殖。玄殖奏象賢無反狀，玄殖坐免官。象賢臨刑，極口罵太后⑦，發揚宮中隱慝⑧，奪市人柴以擊刑者；金吾兵共格殺之。太后命支解其屍，發其父祖墳，毀棺焚屍。自是終太后之世，法官每刑人，先以木丸塞其口。

注釋

①「於神都」句：神都，則天后光宅元年（684），武則天改東都洛陽為神都。西廟，指唐在長安的宗廟。

②祖考：祖先。

③浮議：不實在的議論。

④親承顧托：這裡指親自承擔唐高宗的臨終囑託。顧托，囑託。

⑤光顯大猷：光大顯揚國家大計。

⑥鞫（ㄐㄩˊ）：審訊。

⑦極口：肆意地說。極，盡情，窮盡。

⑧發揚：宣揚；宣佈。隱慝（ㄊㄜˋ）：指見不得人的邪惡之事。

【原文】

武承嗣使鑿白石為文曰：「聖母臨人，永昌帝業。」末紫石雜藥物填之①。庚午，使雍州人唐同泰奉表獻之，稱獲之於洛水。太后喜，命其石曰「寶圖」，擢同泰為游擊將軍。五月，戊辰，詔當親拜洛，受「寶圖」；有事南郊，先謝昊天②；禮畢，御明堂，朝群臣。命諸州都督、刺

史及宗室、外戚以拜洛前十日集神都。乙亥，太后加尊號為聖母神皇。

注釋

①末：碎屑；粉末。這裡作動詞。

②昊天：廣闊無際的天。

【原文】

秋，七月，丁巳，赦天下。更命「寶圖」為「天授聖圖」；洛水為永昌洛水，封其神為顯聖侯，加特進①，禁漁釣，祭祀比四瀆②。名圖所出曰「聖圖泉」，泉側置永昌縣。又改嵩山為神嶽，封其神為天中王，拜太師、使持節、神嶽大都督，禁芻牧③。又以先於汜水得瑞石，改汜水為廣武。

太后潛謀革命，稍除宗室④。絳州刺史韓王元嘉、青州刺史霍王元軌、邢州刺史魯王靈夔、豫州刺史越王貞及元嘉子通州刺史黃公譔、元軌子金州刺史江都王緒、虢王鳳子申州刺史東莞公融、靈夔子范陽王藹、貞子博州刺史琅邪王沖，在宗室中皆以才行有美名，太后尤忌之。元嘉等內不自安，密有匡復之志⑤。

注釋

①特進：官名。唐宋為文散官之第二階，相當於正二品。

②四瀆：古人對四條獨流入海的大川的總稱，即江（長江）、河（黃河）、淮、濟。

③芻牧：割草放牧。芻，割草。

④稍除：逐漸地清除。

⑤匡復：挽救國家的危亡，使之轉危為安。

【原文】

譔謬為書與貞云：「內人病浸重，當速療之，若至今冬，恐成痼疾①。」及太后召宗室朝明堂，諸王因遞相驚曰：「神皇欲於大饗之際②，使人告密，盡收宗室，誅之無遺。」譔詐為皇帝璽書與沖云：「朕遭幽縶③，諸王宜各發兵救我。」沖又詐為皇帝璽書云：「神皇欲移李氏社稷，

以授武氏。」八月，壬寅，沖召長史蕭德琮等令募兵，分告韓、霍、魯、越及貝州刺史紀王慎，令各起兵共趣神都。太后聞之，以左金吾將軍丘神勣為清平道行軍大總管以討之。

沖募兵得五千餘人，欲渡河取濟州；先擊武水，武水令郭務悌詣魏州求救。莘令馬玄素將兵千七百人中道邀沖，恐力不敵，入武水，閉門拒守。沖推草車塞其南門，因風縱火焚之，欲乘火突入；火作而風回，沖軍不得進，由是氣沮。堂邑董玄寂為沖將兵擊武水，謂人曰：「琅邪王與國家交戰，此乃反也。」沖聞之，斬玄寂以徇④，眾懼而散入草澤⑤，不可禁止，惟家僮左右數十人在。沖還走博州，戊申，至城門，為守門者所殺，凡起兵七日而敗。丘神勣至博州，官吏素服出迎，神勣揮刀盡殺之，凡破千餘家。

注釋

①痼疾：也作「固疾」，久治不癒的疾病。
②大饗：大型的祭祀。饗，祭獻、供奉。
③幽縶：囚禁；拘囚。
④徇：示眾。
⑤草澤：荒野。

【原文】

越王貞聞沖起，亦舉兵於豫州，遣兵陷上蔡。九月，丙辰，命左豹韜大將軍麴崇裕為中軍大總管，岑長倩為後軍大總管，將兵十萬以討之①，又命張光輔為諸軍節度。削貞、沖屬籍，更姓虺氏②。貞聞沖敗，欲自鎖詣闕謝罪，會所署新蔡令傳延慶募得勇士二千餘人，貞乃宣言於眾曰：「琅邪已破魏、相數州，有兵二十萬，朝夕至矣。」發屬縣兵共得五千③，分為五營，使汝南縣丞裴守德等將之，署九品以上官五百餘人。所署官皆受迫脅，莫有鬥志，惟守德與之同謀，貞以其女妻之④，署大將軍，委以腹心。貞使道士及僧誦經以求事成，左右及戰士皆帶辟兵符。麴崇裕等軍至豫州城東四十里，貞遣少子規及裴守德拒戰⑤，兵潰而歸。貞大懼，閉閤自守。崇裕等至城下，左右謂貞曰：「王豈可坐待戮辱⑥！」貞、規、守德及其妻皆自殺。與沖皆梟首東都闕下。

【注釋】

①討：征伐。

②更姓虺（ㄏㄨㄟˇ）氏：改姓氏為虺。

③發：派遣。

④妻：用作動詞，嫁給。

⑤拒：抵禦；抵抗。

⑥戮辱：殺頭之恥辱。

【原文】

　　初，范陽王藹遣使語貞及沖曰：「若四方諸王一時並起，事無不濟。」諸王往來相約結，未定而沖先發，惟貞狼狽應之，諸王皆不敢發，故敗。

　　貞之將起兵也，遣使告壽州刺史趙瓌，瓌妻常樂長公主謂使者曰：「為我語越王：昔隋文帝將篡周室①，尉遲迥，周之甥也，猶能舉兵匡救社稷。功雖不成，威震海內，足為忠烈。況汝諸王，先帝之子，豈得不以社稷為心！今李氏危若朝露②，汝諸王不捨生取義，尚猶豫不發，欲何須邪③！禍且至矣，大丈夫當為忠義鬼，無為徒死也④。」

　　及貞敗，太后欲悉誅韓、魯等諸王，命監察御史藍田蘇珦按其密狀⑤。珦訊問，皆無明驗，或告珦與韓、魯通謀，太后召珦詰之⑥，珦抗論不回。太后曰：「卿大雅之士，朕當別有任使，此獄不必卿也。」乃命珦於河西監軍，更使周興等按之。於是收韓王元嘉、魯王靈夔、黃公譔、常樂公主於東都，迫脅皆自殺，更其姓曰「虺」，親黨皆誅。

　　（十二月）己酉，太后拜洛受圖，皇帝、皇太子皆從，內外文武百官、蠻夷酋長各依方敘立，珍禽、奇獸、雜寶列於壇前，文物鹵簿之盛⑦，唐興以來未之有也。

【注釋】

①篡：非法地奪取。多指篡位。

②危若朝露：比喻形勢危急。朝露，清晨的露水，太陽一出即消失。

③須：待；等待。

④徒死：白白地死去。

⑤命監察御史蘇珦（ㄒㄧㄤˋ）按其密狀：命令監察御史藍田人蘇珦審理他們密謀的案件。

⑥詰：深問，窮究。

⑦鹵簿：古代帝王、后、妃、太子、王公大臣外出時，在其前後的儀仗隊。

【原文】

永昌元年（689）

春，正月，乙卯朔，大饗萬象神宮，太后服袞冕①，搢大圭②，執鎮圭為初獻，皇帝為亞獻，太子為終獻。先詣昊天上帝座，次高祖、太宗、高宗，次魏國先王③，次五方帝座。太后御則天門，赦天下，改元。丁巳，太后御明堂，受朝賀。戊午，布政於明堂，頒九條以訓百官。己未，御明堂，饗群臣④。

（九月）初，高宗之世，周興以河陽令召見，上欲加擢用，或奏以為非清流⑤，罷之。興不知，數於朝堂俟命。諸相皆無言，地官尚書、檢校納言魏玄同，時同平章事，謂之曰：「周明府可去矣。」興以為玄同沮己，銜之⑥。玄同素與裴炎善，時人以其終始不渝，謂之耐久朋。周興奏誣玄同言：「太后老矣，不若奉嗣君為耐久。」太后怒，閏月，甲午，賜死於家。監刑御史房濟謂玄同曰：「丈人何不告密⑦，冀得召見，可以自直！」玄同歎曰：「人殺鬼殺，亦復何殊，豈能作告密人邪！」乃就死。又殺夏官侍郎崔詧於隱處⑧。自餘內外大臣坐死及流貶者甚眾。

注釋

①袞冕：袞，古代君王的禮服。冕，天子、諸侯、卿、大夫所戴的禮帽，後來專指帝王的禮帽。

②搢（ㄐㄧㄣˋ）：插。

③魏國先王：此指武則天的父親武士彠（ㄏㄨㄛˋ）。

④饗（ㄒㄧㄤˇ）：用酒食款待人。

⑤清流：舊時常用來稱負有時望、不肯與權貴同流合污的士大夫。

⑥銜：怨恨。

⑦丈人：古時對老人的尊稱。

⑧崔詧（彳ㄚˊ）：人名。

【原文】

（冬，十月）右衛冑曹參軍陳子昂上疏，以為：「周頌成、康，漢稱文、景，皆以能措刑故也①。今陛下之政，雖盡善矣，然太平之朝，上下樂化，不宜有亂臣賊子，日犯天誅。比者大獄增多，逆徒滋廣，愚臣頑昧，初謂皆實，乃去月十五日，陛下特察繫囚李貞等無罪，百僚慶悅，皆賀聖明，臣乃知亦有無罪之人掛於疏網者。陛下務在寬典②，獄官務在急刑③，以傷陛下之仁④，以誣太平之政，臣竊恨之。又，九月二十一日敕免楚金等死，初有風雨，變為景雲。臣聞陰慘者刑也，陽舒者德也；聖人法天，天亦助聖。天意如此，陛下豈可不承順之哉！今又陰雨，臣恐過在獄官。凡繫獄之囚，多在極法，道路之議，或是或非，陛下何不悉召見之，自詰其罪。罪有實者顯示明刑，濫者嚴懲獄吏，使天下咸服，人知政刑，豈非至德克明哉⑤！」

注釋

①措刑：廢棄刑罰。

②寬典：使法則制度從寬。

③急刑：加緊實施刑罰。急，急速。

④傷：損害。

⑤克：能夠，勝任。

【原文】

天授元年（690）

十一月，庚辰朔，日南至。太后享萬象神宮，赦天下。始用周正①，改永昌元年十一月為載初元年正月，以十二月為臘月，夏正月為一月。以周、漢之後為二王後，舜、禹、成湯之後為三恪②，周、隋之嗣同列國。

鳳閣侍郎河東宗秦客，改造「天」、「地」等十二字以獻③，丁亥，行之。太后自名「曌」，改詔曰制。秦客，太后從父姊之子也。

乙未，司刑少卿周興奏除唐親屬籍。

二月，辛酉，太后策貢士於洛城殿④。貢士殿試自此始。

（秋，七月）時法官競為深酷，唯司刑丞徐有功、杜景儉獨存平恕⑤，被告者皆曰：「遇來、侯必死，遇徐、杜必生。」

【注釋】

①正：陰曆一年的第一個月。

②三恪：周武王得天下，封夏、商之後，又封舜之後，給以王侯稱號，謂之三恪。

③獻：獻祭。引申為進獻，奉獻。

④策：古代考試以問題書之於策，令應舉者作答，稱為「策問」，也簡稱「策」。

⑤平恕：公平寬恕。

【原文】

有功，文遠之孫也，名弘敏，以字行。初為蒲州司法，以寬為治，不施敲朴①，吏相約有犯徐司法杖者，眾共斥之。迨官滿②，不杖一人，職事亦修。累遷司刑丞，酷吏所誣構者，有功皆為直之，前後所活數十百家。嘗廷爭獄事，太后屬色詰之，左右為戰慄，有功神色不撓③，爭之彌切。太后雖好殺，知有功正直，甚敬憚之。景儉，武邑人也。

司刑丞滎陽李日知亦尚平恕。少卿胡元禮欲殺一囚，日知以為不可，往復數四，元禮怒曰：「元禮不離刑曹④，此囚終無生理！」日知曰：「日知不離刑曹，此囚終無死法！」竟以兩狀列上，日知果直。

【注釋】

①敲朴：杖類刑具。

②迨：到，等到。

③撓：彎曲，比喻屈服。

④刑曹：管理刑罰的部門。曹，古代分職治事的官屬或部門。

【原文】

八月，甲寅，殺太子少保、納言裴居道；癸亥，殺尚書左丞張行廉。

辛未，殺南安王穎等宗室十二人，又鞭殺故太子賢二子，唐之宗室於是殆盡矣①，其幼弱存者亦流嶺南，又誅其親黨數百家。惟千金長公主以巧媚得全，自請為太后女，仍改姓武氏；太后愛之，更號延安大長公主。

九月，丙子，侍御史汲人傳遊藝率關中百姓九百餘人詣闕上表②，請改國號曰周，賜皇帝姓武氏，太后不許；擢遊藝為給事中。於是百官及帝室宗戚、遠近百姓、四夷酋長、沙門、道士合六萬餘人，俱上表如遊藝所請，皇帝亦上表自請賜姓武氏。戊寅，群臣上言：「有鳳皇自明堂飛入上陽宮，還集左台梧桐之上，久之，飛東南去；及赤雀數萬集朝堂。」

庚辰，太后可皇帝及群臣之請。壬午，御則天樓，赦天下，以唐為周，改元。乙酉，上尊號曰聖神皇帝，以皇帝為皇嗣，賜姓武氏；以皇太子為皇孫。

丙戌，立武氏七廟於神都，追尊周文王曰始祖文皇帝，妣姒氏曰文定皇后③，平王少子武曰睿祖康皇帝，妣姜氏曰康惠皇后；太原靖王曰嚴祖成皇帝，妣曰成莊皇后；趙肅恭王曰肅祖章敬皇帝，魏義康王曰烈祖昭安皇帝，周安成王曰顯祖文穆皇帝，忠孝太皇曰太祖孝明高皇帝，妣皆如考諡，稱皇后。立武承嗣為魏王，三思為梁王，攸寧為建昌王，士彟兄孫攸歸、重規、載德、攸暨、懿宗、嗣宗、攸宜、攸望、攸緒、攸止皆為郡王，諸姑姊皆為長公主。

（冬，十月）制天下武氏咸蠲課役④。

注釋

①殆：幾乎。

②詣闕：赴皇帝的殿廷。

③妣（ㄅㄧˇ）：母已死之稱。古時母未死也可稱妣。姒（ㄙˋ）：姓。

④蠲（ㄐㄩㄢ）課役：免除賦稅和徭役。

【原文】

二年（691）

正月，癸酉朔，太后始受尊號於萬象神宮，旗幟尚赤①。甲戌，改置社稷於神都。辛巳，納武氏神主於太廟；唐太廟之在長安者，更命曰享德廟。四時唯享高祖已下，餘四室皆閉不享。又改長安崇先廟為崇尊廟。乙

酉，日南至，大享明堂，祀昊天上帝，百神從祀，武氏祖宗配饗，唐三帝亦同配。

御史中丞知大夫事李嗣真以酷吏縱橫②，上疏，以為：「今告事紛紜，虛多實少，恐有凶慝陰謀離間陛下君臣③。古者獄成，公卿參聽④，王必三宥⑤，然後行刑。比日獄官單車奉使，推鞫既定⑥，法家依斷，不令重推；或臨時專決，不復聞奏。如此，則權由臣下，非審慎之法，倘有冤濫，何由可知！況以九品之官專命推覆，操殺生之柄，竊人主之威，按覆既不在秋官，省審復不由門下，國之利器，輕以假人，恐為社稷之禍。」太后不聽。

注釋

①尚：尊崇。

②縱橫：肆意橫行，無所顧忌。

③凶慝（ㄊㄜˋ）：邪惡。

④參聽：參與治理。

⑤宥：饒恕，寬容。

⑥推鞫（ㄐㄩˊ）：審訊。

【原文】

饒陽尉姚貞亮等數百人表請上尊號曰上聖大神皇帝，不許。

（二月）甲子，太后命始祖墓曰德陵，睿祖墓曰喬陵，嚴祖墓曰節陵，肅祖墓曰簡陵，烈祖墓曰靖陵，顯祖墓曰永陵，改章德陵為昊陵，顯義陵為順陵。

（九月）先是，鳳閣舍人修武張嘉福使洛陽人王慶之等數百人上表，請立武承嗣為皇太子。文昌右相、同鳳閣鸞台三品岑長倩以皇嗣在東宮，不宜有此議，奏請切責上書者，告示令散。太后又問地官尚書、同平章事格輔元，輔元固稱不可。由是大忤諸武意①，故斥長倩令西征吐蕃，未至，徵還，下制獄②。承嗣又譖輔元。來俊臣又脅長倩子靈原，令引司禮卿兼判納言事歐陽通等數十人，皆云同反。通為俊臣所訊，五毒備至③，終無異詞，俊臣乃詐為通款④。冬，十月，己酉，長倩、輔元、通等皆坐誅。

注釋

①忤：違反；抵觸；不順從。

②制獄：皇帝特命監禁罪人的地方。如同漢代的詔獄。制，帝王的命令。

③五毒：五種酷刑。

④詐為通款：偽造了認罪書。款，服罪。

【原文】

王慶之見太后，太后曰：「皇嗣我子，奈何廢之？」慶之對曰：「『神不歆非類①，民不祀非族。』今誰有天下，而以李氏為嗣乎！」太后諭遣之。慶之伏地，以死泣請，不去。太后乃以印紙遺之曰：「欲見我，以此示門者。」自是慶之屢求見，太后頗怒之，命鳳閣侍郎李昭德賜慶之杖。昭德引出光政門外，以示朝士曰：「此賊欲廢我皇嗣，立武承嗣！」命撲之②，耳目皆血出，然後杖殺之，其黨乃散。

昭德因言於太后曰：「天皇③，陛下之夫；皇嗣，陛下之子。陛下身有天下，當傳之子孫為萬代業，豈得以姪為嗣乎！自古未聞姪為天子而為姑立廟者也！且陛下受天皇顧托，若以天下與承嗣，則天皇不血食矣④。」太后亦以為然。昭德，乾祐之子也。

注釋

①歆（ㄒㄧㄣ）：羨慕。

②撲：擊。

③天皇：指唐高宗。

④血食：古代殺牲取血，用以祭祀，名血食。

開元盛世

題解

　　唐玄宗開元年間，政局穩定，經濟繁榮，文化昌盛，國力富強，是唐朝極盛的時期。政治的安定為社會經濟的發展提供了良好基礎，於是生產快速發展，經濟繁榮。社會經濟的繁榮也推動文化事業的發展。但在繁榮強盛的背後，隱藏的社會及政治危機也在發生，為後來的安史之亂種下禍根。本文節選自《資治通鑑》卷二一一至二一四，標題為編者所加。

【原文】

　　（唐玄宗）開元二年（714）

　　春，正月，壬申，制：「選京官有才識者除都督、刺史①，都督、刺史有政跡者除京官，使出入常均，永為恒式。」

　　舊制，雅俗之樂，皆隸太常。上精曉音律，以太常禮樂之司，不應典倡優雜伎②；乃更置左右教坊以教俗樂，命右驍衛將軍范及為之使。又選樂工數百人，自教法曲於梨園，謂之「皇帝梨園弟子」。又教宮中使習之。又選伎女③，置宜春院，給賜其家。禮部侍郎張廷珪、酸棗尉袁楚客皆上疏，以為：「上春秋鼎盛，宜崇經術，邇端士④，尚樸素，深以悅鄭聲、好遊獵為戒。」上雖不能用，咸嘉賞之。

　　薛王業之舅王仙童，侵暴百姓，御史彈奏；業為之請，敕紫微、黃門覆按。姚崇、盧懷慎等奏：「仙童罪狀明白，御史所言無所枉⑤，不可縱舍⑥。」上從之。由是貴戚束手⑦。

注釋

　　①除：指拜官授職。

　　②典：主管。倡優：從事歌舞的藝人。雜伎：各種遊戲技藝的總稱。

　　③伎女：即妓女，這裡指女樂。

　　④邇：接近。

　　⑤枉：歪曲。

　　⑥縱舍：釋放。

　　⑦束手：捆住了手。這裡指貴戚不敢再為所欲為侵暴百姓。

【原文】

　　（二月，閏月）丙子，申王成義請以其府錄事閻楚珪為其府參軍，上許之。姚崇、盧懷慎上言：「先嘗得旨，云王公、駙馬有所奏請，非墨敕皆勿行。臣竊以量材授官，當歸有司；若緣親故之恩，得以官爵為惠①，踵習近事②，實紊紀綱。」事遂寢③。由是請謁不行④。

　　上以風俗奢靡，秋，七月，乙未，制：「乘輿服御、金銀器玩，宜令有司銷毀，以供軍國之用；其珠玉、錦繡，焚於殿前；后妃以下，皆毋得服珠玉錦繡。」戊戌，敕：「百官所服帶及酒器、馬銜、鐙⑤，三品以上，聽飾以玉，四品以金，五品以銀，自餘皆禁之；婦人服飾從其夫、子。其舊成錦繡，聽染為皁。自今天下更毋得采珠玉，織錦繡等物，違者杖一百，工人減一等。」罷兩京織錦坊。

　　（九月）敕以歲稔傷農⑥，令諸州修常平倉法；江、嶺、淮、浙、劍南地下濕，不堪貯積，不在此例。

注釋

　　①惠：恩惠。

　　②踵習近事：指逐個考查近期發生的事情。

　　③寢：止息。

　　④請謁：拜見。這裡指拉關係走門路。

　　⑤鐙（ㄉㄥˋ）：掛在馬鞍子兩旁供腳踏的東西，多用鐵做成。

　　⑥歲稔：指這一年莊稼豐熟。歲，年。

【原文】

　　三年（715）

　　（五月）山東大蝗，民或於田旁焚香膜拜設祭而不敢殺，姚崇奏遣御史督州縣捕而瘞之①。議者以為蝗眾多，除不可盡；上亦疑之。崇曰：「今蝗滿山東②，河南、北之人，流亡殆盡，豈可坐視食苗，曾不救乎！借使除之不盡，猶勝養以成災。」上乃從之。盧懷慎以為殺蝗太多，恐傷

和氣。崇曰：「昔楚莊吞蛭而愈疾，孫叔殺蛇而致福，奈何不忍於蝗而忍人之飢死乎？若使殺蝗有禍，崇請當之！」

京兆尹崔日知貪暴不法，御史大夫李傑將糾之，日知反構傑罪。十二月，侍御史楊瑒廷奏曰[3]：「若糾彈之司，使奸人得而恐愒[4]，則御史台可廢矣。」上遽命傑視事如故，貶日知為歙縣丞。

或上言：「按察使徒煩擾公私，請精簡刺史、縣令，停按察使。」上命召尚書省官議之。姚崇以為：「今止擇十使，猶患未盡得人[5]，況天下三百餘州，縣多數倍，安得刺史縣令皆稱其職乎！」乃止。

注釋

①瘞（一ㄟ）：埋葬。
②山東：此指華山或崤山以東的地區。
③楊瑒（ㄔㄤ、）廷：人名。
④愒（ㄏㄜ、）：嚇唬。
⑤得人：得到才華出眾的人才。

【原文】

四年（716）

（春，正月）丙午，以鄫王嗣真為安北大都護、安撫河東、關內、隴右諸蕃大使[1]，以安北大都護張知運為之副。陝王嗣昇為安西大都護、安撫河西四鎮諸蕃大使，以安西都護郭虔瓘為之副[2]。二王皆不出閣。諸王遙領節度自此始。

（二月）上嘗遣宦官詣江南取䴔䴖、鸂鶒等[3]，欲置苑中，使者所至煩擾。道過汴州，倪若水上言：「今農桑方急，而羅捕禽鳥以供園池之玩，遠自江、嶺，水陸傳送，食以粱肉[4]。道路觀者，豈不以陛下賤人而貴鳥乎！陛下方當以鳳凰為凡鳥，麒麟為凡獸，況鸂鶒、鸂鶒，曷足貴也！」上手敕謝若水，賜帛四十段，縱散其鳥。

（夏，五月）或言於上曰：「今歲選敘大濫[5]，縣令非才。」及入謝，上悉召縣令於宣政殿庭，試以理人策。惟鄄城令韋濟詞理第一，擢為醴泉令。餘二百餘人不入第，且令之官；四十五人放歸學問。吏部侍郎盧從願左遷豫州刺史，李朝隱左遷滑州刺史。從願典選六年，與朝隱皆名稱

職。初，高宗之世，馬載、裴行儉在吏部最有名，時人稱吏部前有馬、裴，後有盧、李。濟，嗣立之子也。

【注釋】

①鄇（ㄘㄥˊ）：古地名。在今河南柘城縣北。

②郭虔瓘（ㄍㄨㄢˋ）：人名。

③鵁鶄（ㄐㄧㄠ ㄐㄧㄥ）：水鳥名，也叫「池鷺」。鸂鶒（ㄒㄧ ㄔˋ）：水鳥名，因此鳥形大於鴛鴦而色多紫，所以也稱「紫鴛鴦」。

④粱肉：精美的飯菜。

⑤選敘：選擇評價等級次第。

【原文】

十一月，己卯，黃門監盧懷慎疾亟，上表薦宋璟、李傑、李朝隱、盧從願並明時重器，所坐者小，所棄者大，望垂矜錄①；上深納之。乙未，薨。家無餘蓄，惟一老蒼頭，請自鬻以辦喪事②。

姚崇無居第，寓居罔極寺，以病病痁謁告③。上遣使問飲食起居狀，日數十輩。源乾曜奏事或稱旨，上輒曰：「此必姚崇之謀也。」或不稱旨，輒曰：「何不與姚崇議之！」乾曜常謝實然。每有大事，上常令乾曜就寺問崇。癸卯，乾曜請遷崇於四方館，仍聽家人入侍疾；上許之。崇以四方館有簿書，非病者所宜處，固辭。上曰：「設四方館，為官吏也；使卿居之，為社稷也。恨不可使卿居禁中耳，此何足辭！」

崇子光祿少卿彝、宗正少卿異，廣通賓客，頗受饋遺，為時所譏。主書趙誨為崇所親信，受胡人賂，事覺，上親鞫問④，下獄當死。崇復營救，上由是不悅。會曲赦京城⑤，敕特標誨名，杖之一百，流嶺南。崇由是憂懼，數請避相位，薦廣州都督宋璟自代。

【注釋】

①垂矜錄：垂，敬詞，表示對方在自己之上。矜錄，顧惜任用。

②鬻（ㄩˋ）：賣。

③病痁（ㄉㄧㄢˋ）：得瘧疾。

④鞫（ㄐㄩˊ）問：審問。

　　⑤曲赦：局部免除刑罰。

【原文】

　　（十二月，閏月）璟為相，務在擇人①，隨材授任，使百官各稱其職；刑賞無私，敢犯顏直諫。上甚敬憚之，雖不合意，亦曲從之②。

　　姚、宋相繼為相，崇善應變成務，璟善守法持正；二人志操不同，然協心輔佐，使賦役寬平，刑罰清省③，百姓富庶。唐世賢相，前稱房、杜，後稱姚、宋，他人莫得比焉。二人每進見，上輒為之起，去則臨軒送之。及李林甫為相，雖寵任過於姚、宋，然禮遇殊卑薄矣。紫微舍人高仲舒博通典籍，齊澣練習時務，姚、宋每坐二人以質所疑④，既而歎曰：「欲知古，問高君，欲知今，問齊君，可以無缺政矣。」

注釋

　　①務：勉力從事。
　　②曲從：違反自己本心去順從。
　　③清省：清白減少。
　　④坐：這裡指座談。

【原文】

　　六年（718）

　　（春，正月）廣州吏民為宋璟立遺愛碑①。璟上言：「臣在州無他異跡，今以臣光寵，成彼諂諛；欲革此風，望自臣始，請敕下禁止。」上從之。於是他州皆不敢立。

　　辛酉，敕禁惡錢，重二銖四分以上乃得行。斂人間惡錢鎔之，更鑄如式錢。於是京城紛然，賣買殆絕。宋璟、蘇頲請出太府錢二萬緡置南北市②，以平價買百姓不售之物可充官用者，及聽兩京百官豫假俸錢，庶使良錢流布人間③；從之。

　　（秋，八月）唐初，州縣官俸，皆令富戶掌錢，出息以給之；息至倍稱，多破產者。秘書少監崔沔上言，請計州縣官所得俸，於百姓常賦之外，微有所加以給之。從之。

注釋

①遺愛：《左傳·昭公二十年》：「及子產卒，仲尼聞之，出涕曰：『古之遺愛也。』」後亦謂「仁愛」遺於後世。

②緡（ㄇㄧㄣˊ）：量詞。用於成串的銅錢。古代以一千文為一緡。

③及聽兩京百官豫假俸錢，庶使良錢流布人間：二句意為，並且聽任兩京官員預先向國家借貸俸祿，希望能使好錢在民間流通。聽，聽憑；聽任。豫，事先有準備，預先。假，借；貸。庶，表示可能或希望。

【原文】

七年（719）

夏，四月，壬午，開府儀同三司祁公王仁皎薨。其子駙馬都尉守一請用竇孝諶例，築墳高五丈二尺；上許之。宋璟、蘇頲固爭，以為：「準令①，一品墳高一丈九尺，其陪陵者高出三丈而已。竇太尉墳，議者頗譏其高大，當時無人極言其失，豈可今日復踵而為之②！昔太宗嫁女，資送過於長公主。魏徵進諫，太宗既用其言，文德皇后亦賞之。豈若韋庶人崇其父墳，號曰酆陵，以自速其禍乎！夫以后父之尊，欲高大其墳，何足為難！而臣等再三進言者，蓋欲成中宮之美耳③。況今日所為，當傳無窮，永以為法，可不慎乎！」上悅曰：「朕每欲正身率下，況於妻子，何敢私之④！然此乃人所難言，卿能固守典禮，以成朕美，垂法將來⑤，誠所望也。」賜璟、頲帛四百匹。

注釋

①準令：規定法令。

②踵：追逐，追隨。引申為繼承，因襲。

③美：泛指美好。這裡指美名。

④私：偏愛。

⑤垂：流傳下去。

【原文】

八年（720）

　　（春，正月）侍中宋璟疾負罪而妄訴不已者[①]，悉付御史台治之。謂中丞李謹度曰：「服不更訴者出之，尚訴未已者且繫。」由是人多怨者。會天旱有魃[②]，優人作魃狀戲於上前，問魃：「何為出？」對曰：「奉相公處分。」又問：「何故？」魃曰：「負冤者三百餘人，相公悉以繫獄抑之，故魃不得不出。」上心以為然。

　　時璟與中書侍郎、同平章事蘇頲建議嚴禁惡錢，江、淮間惡錢尤甚，璟以監察御史蕭隱之充使括惡錢[③]。隱之嚴急煩擾，怨嗟盈路[④]，上於是貶隱之官。辛巳，罷璟為開府儀同三司，頲為禮部尚書。以京兆尹源乾曜為黃門侍郎，并州長史張嘉貞為中書侍郎，並同平章事。於是弛錢禁，惡錢復行矣。

注釋

　　①疾：憎恨，憎惡。
　　②魃（ㄅㄚˊ）：傳説中能引起旱災的鬼怪。
　　③括：搜求。
　　④怨嗟盈路：埋怨哀歎的聲音充滿道路。

【原文】

　　十年（722）

　　（秋，八月）初，上之誅韋氏也，王皇后頗預密謀，及即位數年，色衰愛弛。武惠妃有寵，陰懷傾奪之志。后心不平，時對上有不遜語。上愈不悅，密與秘書監姜皎謀以后無子廢之，皎泄其言。嗣滕王嶠，后之妹夫也，奏之。上怒，張嘉貞希旨構成其罪[①]，云：「皎妄談休咎[②]。」甲戌，杖皎六十，流欽州，弟吏部侍郎晦貶春州司馬；親黨坐流、死者數人，皎卒於道。

　　己亥，敕：「宗室、外戚、駙馬，非至親毋得往還；其卜相占候之人，皆不得出入百官之家。」

　　初，諸衛府兵，自成丁從軍，六十而免，其家又不免雜徭，浸以貧弱[③]，逃亡略盡，百姓苦之。張説建議，請召募壯士充宿衛，不問色役[④]，優為之制，逋逃者必爭出應募；上從之。旬日，得精兵十三萬，分隸諸衛，更番上下。兵農之分，從此始矣。

注釋

　　①希：迎合。
　　②休咎：吉凶，善惡。
　　③浸：愈，益，更加。
　　④色役：各種徭役。色，種類。役，徭役。這裡指戍守邊疆，服兵役。

【原文】

　　十二年（724）

　　六月，壬辰，制聽逃戶自首，聽所在閒田①，隨宜收稅②，毋得差科征役，租庸一皆蠲免。仍以兵部員外郎兼侍御史宇文融為勸農使，巡行州縣，與吏民議定賦役。

注釋

　　①聽：開關。
　　②隨宜：適當，不過度。

【原文】

　　十三年（725）

　　春，二月，庚申，以御史中丞宇文融兼戶部侍郎。制以所得客戶稅錢均充所在常平倉本①；又委使司與州縣議作勸農社，使貧富相恤，耕耘以時。

　　（十二月）上疑吏部選試不公，時選期已迫，御史中丞宇文融密奏，請分吏部為十銓②。甲戌，以禮部尚書蘇頲等十人掌吏部選，試判將畢，遽召入禁中決定，吏部尚書、侍郎皆不得預。左庶子吳兢上表，以為：「陛下曲受讒言，不信有司，非居上臨人推誠感物之道。昔陳平、邴吉，漢之宰相，尚不對錢穀之數，不問鬥死之人；況大唐萬乘之君，豈得下行銓選之事乎？凡選人書判，並請委之有司，停此十銓。」上雖不即從③，明年復故。

　　是歲，東都斗米十五錢，青、齊五錢，粟三錢。

　　①本：本錢，母金。

　　②銓（ㄑㄩㄢˊ）：這裡指量才授官。

　　③即從：馬上聽從。

【原文】

　　十四年（726）

　　（春，正月）張說奏：「今之五禮①，貞觀、顯慶兩曾修纂，前後頗有不同，其中或未折衷②。望與學士等討論古今，刪改施行。」制從之。

　　（夏，四月）上欲以武惠妃為皇后，或上言：「武氏乃不戴天之仇，豈可以為國母！人間盛言張說欲取立后之功，更圖入相之計。且太子非惠妃所生，惠妃復自有子，若登宸極③，太子必危。」上乃止。然宮中禮秩，一如皇后。

　　五月，癸卯，戶部奏今歲戶七百六萬九千五百六十五，口四千一百四十一萬九千七百一十二。

注釋

　　①五禮：古代指吉禮、凶禮、軍禮、賓禮、嘉禮五種禮制。

　　②折衷：調節過與不及，使適中。

　　③宸極：北極星。舊借指君位。

【原文】

　　二十二年（734）

　　（夏，四月）吏部侍郎李林甫，柔佞多狡數①，深結宦官及妃嬪家，伺候上動靜，無不知之。由是每奏對，常稱旨，上悅之。時武惠妃寵幸傾後宮，生壽王清，諸子莫得為比，太子浸疏薄。林甫乃因宦官言於惠妃，願盡力保護壽王；惠妃德之，陰為內助，由是擢黃門侍郎。五月，戊子，以裴耀卿為侍中，張九齡為中書令，林甫為禮部尚書、同中書門下三品。

　　上種麥於苑中，帥太子以下親往艾之②，謂曰：「此所以薦宗廟③，故不敢不親，且欲使汝曹知稼穡艱難耳④。」又遍以賜侍臣曰：「比遣人視

田中稼，多不得實，故自種以觀之。」

注釋

　　①柔佞多狡數：溫順且能說會道，非常狡猾。柔，溫和；溫順。佞，能說會道。

　　②芟（ㄕㄢ）：除草。

　　③薦：祭，奠。

　　④稼穡：播種和收穫，泛指農業工作。

【原文】

　　二十三年（735）

　　（春，正月）乙亥，上耕藉田，九推乃止；公卿以下皆終畝①。赦天下，都城酺三日②。

　　（三月）唐初，公主實封止三百戶，中宗時，太平公主至五千戶，率以七丁為限。開元以來，皇妹止千戶，皇女又半之，皆以三丁為限；駙馬皆除三品員外官，而不任以職事。公主邑入至少，至不能具車服，左右或言其太薄③，上曰：「百姓租賦，非我所有。戰士出死力，賞不過束帛；女子何功，而享多戶邪？且欲使之知儉嗇耳④。」秋，七月，咸宜公主將下嫁，始加實封至千戶。公主，武惠妃之女也。於是諸公主皆加至千戶。

注釋

　　①終畝：指耕完一畝。

　　②都城：這裡指東都城。酺（ㄆㄨˊ）：聚飲，特指命令所特許的大聚飲。

　　③薄：少。

　　④儉嗇：節儉，儉樸。

【原文】

　　二十四年（736）

　　春，正月，庚寅，敕：「天下逃戶，聽盡今年內自首，有舊產者令還本貫①，無者別俟進止②；逾限不首，當命專使搜求，散配諸軍。」

（十一月）初，上欲以李林甫為相，問於中書令張九齡，九齡對曰：「宰相繫國安危③，陛下相林甫，臣恐異日為廟社之憂。」上不從。時九齡方以文學為上所重，林甫雖恨，猶曲意事之。侍中裴耀卿與九齡善，林甫並疾之。是時，上在位歲久，漸肆奢欲，怠於政事。而九齡遇事無細大皆力爭；林甫巧伺上意，日思所以中傷之④。

注釋

①貫：世代居住的地方。

②進止：進退，去留。

③繫：關涉，關係。

④所以：表示行為所憑藉的方式、方法或依據。相當於「用來……的東西」。中傷：攻擊和陷害別人。

【原文】

上之為臨淄王也，趙麗妃、皇甫德儀、劉才人皆有寵，麗妃生太子瑛，德儀生鄂王瑤，才人生光王琚①。及即位，幸武惠妃，麗妃等愛皆弛；惠妃生壽王瑁，寵冠諸子。太子與瑤、琚會於內第，各以母失職有怨望語②。駙馬都尉楊洄尚咸宜公主，常伺三子過失以告惠妃。惠妃泣訴於上曰：「太子陰結黨與③，將害妾母子，亦指斥至尊。」上大怒，以語宰相，欲皆廢之。九齡曰：「陛下踐祚垂三十年④，太子諸王不離深宮，日受聖訓，天下之人皆慶陛下享國久長，子孫蕃昌⑤。今三子皆已成人，不聞大過，陛下奈何一旦以無根之語，喜怒之際，盡廢之乎！且太子天下本，不可輕搖。昔晉獻公聽驪姬之讒殺申生，三世大亂。漢武帝信江充之誣罪戾太子⑥，京城流血。晉惠用賈后之譖廢愍懷太子，中原塗炭。隋文帝納獨孤后之言黜太子勇，立煬帝，遂失天下。由此觀之，不可不慎。陛下必欲為此，臣不敢奉詔。」上不悅。林甫初無所言，退而私謂宦官之貴幸者曰：「此主上家事，何必問外人！」上猶豫未決。惠妃密使官奴牛貴兒謂九齡曰：「有廢必有興，公為之援，宰相可長處。」九齡叱之，以其語白上；上為之動色，故訖九齡罷相，太子得無動。林甫日夜短九齡於上，上浸疏之。

【注釋】

①才人：妃嬪的稱號。

②怨望：怨恨責望。

③黨與：朋黨。

④踐祚：舊時多指帝王即位。垂：將近。

⑤蕃昌：昌盛。

⑥罪戾：罪過。此處當動詞用，即加罪於……。

【原文】

　　林甫引蕭炅為戶部侍郎①。炅素不學②，嘗對中書侍郎嚴挺之讀「伏臘」為「伏獵」。挺之言於九齡曰：「省中豈容有『伏獵侍郎』！」由是出炅為岐州刺史，故林甫怨挺之。九齡與挺之善，欲引以為相，嘗謂之曰：「李尚書方承恩，足下宜一造門③，與之款昵④。」挺之素負氣⑤，薄林甫為人，竟不之詣；林甫恨之益深。挺之先娶妻，出之，更嫁蔚州刺史王元琰，元琰坐贓罪下三司按鞫，挺之為之營解。林甫因左右使於禁中白上。上謂宰相曰：「挺之為罪人請屬所由。」九齡曰：「此乃挺之出妻，不宜有情。」上曰：「雖離乃復有私。」

【注釋】

①蕭炅（ㄐㄩㄥˇ）：人名。

②不學：沒學問。

③造：住，到。

④款昵：殷勤親近。款，留；殷勤招待。昵，親近；親昵。

⑤負氣：恃其意氣，不肯屈居人下。

【原文】

　　於是上積前事，以耀卿、九齡為阿黨①；壬寅，以耀卿為左丞相，九齡為右丞相，並罷政事。以林甫兼中書令；仙客為工部尚書、同中書門下三品，領朔方節度如故。嚴挺之貶洺州刺史，王元琰流嶺南。

　　上即位以來，所用之相，姚崇尚通，宋璟尚法，張嘉貞尚吏，張說尚

文，李元紘、杜暹尚儉，韓休、張九齡尚直，各其所長也。九齡既得罪，自是朝廷之士，皆容身保位②，無復直言。

李林甫欲蔽塞人主視聽，自專大權，明召諸諫官謂曰：「今明主在上，群臣將順之不暇，烏用多言③！諸君不見立仗馬乎④？食三品料，一鳴輒斥去，悔之何及！」補闕杜璉嘗上書言事，明日，黜為下邽令。自是諫爭路絕矣。

注釋

①阿（ㄜ）黨：循私撓法。
②容身：存身，安身。保位：保護自己的官位。
③烏：哪裡，怎麼。
④立仗：陳設儀仗。

【原文】

二十五年（737）

春，正月，初置玄學博士，每歲依明經舉。

二月，敕曰：「進士以聲韻為學，多昧古今①；明經以帖誦為功，罕窮旨趣②。自今明經問大義十條，對時務策三首；進士試大經十帖。」

（夏，四月）楊洄又奏太子瑛、鄂王瑤、光王琚，云與太子妃兄駙馬薛鏽潛搆異謀③，上召宰相謀之。李林甫對曰：「此陛下家事，非臣等所宜豫④。」上意乃決。乙丑，使宦者宣制於宮中，廢瑛、瑤、琚為庶人，流鏽於瀼州。瑛、瑤、琚尋賜死城東驛，鏽賜死於藍田。瑤、琚皆好學有才識，死不以罪，人皆惜之。丙寅，瑛舅家趙氏、妃家薛氏、瑤舅家皇甫氏，坐流貶者數十人，惟瑤妃家韋氏以妃賢得免。

秋，七月，己卯，大理少卿徐嶠奏：「今歲天下斷死刑五十八，大理獄院，由來相傳殺氣太盛，烏雀不棲，今有鵲巢其樹。」於是百官以幾致刑措⑤，上表稱賀。上歸功宰輔，庚辰，賜李林甫爵晉國公，牛仙客豳國公。

上命李林甫、牛仙客與法官刪修《律令格式》成，九月，壬申，頒行之。

注釋

①昧：無知。

②罕窮旨趣：很少探究道理。罕，少；稀少。窮，窮盡；探究。旨，意義；意思。

③潛搆：秘密地圖謀。

④豫：通「與」，參與。

⑤刑措：指沒有人犯法，刑法擱置不用。措，擱置。

【原文】

二十六年（738）

（春，正月）令天下州、縣、里別置學。

（夏，五月）太子瑛既死，李林甫數勸上立壽王瑁。上以忠王璵年長，且仁孝恭謹，又好學，意欲立之，猶豫歲餘不決。自念春秋浸高①，三子同日誅死，繼嗣未定，常忽忽不樂②，寢膳為之減。高力士乘間請其故，上曰：「汝，我家老奴，豈不能揣我意③！」力士曰：「得非以郎君未定邪④？」上曰：「然。」對曰：「大家何必如此虛勞聖心⑤，但推長而立，誰敢復爭！」上曰：「汝言是也！汝言是也！」由是遂定。六月，庚子，立璵為太子。

注釋

①春秋浸高：年齡逐漸變老。春秋，年齡。浸，逐漸。

②忽忽：失意貌；心中空虛恍惚。

③揣：量度。引申為估量、猜度。

④郎君：這裡指儲君或太子。

⑤大家：當時宮中稱皇帝為大家。

安史之亂

題解

　　唐玄宗統治的前期（即先天、開元年間），是唐代的全盛時期，當時為了對付邊境的少數民族，設置了九個節度使，其中實力最大的是安祿山。天寶末年，安祿山起兵叛亂，攻佔洛陽、長安。安祿山死後，其部將史思明又繼續作亂，直到唐代宗時才告平定，史稱「安史之亂」。本文節選自《資治通鑒》卷二一七、卷二一八，標題為編者所加。

【原文】

　　（唐玄宗）天寶十三載①（754）

　　春，正月，己亥，安祿山入朝。是時楊國忠言祿山必反，且曰：「陛下試召之，必不來。」上使召之②，祿山聞命即至。庚子，見上於華清宮，泣曰：「臣本胡人，陛下寵擢至此③，為國忠所疾④，臣死無日矣！」上憐之⑤，賞賜巨萬，由是益親信祿山，國忠之言不能入矣。太子亦知祿山必反，言於上，上不聽。

　　（二月）己丑，安祿山奏：「臣所部將士討奚、契丹、九姓、同羅等，勳效甚多，乞不拘常格，超資加賞，仍好寫告身付臣軍授之⑥。」於是除將軍者五百餘人，中郎將者二千餘人。祿山欲反，故先以此收眾心也。

　　三月，丁酉朔，祿山辭歸范陽⑦。上解御衣以賜之，祿山受之驚喜。恐楊國忠奏留之，疾驅出關。乘船沿河而下，令船夫執繩板立於岸側，十五里一更，晝夜兼行，日數百里，過郡縣不下船。自是有言祿山反者，上皆縛送之。由是人皆知其將反，無敢言者。

注釋

　　①載：即「年」。天寶三載，始稱載。
　　②上：指唐玄宗。
　　③寵擢（ㄓㄨㄛˊ）：寵愛提拔。

④疾：通「嫉」。妒忌。

⑤憐：哀憐；同情。

⑥告身：古代授官的憑信，類似後世的任命狀。

⑦范陽：今北京市一帶。時安祿山為范陽節度使。

【原文】

十四載（755）

二月，辛亥，安祿山使副將何千年入奏，請以蕃將三十二人代漢將，上命立進畫①，給告身。韋見素謂楊國忠曰：「祿山久有異志，今又有此請，其反明矣②。明日見素當極言；上未允，公其繼之。」國忠許諾。壬子，國忠、見素入見，上迎謂曰：「卿等有疑祿山之意邪？」見素因極言祿山反已有跡，所請不可許，上不悅，國忠逡巡不敢言③，上竟從祿山之請。他日，國忠、見素言於上曰：「臣有策可坐消祿山之謀。今若除祿山平章事④，召詣闕，以賈循為范陽節度使，呂知誨為平盧節度使，楊光翽為河東節度使⑤，則勢自分矣⑥。」上從之。已草制⑦，上留不發，更遣中使輔璆琳以珍果賜祿山，潛察其變。璆琳受祿山厚賂，還，盛言祿山竭忠奉國，無有二心。上謂國忠等曰：「祿山，朕推心待之，必無異志。東北二虜，藉其鎮遏⑧。朕自保之，卿等勿憂也！」事遂寢。循，華原人也，時為節度副使。

注釋

①進畫：送上策劃。

②明：表明，顯明。

③逡巡：欲進不進、遲疑不決的樣子。

④平章事：唐代宰相之稱。

⑤「以賈循」以下三句：當時安祿山身兼范陽、平盧、河東三鎮節度使。

⑥勢：勢力。自：自然，當然。

⑦草：起稿。

⑧藉：憑藉。

【原文】

　　安祿山歸至范陽，朝廷每遣使者至，皆稱疾不出迎，盛陳武備，然後見之。裴士淹至范陽，二十餘日乃得見，無復人臣禮。楊國忠日夜求祿山反狀[1]，使京兆尹圍其第[2]，捕祿山客李超等，送御史台獄[3]，潛殺之。祿山子慶宗尚宗女榮義郡主，供奉在京師，密報祿山，祿山愈懼。六月，上以其子成婚，手詔祿山觀禮，祿山辭疾不至。秋，七月，祿山表獻馬三千四，每匹執控夫二人，遣蕃將二十二人部送。河南尹達奚珣疑有變，奏請「諭祿山以進車馬宜俟至冬，官自給夫，無煩本軍」。於是上稍寤，始有疑祿山之意。

　　安祿山專制三道[4]，陰蓄異志，殆將十年，以上待之厚，欲俟上晏駕，然後作亂[5]。會楊國忠與祿山不相悅，屢言祿山且反，上不聽；國忠數以事激之，欲其速反，以取信於上。祿山由是決意遽反，獨與孔目官·太僕丞嚴莊、掌書記·屯田員外郎高尚、將軍阿史那承慶密謀，自餘將佐皆莫之知，但怪其自八月以來，屢饗士卒[6]，秣馬厲兵而已[7]。會有奏事官自京師還，祿山詐為敕書，悉召諸將示之曰：「有密旨，令祿山將兵入朝討楊國忠，諸君宜即從軍。」眾愕然相顧，莫敢異言。十一月，甲子，祿山發所部兵及同羅、奚、契丹、室韋凡十五萬眾，號二十萬，反於范陽。

注釋

　　[1]狀：情況。

　　[2]其第：指安祿山在京城的住宅。

　　[3]御史台獄：唐代御史有審判權，所以御史台有監獄。

　　[4]專制：獨攬大權。三道：指安祿山以范陽節度使兼平盧節度使、河東節度使。

　　[5]晏駕：皇帝死去叫晏駕。

　　[6]饗（ㄒㄧㄤˇ）：用酒食款待。

　　[7]秣（ㄇㄛˋ）馬厲兵：餵飽戰馬，磨快武器，謂做好作戰準備。秣，餵養。

【原文】

　　詰朝①，祿山出薊城南，大閱誓眾②，以討楊國忠為名，牓軍中曰③：「有異議扇動軍人者④，斬及三族！」於是引兵而南。祿山乘鐵輿⑤，步騎精銳，煙塵千里，鼓噪震地。時海內久承平⑥，百姓累世不識兵革，猝聞范陽兵起，遠近震駭。河北皆祿山統內，所過州縣，望風瓦解⑦。守令或開門出迎，或棄城竄匿，或為所擒戮，無敢拒之者。祿山先遣將軍何千年、高邈將奚騎二十，聲言獻射生手⑧，乘驛詣太原。乙丑，北京副留守楊光翽出迎⑨，因劫之以去。太原具言其狀。東受降城亦奏祿山反⑩。上猶以為惡祿山者詐為之，未之信也。

注釋

　　①詰（ㄐ一ㄝˊ）朝：第二天早晨。
　　②閱：檢閱部隊。誓：古代告誡將士的言辭。
　　③牓：發佈佈告。
　　④扇：通「煽」。
　　⑤輿（ㄩˊ）：本謂車廂，因即指車。又轉義為轎子。
　　⑥承平：原為相承平安之意。指持久的安定局面。
　　⑦望風：人之行動影響及於遠方，有類於因風傳送，因謂自遠處瞻望其人為「望風」。
　　⑧射生手：善射的戰士。
　　⑨北京：唐以太原為北京。
　　⑩東受降城：在今內蒙古自治區托克托縣南。

【原文】

　　庚午，上聞祿山定反，乃召宰相謀之。楊國忠揚揚有得色，曰：「今反者獨祿山耳，將士皆不欲也。不過旬日，必傳首詣行在。」上以為然，大臣相顧失色。上遣特進畢思琛詣東京①，金吾將軍程千里詣河東②，各簡募數萬人，隨便團結以拒之③。辛未（十六日），安西節度使封常清入朝，上問以討賊方略，常清大言曰：「今太平積久，故人望風憚賊。然事有逆順，勢有奇變，臣請走馬詣東京，開府庫，募驍勇，挑馬箠渡河④，

計日取逆胡之首獻闕下⑤！」上悅。壬申，以常清為范陽、平盧節度使。常清即日乘驛詣東京募兵，旬日，得六萬人；乃斷河陽橋⑥，為守禦之備。

壬辰，上下制欲親征，其朔方、河西、隴右兵留守城堡之外，皆赴行營，令節度使自將之，期二十日畢集。

初，平原太守顏真卿知祿山且反，因霖雨，完城浚壕，料丁壯，實倉廩。祿山以其書生，易之。及祿山反，檄真卿以平原、博平兵七千人防河津，真卿遣平原司兵李平間道奏之。上始聞祿山反，河北郡縣皆風靡，歎曰：「二十四郡，曾無一人義士邪！」及平至，大喜曰：「朕不識顏真卿作何狀，乃能如是！」真卿遣親客密懷購賊牒詣諸郡⑦，由是諸郡多應者。真卿，杲卿之從弟也。

注釋

①特進：正二品的高級文散官。東京：唐以洛陽為東京。

②河東：指河東道。唐玄宗時直屬中央的十五個行政區之一，治所在今山西省太原市。

③隨便團結：這裡指根據適當的情況結集軍隊。

④馬箠（ㄔㄨㄟˊ）：馬鞭。

⑤計日：計算時日，指時間不長。闕下：宮闕之下，指帝王所居之處，借指朝廷。

⑥河陽橋：在今河南孟州市境內。

⑦購賊牒：懸賞的榜文。

【原文】

（唐肅宗）至德元年（756）

春，正月，乙卯朔，祿山自稱大燕皇帝，改元聖武，以達奚珣為侍中，張通儒為中書令，高尚、嚴莊為中書侍郎。

顏杲卿使其子泉明、賈深、翟萬德獻李欽湊首及何千年、高邈於京師。張通幽泣請曰：「通幽兄陷賊，乞與泉明偕行①，以救宗族。」杲卿哀而許之②。至太原，通幽欲自托於王承業，乃教之留泉明等，更其表，多自為功，毀短杲卿③，別遣使獻之。杲卿起兵才八日，守備未完，史思

明、蔡希德引兵皆至城下。杲卿告急於承業④。承業既竊其功，利於城陷，遂擁兵不救。杲卿晝夜拒戰，糧盡矢竭；壬戌，城陷。賊縱兵殺萬餘人，執杲卿及袁履謙等送洛陽。王承業使者至京師，玄宗大喜，拜承業羽林大將軍，麾下受官爵者以百數。徵顏杲卿為衛尉卿，朝命未至，常山已陷。

杲卿至洛陽，祿山數之曰：「汝自范陽戶曹，我奏汝為判官，不數年超至太守，何負於汝而反邪？」杲卿瞋目罵曰：「汝本營州牧羊羯奴，天子擢汝為三道節度使，恩幸無比，何負於汝而反？我世為唐臣，祿位皆唐有，雖為汝所奏，豈從汝反邪！我為國討賊，恨不斬汝，何謂反也！臊羯狗，何不速殺我！」祿山大怒，並袁履謙等縛於中橋之柱而剮之⑤。杲卿、履謙比死，罵不虛口。顏氏一門死於刀鋸者三十餘人。

注釋

①偕行：一併出行。

②哀：憐憫。

③毀短：誹謗，講別人的壞話、短處。

④告急：報告戰事危急，請求援救。

⑤剮（ㄍㄨㄚˇ）：古代酷刑，先解肢體，後斷頭。又稱凌遲。

【原文】

（二月）史思明等圍饒陽二十九日，不下①，李光弼將蕃、漢步騎萬餘人、太原弩手三千人出井陘。己亥，至常山，常山團練兵三千人殺胡兵，執安思義出降。光弼謂思義曰：「汝自知當死否？」思義不應。光弼曰：「汝久更陳行②，視吾此眾，可敵思明否？今為我計當如何？汝策可取，當不殺汝。」思義曰：「大夫士馬遠來疲弊，猝遇大敵，恐未易當③；不如移軍入城，早為備禦，先料勝負，然後出兵。胡騎雖銳，不能持重④，苟不獲利，氣沮心離，於時乃可圖矣。思明今在饒陽，去此不二百里。昨暮羽書已去⑤，計其先鋒來晨必至⑥，而大軍繼之，不可不留意也。」光弼悅，釋其縛，即移軍入城。史思明聞常山不守，立解饒陽之圍；明日未旦，先鋒已至，思明等繼之，合二萬餘騎，直抵城下。光弼遣

步卒五千自東門出戰，賊守門不退。光弼命五百弩於城上齊發射之，賊稍卻⑦；乃出弩手千人分為四隊，使其矢發發相繼，賊不能當，斂軍道北⑧。光弼出兵五千為槍城於道南，夾呼沱水而陳；賊數以騎兵搏戰，光弼之兵射之，人馬中矢者太半，乃退，小憩以俟步兵。有村民告賊步兵五千自饒陽來，晝夜行百七十里，至九門南逢壁，度憩息。光弼遣步騎各二千，匿旗鼓，並水潛行，至逢壁，賊方飯，縱兵掩擊，殺之無遺。思明聞之，失勢⑨，退入九門。時常山九縣，七附官軍，惟九門、藁城為賊所據。光弼遣裨將張奉璋以兵五百戍石邑，餘皆三百人戍之。

注釋

①下：攻克。

②久更陳行：長時間打仗。更，經歷，經過。陳，陣。

③當：抵敵。

④持重：謹慎穩重。

⑤羽書：古代徵調軍隊的文書，上插鳥羽表示緊急。

⑥來晨：明天早晨。

⑦卻：退。

⑧斂：約束，收束。

⑨失勢：喪失氣勢。

【原文】

　　三月，乙卯，潮復與賊將李懷仙、楊朝宗、謝元同等四萬餘眾奄至城下①；眾懼，莫有固志。巡曰②：「賊兵精銳，有輕我心。今出其不意擊之，彼必驚潰。賊勢小折，然後城可守也。」乃使千人乘城；自帥千人，分數隊，開門突出。巡身先士卒，直衝賊陳，人馬辟易③，賊遂退。明日，復進攻城，設百炮環城，樓堞皆盡④；巡於城上立木柵以拒之。賊蟻附而登，巡束蒿灌脂，焚而投之，賊不得上。時伺賊隙，出兵擊之，或夜縋斫營。積六十餘日，大小三百餘戰，帶甲而食，裹瘡復戰，賊遂敗走。巡乘勝追之，獲胡兵二千人而還，軍聲大振。

　　李光弼與史思明相守四十餘日，思明絕常山糧道。城中乏草，馬食薦藉⑤。光弼以車五百乘之石邑取草，將車者皆衣甲⑥，弩手千人衛之，為方

陳而行，賊不能奪。蔡希德引兵攻石邑，張奉璋拒卻之。光弼遣使告急於郭子儀，子儀引兵自井陘出，夏，四月，壬辰，至常山，與光弼合，蕃、漢步騎共十餘萬。甲午，子儀、光弼與史思明等戰於九門城南，思明大敗。中郎將渾瑊射李立節，殺之。瑊，釋之之子也。思明收餘眾奔趙郡，蔡希德奔鉅鹿。思明自趙郡如博陵，時博陵已降官軍，思明盡殺郡官。河朔之民苦賊殘暴，所至屯結，多至二萬人，少者萬人，各為營以拒賊；及郭、李軍至，爭出自效。庚子，攻趙郡；一日，城降。士卒多虜掠，光弼坐城門，收所獲，悉歸之，民大悅。子儀生擒四千人，皆捨之，斬祿山太守郭獻璆。光弼進圍博陵，十日，不拔，引兵還恒陽就食。

注釋

　　①潮：指令狐潮。原為唐雍丘縣令，以城降叛軍，叛軍任其為將軍。城下：指睢陽（今河南商丘市）城下。

　　②巡：張巡。時為唐睢陽守將。

　　③辟易：驚退。

　　④堞（ㄉㄧㄝˊ）：城上的矮牆。

　　⑤薦藉：草席。

　　⑥將：護，送。

【原文】

　　（五月）令狐潮復引兵攻雍丘。潮與張巡有舊，於城下相勞苦如平生①，潮因說巡曰：「天下事去矣，足下堅守危城，欲誰為乎？」巡曰：「足下平生以忠義自許，今日之舉，忠義何在！」潮慚而退。

　　郭子儀、李光弼還常山，史思明收散卒數萬躡其後②。子儀選驍騎更挑戰，三日，至行唐，賊疲，乃退。子儀乘之，又敗之於沙河。蔡希德至洛陽，安祿山復使將步騎二萬人北就思明，又使牛廷玠發范陽等郡兵萬餘人助思明③，合五萬餘人，而同羅、曳落河居五分之一。子儀至恒陽，思明隨至，子儀深溝高壘以待之；賊來則守，去則追之，晝則耀兵，夜斫其營，賊不得休息。數日，子儀、光弼議曰：「賊倦矣，可以出戰。」壬午，戰於嘉山，大破之，斬首四萬級，捕虜千餘人。思明墜馬，露髻跣足步走④，至暮，杖折槍歸營，奔於博陵；光弼就圍之，軍聲大振。於是河

北十餘郡皆殺賊守將而降。漁陽路再絕，賊往來者皆輕騎竊過，多為官軍所獲，將士家在漁陽者無不搖心。

祿山大懼，召高尚、嚴莊詬之曰⑤：「汝數年教我反，以為萬全。今守潼關，數月不能進，北路已絕，諸軍四合，吾所有者止汴、鄭數州而已，萬全何在？汝自今勿來見我！」尚、莊懼，數日不敢見。田乾真自關下來，為尚、莊說祿山曰：「自古帝王經營大業，皆有勝敗，豈能一舉而成！今四方軍壘雖多，皆新募烏合之眾，未更行陳，豈能敵我薊北勁銳之兵，何足深憂！尚、莊皆佐命元勳，陛下一旦絕之，使諸將聞之，誰不內懼！若上下離心，臣竊為陛下危之！」祿山喜曰：「阿浩，汝能豁我心事。」即召尚、莊，置酒酣宴，自為之歌以侑酒⑥，待之如初。阿浩，乾真小字也。祿山議棄洛陽，走歸范陽，計未決。

注釋

①相勞苦如平生：像平常那樣道辛苦，慰問。
②踵：腳後跟。這裡用如動詞。
③牛廷玠（ㄐㄧㄝˋ）：人名。
④跣足：赤足。
⑤詬（ㄍㄡˋ）：罵。
⑥侑（ㄧㄡˋ）：勸，陪侍。

【原文】

（六月）乙未，黎明，上獨與貴妃姊妹、皇子、妃、主①、皇孫、楊國忠、韋見素、魏方進、陳玄禮及親近宦官、宮人出延秋門，妃、主、皇孫之在外者，皆委之而去②。

丙申，至馬嵬驛③，將士飢疲，皆憤怒。陳玄禮以禍由楊國忠，欲誅之，因東宮宦者李輔國以告太子，太子未決。會吐蕃使者二十餘人遮國忠馬，訴以無食，國忠未及對，軍士呼曰：「國忠與胡虜謀反！」或射之，中鞍。國忠走至西門內，軍士追殺之，屠割支體，以槍揭其首於驛門外，並殺其子戶部侍郎暄及韓國、秦國夫人。御史大夫魏方進曰：「汝曹何敢害宰相！」眾又殺之。韋見素聞亂而出，為亂兵所搠④，腦血流地。眾曰：「勿傷韋相公。」救之，得免。軍士圍驛，上聞喧譁，問外何事，左

右以國忠反對。上杖屨出驛門⑤，慰勞軍士，令收隊，軍士不應。上使高力士問之，玄禮對曰：「國忠謀反，貴妃不宜供奉，願陛下割恩正法。」上曰：「朕當自處之。」入門，倚杖傾首而立。久之，京兆司錄韋諤前言曰：「今眾怒難犯，安危在晷刻⑥，願陛下速決！」因叩頭流血。上曰：「貴妃常居深宮，安知國忠反謀！」高力士曰：「貴妃誠無罪，然將士已殺國忠，而貴妃在陛下左右，豈敢自安！願陛下審思之，將士安，則陛下安矣。」上乃命力士引貴妃於佛堂，縊殺之⑦。輿屍置驛庭，召玄禮等入視之。玄禮等乃免胄釋甲⑧，頓首請罪，上慰勞之⑨，令曉諭軍士⑩。玄禮等呼萬歲，再拜而出，於是始整部伍為行計。諤，見素之子也。國忠妻裴柔與其幼子晞及虢國夫人、夫人子裴徽皆走，至陳倉，縣令薛景仙帥吏士追捕，誅之。

注釋

①主：這裡指公主。

②委：丟棄，聽任。

③馬嵬（ㄨㄟˊ）驛：在今陝西興平縣西。

④撾（ㄓㄨㄚ）：擊打。

⑤屨（ㄐㄩˋ）：古代用麻、葛等製成的鞋。

⑥晷（ㄍㄨㄟˇ）刻：時光很短。晷，日影，引申為時間。

⑦縊（一ˋ）：吊死，勒死。

⑧胄（ㄓㄡˋ）：頭盔。

⑨慰勞：慰問犒勞。

⑩曉諭：昭示；明白地告知。

【原文】

丁酉，上將發馬嵬，朝臣惟韋見素一人，乃以韋諤為御史中丞，充置頓使。將士皆曰：「國忠謀反，其將吏皆在蜀，不可往。」或請之河、隴，或請之靈武，或請之太原，或言還京師。上意在入蜀，慮違眾心，竟不言所向。韋諤曰：「還京，當有禦賊之備。今兵少，未易東向，不如且至扶風，徐圖去就①。」上詢於眾②，眾以為然，乃從之。及行，父老皆遮道請留③，曰：「宮闕，陛下家居，陵寢，陛下墳墓，今捨此，欲何

之？」上為之按轡久之④，乃命太子於後宣慰父老⑤。父老因曰：「至尊既不肯留，某等願帥子弟從殿下東破賊，取長安。若殿下與至尊皆入蜀，使中原百姓誰為之主？」須臾，眾至數千人。太子不可，曰：「至尊遠冒險阻，吾豈忍朝夕離左右。且吾尚未面辭，當還白至尊，更稟進止。」涕泣，跋馬欲西。建寧王倓與李輔國執鞚諫曰⑥：「逆胡犯闕，四海分崩，不因人情，何以興復！今殿下從至尊入蜀，若賊兵燒絕棧道，則中原之地拱手授賊矣。人情既離，不可復合，雖欲復至此，其可得乎！不如收西北守邊之兵，召郭、李於河北，與之并力東討逆賊，克復兩京，削平四海，使社稷危而復安，宗廟毀而更存，掃除宮禁以迎至尊，豈非孝之大者乎！何必區區溫情，為兒女之戀乎！」廣平王俶亦勸太子留。父老共擁太子馬，不得行。太子乃使俶馳白上。上總轡待太子⑦，久不至，使人偵之，還白狀，上曰：「天也！」乃分後軍二千人及飛龍廄馬從太子，且諭將士曰：「太子仁孝，可奉宗廟，汝曹善輔佐之。」又諭太子曰：「汝勉之，勿以吾為念。西北諸胡，吾撫之素厚，汝必得其用。」太子南向號泣而已。又使送東宮內人於太子，且宣旨欲傳位，太子不受。俶、倓，皆太子之子也。

注釋

①徐圖：慢慢謀劃。徐，緩慢。圖，謀劃。

②詢：詢問，請教。

③遮：阻遏，攔住。

④按轡（ㄅㄟˋ）：停馬。轡，駕馭牲口的韁繩。

⑤宣慰：宣佈旨意，以示慰勞。

⑥鞚（ㄎㄨㄥˋ）：有嚼口的馬絡頭。

⑦總：聚束。

【原文】

　　己亥，上至岐山。或言賊前鋒且至，上遽過，宿扶風郡。士卒潛懷去就，往往流言不遜，陳玄禮不能制，上患之。會成都貢春彩十餘萬匹，至扶風，上命悉陳之於庭，召將士入，臨軒諭之曰：「朕比來衰耄①，托任失人，致逆胡亂常，須遠避其鋒。知卿等皆蒼猝從朕，不得別父母妻子，

芨涉至此②，勞苦至矣，朕甚愧之。蜀路阻長，郡縣褊小，人馬眾多，或不能供，今聽卿等各還家，朕獨與子、孫、中官前行入蜀，亦足自達。今日與卿等訣別，可共分此彩，以備資糧。若歸，見父母及長安父老，為朕致意，各好自愛也！」因泣下沾襟。眾皆哭，曰：「臣等死生從陛下，不敢有貳。」上良久曰：「去留聽卿。」自是流言始息③。

　　太子既留，莫知所適④。廣平王俶曰：「日漸晏⑤，此不可駐，眾欲何之？」皆莫對。建寧王倓曰：「殿下昔嘗為朔方節度大使，將吏歲時致啟⑥，倓略識其姓名。今河西、隴右之眾皆敗降賊，父兄子弟多在賊中，或生異圖。朔方道近，士馬全盛，裴冕衣冠名族，必無貳心。賊入長安方虜掠，未暇徇地⑦，乘此速往就之，徐圖大舉，此上策也。」眾皆曰：「善！」至渭濱，遇潼關敗卒，誤與之戰，死傷甚眾。已，乃收餘卒，擇渭水淺處，乘馬涉渡；無馬者涕泣而返。太子自奉天北上，比至新平，通夜馳三百里，士卒、器械失亡過半，所存之眾不過數百。新平太守薛羽棄郡走，太子斬之。是日，至安定，太守徐毅亦走⑧，又斬之。

注釋

　　①衰耄（ㄇㄠˋ）：衰老。

　　②芨（ㄅㄚˊ）涉：芨，在草叢中走。涉，徒步渡水。

　　③始：方始。

　　④適：往；去到。

　　⑤晏：晚。

　　⑥歲時致啟：每年都要來述職。

　　⑦徇地：攻取土地。

　　⑧徐毅（ㄐㄩㄝˊ）：人名。

【原文】

　　安祿山不意上遽西幸，遣使止崔乾祐兵留潼關，凡十日，乃遣孫孝哲將兵入長安，以張通儒為西京留守，崔光遠為京兆尹；使安忠順將兵屯苑中，以鎮關中。孝哲為祿山所寵任，尤用事①，常與嚴莊爭權；祿山使監關中諸將，通儒等皆受制於孝哲。孝哲豪侈，果於殺戮②，賊黨畏之。祿山命搜捕百官、宦者、宮女等，每獲數百人，輒以兵衛送洛陽。王、侯、

將、相扈從車駕、家留長安者，誅及嬰孩。陳希烈以晚節失恩，怨上，與張均、張垍等皆降於賊③。祿山以希烈、垍為相，自餘朝士皆授以官。於是賊勢大熾④，西脅汧、隴，南侵江、漢，北割河東之半。然賊將皆粗猛無遠略，既克長安，以為得志，日夜縱酒，專以聲色寶賄為事，無復西出之意，故上得安行入蜀，太子北行亦無追迫之患。

　　李光弼圍博陵未下，聞潼關不守，解圍而南。史思明躡其後，光弼擊卻之，與郭子儀皆引兵入井陘，留常山太守王儈將景城、河間團練兵守常山。平盧節度使劉正臣將襲范陽，未至，史思明引兵逆擊之，正臣大敗，棄妻子走，士卒死者七千餘人。初，顏真卿聞河北節度使李光弼出井陘，即斂軍還平原，以待光弼之命。聞郭、李西入井陘，真卿始復區處河北軍事⑤。

注釋

①尤：尤其。

②果：果敢。

③張垍（ㄐㄧˋ）：人名。

④熾（ㄔˋ）：火旺。引申為勢盛。

⑤區處：處理。

【原文】

　　太子至平涼數日，朔方留後杜鴻漸①、六城水陸運使魏少遊、節度判官崔漪、支度判官盧簡金、鹽池判官李涵相與謀曰：「平涼散地，非屯兵之所，靈武兵食完富，若迎太子至此，北收諸城兵，西發河、隴勁騎，南向以定中原，此萬世一時也。」乃使涵奉箋於太子，且籍朔方士馬、甲兵、穀帛、軍須之數以獻之②。涵至平涼，太子大悅。會河西司馬裴冕入為御史中丞，至平涼見太子，亦勸太子之朔方，太子從之。鴻漸，暹之族子③；涵，道之曾孫也。鴻漸、漪使少遊居後，葺次舍，庀資儲④，自迎太子於平涼北境，說太子曰：「朔方，天下勁兵處也。今吐蕃請和，回紇內附，四方郡縣大抵堅守拒賊以俟興復。殿下今理兵靈武，按轡長驅，移檄四方，收攬忠義，則逆賊不足屠也。」少遊盛治宮室，帷帳皆仿禁中，飲膳備水陸。秋，七月，辛酉，太子至靈武，悉命撤之。

　　裴冕、杜鴻漸等上太子箋⑤，請遵馬嵬之命，即皇帝位，太子不許。冕等言曰：「將士皆關中人，日夜思歸，所以崎嶇從殿下遠涉沙塞者⑥，冀尺寸之功。若一朝離散，不可復集。願殿下勉徇眾心，為社稷計！」箋五上，太子乃許之。是日，肅宗即位於靈武城南樓，群臣舞蹈，上流涕獻欷⑦。尊玄宗為上皇天帝，赦天下，改元。以杜鴻漸、崔漪並知中書舍人事，裴冕為中書侍郎、同平章事。改關內採訪使為節度使，徙治安化，以前蒲關防禦使呂崇賁為之。以陳倉令薛景仙為扶風太守，兼防禦使；隴右節度使郭英乂為天水太守，兼防禦使。時塞上精兵皆選入討賊，惟餘老弱守邊，文武官不滿三十人，披草萊⑧，立朝廷，制度草創，武人驕慢。大將管崇嗣在朝堂，背闕而坐，言笑自若，監察御史李勉奏彈之，繫於有司。上特原之，歎曰：「吾有李勉，朝廷始尊！」勉，元懿之曾孫也。旬日間，歸附者漸眾。

注釋

　　①留後：官名。唐代中後期，節度使之子弟或親信將吏代行職務者，稱節度留後，也有稱觀察留後的，事後多由朝廷補行任命為正式的節度、觀察使。

　　②籍：登記。

　　③杜暹（ㄒㄧㄢ）：人名。族子：同族兄弟之子。

　　④庀（ㄆㄧˇ）：具備，治理。

　　⑤箋（ㄐㄧㄢ）：文體名，書簡、奏記一類。奏箋多用以皇后、太子、諸王。

　　⑥崎嶇：地面高低不平貌。也用來比喻處境困難。

　　⑦獻欷（ㄒㄩㄒㄧ）：歎氣，抽噎聲。

　　⑧草萊：雜生的叢草。

【原文】

　　安祿山使孫孝哲殺霍國長公主及王妃、駙馬等於崇仁坊，剖其心①，以祭安慶宗。凡楊國忠、高力士之黨及祿山素所惡者皆殺之，凡八十三人，或以鐵楇揭其腦蓋②，流血滿街。己巳，又殺皇孫及郡、縣主二十餘人。

　　令狐潮圍張巡於雍丘，相守四十餘日，朝廷聲問不通③。潮聞玄宗已幸蜀，復以書招巡④。有大將六人，官皆開府、特進，白巡以兵勢不敵，且上存亡不可知，不如降賊。巡陽許諾。明日，堂上設天子畫像，帥將士朝之，人人皆泣。巡引六將於前，責以大義，斬之。士心益勸⑤。

　　中城矢盡，巡縛藁為人千餘⑥，被以黑衣，夜縋城下，潮兵爭射之，久乃知其藁人；得矢數十萬。其後復夜縋人，賊笑不設備，乃以死士五百斫潮營⑦；潮軍大亂，焚壘而遁，追奔十餘里。潮慚，益兵圍之。

　　巡使郎將雷萬春於城上與潮相聞，賊弩射之，面中六矢而不動。潮疑其木人，使諜問之，乃大驚，遙謂巡曰：「向見雷將軍，方知足下軍令矣，然其如天道何！」巡謂之曰：「君未識人倫，焉知天道！」未幾，出戰，擒賊將十四人，斬首百餘級。賊乃夜遁，收兵入陳留，不敢復出。

　　癸巳，靈武使者至蜀，上皇喜曰⑧：「吾兒應天順人，吾復何憂！」丁酉，制：「自今改制敕為誥，表疏稱太上皇。四海軍國事，皆先取皇帝進止，仍奏朕知；俟克復上京，朕不復預事。」己亥，上皇臨軒，命韋見素、房琯、崔渙奉傳國寶玉冊詣靈武傳位。

注釋

①刳（ㄎㄨ）：剖開，剖挖。

②棓（ㄅㄤˋ）：同「棒」，棍子。

③聲問：音信。

④書：信函。

⑤勸：勉勵。

⑥藁（ㄍㄠˇ）：草本植物，可用作藥。

⑦斫（ㄓㄨㄛˊ）：本義為大鋤。引申為砍，斬。

⑧上皇：指唐玄宗。因肅宗此時已即位，故稱玄宗為上皇，即太上皇。

題解

　　唐憲宗在削平不受朝命的藩鎮的過程中，任命裴度為相，主持討叛的軍事。西元817年，討叛軍兵敗，宰相李逢吉等以淮西屯兵四年，勞師弊賦，力主罷兵。裴度認為淮西是心腹之疾，必須掃除，且河北藩鎮正據此估計朝廷強弱，故不宜中止討伐，並自請督師。同年八月，裴度以宰相領淮西節度使、淮西宣慰招討處置使，赴前線。他奏罷了諸道兵中的宦官監軍，加強了統一指揮。十月，破蔡州，擒吳元濟。淮西既平，河北震慄，相繼歸順。本文節選自《資治通鑑》卷二三九，標題為編者所加。

【原文】

　　（唐憲宗）元和九年（814）

　　（八月）閏月，丙辰，彰義節度使吳少陽薨。少陽在蔡州，陰聚亡命①，牧養馬騾，時抄掠壽州茶山以實其軍②。其子攝蔡州刺史元濟③，匿喪，以病聞，自領軍務。

　　上自平蜀，即欲取淮西。淮南節度使李吉甫上言：「少陽軍中上下攜離④，請徙理壽州以經營之⑤。」會朝廷方討王承宗，未暇也。及吉甫入相，田弘正以魏博歸附。吉甫以為汝州捍蔽東都⑥，河陽宿兵，本以制魏博，今弘正歸附，則河陽為內鎮，不應屯重兵以示猜阻。辛酉，以河陽節度使烏重胤為汝州刺史，充河陽、懷、汝節度使，徙理汝州。己巳，弘正檢校右僕射，賜其軍錢二十萬緡，弘正曰：「吾未若移河陽軍之為喜也。」

注釋

　　①陰：隱密，暗地裡。
　　②抄掠：掠奪。
　　③攝：代理，兼理。
　　④攜離：同「攜貳」，親附的人漸生離心。

⑤「請徙理」句：徙理，遷移治理。經營，本謂經度營造。引申為籌畫營謀。

⑥靜蔽：保衛，遮蔽。

【原文】

（九月）吳少陽判官蘇兆、楊元卿、大將侯惟清皆勸少陽入朝。元濟惡之，殺兆，囚惟清。元卿先奏事在長安，具以淮西虛實及取元濟之策告李吉甫①，請討之②。時元濟猶匿喪，元卿勸吉甫，凡蔡使入奏者，所在止之。少陽死近四十日，不為輟朝③，但易環蔡諸鎮將帥④，益兵為備⑤。元濟殺元卿妻及四男以圬射堋⑥。淮西宿將董重質，吳少誠之婿也，元濟以為謀主。

李吉甫言於上曰：「淮西非如河北，四無黨援，國家常宿數十萬兵以備之，勞費不可支也。失今不取，後難圖矣。」上將討之，張弘靖請先為少陽輟朝、贈官，遣使弔贈，待其有不順之跡，然後加兵⑦。上從之，遣工部員外郎李君何弔祭。元濟不迎敕使，發兵四出，屠舞陽，焚葉，掠魯山、襄城，關東震駭，君何不得入而還。

注釋

①虛實：或虛或實，泛指內部情況。

②討：征伐，誅戮。

③輟：停止。

④易：更改，改變。

⑤益：加多。

⑥圬（ㄨ）：塗抹，粉刷。射堋（ㄆㄥˊ）：射堂的矮牆，用以分隔射道。

⑦加：施與。

【原文】

十年（815）

春，正月，乙酉，加韓弘守司徒。弘鎮宣武，十餘年不入朝，頗以兵力自負，朝廷亦不以忠純待之。王鍔加同平章事，弘恥班在其下①，與武

元衡書，頗露不平之意。朝廷方倚其形勢以制吳元濟，故遷官，使居鍔上以寵慰之。

吳元濟縱兵侵掠，及於東畿②。己亥，制削元濟官爵，命宣武等十六道進軍討之。嚴綬擊淮西兵，小勝，不設備，淮西兵夜還襲之。二月，甲辰，綬敗於慈丘，卻五十餘里，馳入唐州而守之。壽州團練使令狐通為淮西兵所敗，走保州城，境上諸柵盡為淮西所屠。癸丑，以左金吾大將軍李文通代之，貶通昭州司戶。

詔鄂岳觀察使柳公綽以兵五千授安州刺史李聽，使討吳元濟。公綽曰：「朝廷以吾書生不知兵邪！」即奏請自行，許之。公綽至安州，李聽屬櫜鞬迎之③。公綽以鄂岳都知兵馬使、先鋒行營兵馬都虞候二牒授之，選卒六千以屬聽，戒其部校曰：「行營之事，一決都將。」聽感恩畏威，如出麾下。公綽號令整肅，區處軍事，諸將無不服。士卒在行營者，其家疾病死喪，厚給之，妻淫泆者④，沈之於江，士卒皆喜曰：「中丞為我治家，我何得不前死⑤！」故每戰皆捷。公綽所乘馬，踶殺圉人⑥，公綽命殺馬以祭之，或曰：「圉人自不備耳，此良馬，可惜！」公綽曰：「材良性駑，何足惜也！」竟殺之。

注釋

①班：位次。

②東畿：就是東都畿。畿，指都城附近的地區。

③櫜（ㄍㄠ）：裝箭的袋子。鞬：盛弓的器物。

④淫泆（ㄧˋ）：放蕩，淫亂。

⑤何得：為什麼能。

⑥踶（ㄉㄧˋ）殺圉人：踢死或踩死掌管養馬的人。踶，踢。圉人，掌管養馬的人。

【原文】

庚子，李光顏奏破淮西兵於臨潁。

田弘正遣其子布將兵三千助嚴綬討吳元濟。

甲辰，李光顏又奏破淮西兵於南頓。

吳元濟遣使求救於恒、鄆。王承宗、李師道數上表請赦元濟①，上不

從。是時發諸道兵討元濟而不及淄青②，師道使大將將二千人趣壽春，聲言助官軍討元濟，實欲為元濟之援也③。

諸軍討淮西久未有功，五月，上遣中丞裴度詣行營宣慰，察用兵形勢④。度還，言淮西必可取之狀，且曰：「觀諸將，惟李光顏勇而知義⑤，必能立功。」上悅。

注釋

①赦：免罪，減罪。

②是：此。

③援：救助。

④形勢：行軍的陣勢。

⑤義：正義。指思想行為符合一定的標準。

【原文】

丙申，李光顏奏敗淮西兵於時曲。淮西兵晨壓其壘而陳①，光顏不得出，乃自毀其柵之左右，出騎以擊之。光顏自將數騎衝其陳，出入數四，賊皆識之，矢集其身如蝟毛。其子攬轡止之，光顏舉刀叱去②。於是人爭致死③，淮西兵大潰，殺數千人。上以裴度為知人。

上自李吉甫薨，悉以用兵事委武元衡④。李師道所養客說李師道曰：「天子所以銳意誅蔡者⑤，元衡贊之也⑥，請密往刺之⑦。元衡死，則他相不敢主其謀，爭勸天子罷兵矣。」師道以為然，即資給遣之。

注釋

①壘：軍營四周所築的堡寨。

②叱：大聲呵斥。

③致：達到，求得。這裡指人人爭相效命殺敵。

④委：託付。

⑤銳意：意志堅決，勇往直前。

⑥贊：佐助。

⑦刺：刺殺。

【原文】

六月，癸卯，天未明，元衡入朝，出所居靖安坊東門。有賊自暗中突出射之，從者皆散走，賊執元衡馬行十餘步而殺之，取其顱骨而去。又入通化坊擊裴度，傷其首，墜溝中，度氈帽厚，得不死。傔人王義自後抱賊大呼①，賊斷義臂而去。京城大駭，於是詔宰相出入，加金吾騎士張弦露刃以衛之，所過坊門呵索甚嚴②。朝士未曉不敢出門。上或御殿久之，班猶未齊。

裴度病瘡③，臥二旬，詔以衛兵宿其第，中使問訊不絕。或請罷度官以安恒、鄆之心，上怒曰：「若罷度官，是奸謀得成，朝廷無復綱紀④。吾用度一人，足破二賊。」甲子，上召度入對。乙丑，以度為中書侍郎、同平章事。度上言：「淮西，腹心之疾，不得不除。且朝廷業已討之，兩河藩鎮跋扈者⑤，將視此為高下，不可中止。」上以為然，悉以用兵事委度，討賊甚急。初，德宗多猜忌，朝士有相過從者⑥，金吾皆伺察以聞，宰相不敢私第見客，度奏：「今寇盜未平，宰相宜招延四方賢才與參謀議。」始請於私第見客，許之。

注釋

①傔（く一ㄢˋ）人：隨從，侍從。
②呵索：大聲呵斥尋找。
③病瘡：因為創傷失去健康。瘡，創傷。
④綱紀：法制。
⑤跋扈：專橫暴戾。
⑥有相過從者：有相交往者。

【原文】

（八月）乙丑，李光顏敗於時曲。

初，上以嚴綬在河東，所遣裨將多立功①，故使鎮襄陽，且督諸軍討吳元濟。綬無他材能，到軍之日，傾府庫，賚士卒②，累年之積，一朝而盡。又厚賂宦官以結聲援③，擁八州之眾萬餘人屯境上，閉壁經年④，無尺寸功，裴度屢言其軍無政。

九月，癸酉，以韓弘為淮西諸軍都統。弘樂於自擅，欲倚賊自重，不願淮西速平。李光顏在諸將中戰最力，弘欲結其歡心，舉大梁城索得一美婦人，教之歌舞絲竹，飾以珠玉金翠，直數百萬錢，遣使遺之，使者先致書。光顏乃大饗將士，使者進妓，容色絕世，一座盡驚。光顏謂使者曰：「相公愍光顏羈旅⑤，賜以美妓，荷德誠深。然戰士數萬，皆棄家遠來，冒犯白刃，光顏何忍獨以聲色自娛悅乎！」因流涕，坐者皆泣。即於席上厚以繒帛贈使者，並妓返之，曰：「為光顏多謝相公，光顏以身許國，誓不與逆賊同戴日月，死無貳矣！」

十一月，壽州刺史李文通奏敗淮西兵。壬申，韓弘請命眾軍合攻淮西；從之。

李光顏、烏重胤敗淮西兵於小　水，拔其城。

注釋

①裨（ㄆㄧˊ）將：副將。
②賚：賞賜，贈送。
③結：勾結，結交。
④經年：經過多年。經，經過；經歷。
⑤愍（ㄇㄧㄣˇ）：哀憐。

【原文】

十一年（816）

（春，正月）癸未，制削王承宗官爵，命河東、幽州、義武、橫海、魏博、昭義六道進討。韋貫之屢請先取吳元濟、後討承宗，曰：「陛下不見建中之事乎？始於討魏及齊，而蔡、燕、趙皆應，卒致朱泚之亂，由德宗不能忍數年之憤邑①，欲太平之功速成故也。」上不聽。

六月，甲辰，高霞寓大敗於鐵城，僅以身免。時諸將討淮西者，勝則虛張殺獲，敗則匿之。至是，大敗不可掩，始上聞，中外駭愕②。宰相入見，將勸上罷兵，上曰：「勝負兵家之常③，今但當論用兵方略④，察將帥之不勝任者易之，兵食不足者助之耳。豈得以一將失利，遽議罷兵邪！」於是獨用裴度之言，他人言罷兵者亦稍息矣⑤。己酉，霞寓退保唐州。

【注釋】

①邑：通「悒」。鬱結，憂鬱不樂。

②駭：馬受驚，也指人受驚。愕：陡然受驚。

③常：普通，平常。

④但：只，僅。方略：策劃，計謀。

⑤稍息：逐漸平息。

【原文】

十二年（817）

（春，正月）李愬至唐州，軍中承喪敗之餘①，士卒皆憚戰，愬知之。有出迓者②，愬謂之曰：「天子知愬柔懦，能忍恥，故使來拊循爾曹③。至於戰攻進取，非吾事也。」眾信而安之。

愬親行視士卒，傷病者存恤之④，不事威嚴。或以軍政不肅為言，愬曰：「吾非不知也。袁尚書專以恩惠懷賊⑤，賊易之⑥，聞吾至，必增備，吾故示之以不肅。彼必以吾為懦而懈惰，然後可圖也。」淮西人自以嘗敗高、袁二帥，輕愬名位素微，遂不為備。

【注釋】

①承：蒙受。

②迓（一ㄚˋ）：迎接。

③拊（ㄈㄨˇ）循：撫慰。

④存恤：慰問救濟。

⑤懷：安撫。

⑥易：簡率，輕慢。

【原文】

（二月）李愬謀襲蔡州，表請益兵，詔以昭義、河中、鄜坊步騎二千給之。丁酉，愬遣十將馬少良將十餘騎巡邏①，遇吳元濟捉生虞候丁士良，與戰，擒之。士良，元濟驍將，常為東邊患，眾請剚其心，愬許之。既而召詰之，士良無懼色。愬曰：「真丈夫也！」命釋其縛②。士良乃自

言：「本非淮西士，貞元中隸安州，與吳氏戰，為其所擒，自分死矣③。吳氏釋我而用之，我因吳氏而再生，故為吳氏父子竭力。昨日力屈④，復為公所擒，亦分死矣。今公又生之，請盡死以報德！」愬乃給其衣服器械，署為捉生將。

丁士良言於李愬曰：「吳秀琳擁三千之眾，據文城柵，為賊左臂，官軍不敢近者，有陳光洽為之謀主也⑤。光洽勇而輕⑥，好自出戰，請為公先擒光洽，則秀琳自降矣。」戊申，士良擒光洽以歸。

淮西被兵數年，竭倉廩以奉戰士，民多無食，采菱芡魚鱉鳥獸食之，亦盡，相帥歸官軍者前後五千餘戶。賊亦患其耗糧食，不復禁。庚申，敕置行縣以處之⑦，為擇縣令，使之撫養，並置兵以衛之。

注釋

①十將：軍中下級軍官名稱。

②釋：解除，解開。

③分（ㄈㄣˋ）：料想。

④屈：竭，窮盡。

⑤謀主：主要的出謀劃策的人。

⑥輕：輕敵。

⑦處：安排。

【原文】

三月，乙丑，李愬自唐州徙屯宜陽柵。

吳秀琳以文城柵降於李愬。戊子，愬引兵至文城西五里，遣唐州刺史李進誠將甲士八千至城下，召秀琳，城中矢石如雨，眾不得前。進誠還報：「賊偽降，未可信也。」愬曰：「此待我至耳。」即前至城下，秀琳束兵投身馬足下，愬撫其背慰勞之，降其眾三千人。秀琳將李憲有材勇，愬更其名曰忠義而用之，悉遷婦女於唐州①。於是唐、鄧軍氣復振，人有欲戰之志。賊中降者相繼於道，隨其所便而置之。聞有父母者，給粟帛遣之，曰：「汝曹皆王人②，勿棄親戚。」眾皆感泣。

官軍與淮西兵夾洺水而軍，諸軍相顧望③，無敢渡洺水者。陳許兵馬使王沛先引兵五千渡洺水，據要地為城，於是河陽、宣武、河東、魏博等

軍相繼皆渡，進逼郾城。丁亥，李光顏敗淮西兵三萬於郾城，走其將張伯良④，殺士卒什二三。

注釋

①悉：全部。

②汝曹皆王人：你們都是皇帝的子民。曹，輩。汝曹，你輩；你們。人，人民。

③相顧望：回頭互相看。顧，回頭看。

④走：逃走。

【原文】

己丑，李愬遣山河十將董少玢等分兵攻諸柵。其日，少玢下馬鞍山，拔路口柵。夏，四月，辛卯，山河十將馬少良下嵯岈山①，擒淮西將柳子野。

吳元濟以蔡人董昌齡為郾城令，質其母楊氏②。楊氏謂昌齡曰：「順死賢於逆生③，汝去逆而吾死，乃孝子也；從逆而吾生，是戮吾也。」會官軍圍青陵，絕郾城歸路，郾城守將鄧懷金謀於昌齡，昌齡勸之歸國，懷金乃請降於李光顏曰：「城人之父母妻子皆在蔡州，請公來攻城，吾舉烽求救④，救兵至，公逆擊之，蔡兵必敗，然後吾降，則父母妻子庶免矣⑤。」光顏從之。乙未，昌齡、懷金舉城降，光顏引兵入據之。吳元濟聞郾城不守，甚懼。時董重質將驍軍守洄曲，元濟悉發親近及守城卒詣重質以拒之。

李愬山河十將娵雅、田智榮下冶爐城⑥。丙申，十將閻士榮下白狗、汶港二柵。癸卯，娵雅、田智榮破西平。丙午，遊弈兵馬使王義破楚城。

注釋

①嵯岈（ㄔㄚˊ一ㄚˊ）山：在今河南遂平縣。

②質：作為保證的人或物。這裡作動詞。

③賢：多，勝。

④烽：烽火。

⑤庶免：差不多都可免於難。庶，幾乎；差不多。

⑥嬀（ㄍㄨㄟ）雅：人名。

【原文】

　　五月，辛酉，李愬遣柳子野、李忠義襲郎山，擒其守將梁希果。

　　丁丑，李愬遣方城鎮遏使李榮宗擊青喜城，拔之。

　　愬每得降卒，必親引問委曲①，由是賊中險易遠近虛實盡知之。愬厚待吳秀琳，與之謀取蔡。秀琳曰：「公欲取蔡，非李祐不可，秀琳無能為也。」祐者，淮西騎將，有勇略，守興橋柵，常陵暴官軍②。庚辰，祐帥士卒刈麥於張柴村③，愬召廂虞候史用誠，戒之曰：「爾以三百騎伏彼林中，又使人搖幟於前，若將焚其麥積者。祐素易官軍④，必輕騎來逐之，爾乃發騎掩之⑤，必擒之。」用誠如言而往，生擒祐以歸。將士以祐向日多殺官軍，爭請殺之。愬不許，釋縛，待以客禮。

注釋

　　①親引問委曲：親自詢問事情的底細和原委。委曲，事情的底細和原委。

　　②陵暴：欺凌。陵，欺侮。暴，暴虐。

　　③刈（ㄧˋ）：割。

　　④素：向來。易：輕視。

　　⑤掩：乘人不備而進襲或逮捕。

【原文】

　　時愬欲襲蔡，而更密其謀，獨召祐及李忠義屏人語①，或至夜分，他人莫得預聞②。諸將恐祐為變，多諫愬。愬待祐益厚。士卒亦不悅，諸軍日有牒稱祐為賊內應③，且言得賊謀者具言其事。愬恐謗先達於上，己不及救，乃持祐泣曰：「豈天不欲平此賊邪！何吾二人相知之深而不能勝眾口也。」因謂眾曰：「諸君既以祐為疑，請令歸死於天子。」乃械祐送京師，先密表其狀，且曰：「若殺祐，則無以成功。」詔釋之，以還愬。愬見之喜，執其手曰：「爾之得全，社稷之靈也！」乃署散兵馬使，令佩刀巡警，出入帳中。或與之同宿，密語不寐達曙④，有竊聽於帳外者，但聞祐感泣聲。時唐、隨牙隊三千人⑤，號六院兵馬，皆山南東道之精銳也。

愬又以祐為六院兵馬使。

舊軍令，舍賊諜者屠其家。愬除其令，使厚待之。諜反以情告愬，愬益知賊中虛實。乙酉，愬遣兵攻郎山，淮西兵救之，官軍不利。眾皆悵恨，愬獨歡然曰：「此吾計也！」乃募敢死士三千人，號曰突將，朝夕自教習之，使常為行備，欲以襲蔡。會久雨，所在積水⑥，未果。

注釋

①屏（ㄅㄧㄥˇ）：也作摒，摒退，叫人離開。

②預：參與，干預。

③牒：文書。

④曙：破曉的時候。

⑤牙隊：節度使的護衛部隊。

⑥所在：處處。

【原文】

閏月，吳元濟見其下數叛，兵勢日蹙①，六月，壬戌，上表謝罪，願束身自歸。上遣中使賜詔，許以不死，而為左右及大將董重質所制②，不得出。

（秋，七月）諸軍討淮、蔡，四年不克，饋運疲弊，民至有以驢耕者。上亦病之③，以問宰相。李逢吉等競言師老財竭④，意欲罷兵。裴度獨無言，上問之，對曰：「臣請自往督戰。」乙卯，上復謂度曰：「卿真能為朕行乎？」對曰：「臣誓不與此賊俱生！臣比觀吳元濟表⑤，勢實窘蹙，但諸將心不壹，不并力迫之，故未降耳。若臣自詣行營，諸將恐臣奪其功，必爭進破賊矣。」上悅，丙戌，以度為門下侍郎、同平章事、兼彰義節度使，仍充淮西宣慰招討處置使。又以戶部侍郎崔群為中書侍郎、同平章事。制下，度以韓弘已為都統，不欲更為招討，請但稱宣慰處置使，仍奏刑部侍郎馬總為宣慰副使，右庶子韓愈為彰義行軍司馬，判官、書記皆朝廷之選⑥，上皆從之。度將行，言於上曰：「臣若賊滅，則朝天有期；賊在，則歸闕無日。」上為之流涕。

①亟（ㄘㄨˋ）：緊迫。

②制：制止，控制。

③病：擔憂。

④師老財竭：軍隊疲憊不堪，國家財物用盡。老，疲勞；勞累。

⑤表：古代奏章的一種。

⑥選：銓選，引申為經選擇而合格。

【原文】

八月，庚申，度赴淮西，上御通化門送之。右神武將軍張茂和，茂昭弟也，嘗以膽略自衒於度①。度表為都押牙，茂和辭以疾②，度奏請斬之。上曰：「此忠順之門，為卿遠貶。」辛酉，貶茂和永州司馬。以嘉王傅高承簡為都押牙。承簡，崇文之子也。

李逢吉不欲討蔡，翰林學士令狐楚與逢吉善，度恐其合中外之勢以沮軍事，乃請改制書數字，且言其草制失辭。壬戌，罷楚為中書舍人。

李光顏、烏重胤與淮西戰，癸亥，敗於賈店。

裴度過襄城南白草原，淮西人以驍騎七百邀之。鎮將楚丘曹華知而為備，擊卻之。度雖辭招討名③，實行元帥事，以郾城為治所。甲申，至郾城。先是，諸道皆有中使監陳，進退不由主將，勝則先使獻捷，不利則陵挫百端④。度悉奏去之，諸將始得專軍事⑤，戰多有功。

注釋

①衒（ㄒㄩㄢˋ）：炫耀。

②辭以疾：藉口生病推辭。

③招討：即招討使。官名，唐宋多以大臣、將帥或地方軍政長官兼任，掌管鎮壓人民起義和招降伐叛等事，事後即撤銷。

④陵挫：凌辱，屈辱。

⑤專：單獨掌握或佔有。

【原文】

九月，庚子，淮西兵寇□水鎮，殺三將，焚蒭藁而去。

甲寅，李愬將攻吳房，諸將曰：「今日往亡①。」愬曰：「吾兵少，不足戰，宜出其不意。彼以往亡不吾虞②，正可擊也。」遂往，克其外城，斬首千餘級。餘眾保子城，不敢出。愬引兵還以誘之，淮西將孫獻忠果以驍騎五百追擊其背③。眾驚，將走，愬下馬據胡床④，令曰：「敢退者斬！」返旆力戰⑤，獻忠死，淮西兵乃退。或勸愬乘勝攻其子城，可拔也。愬曰：「非吾計也。」引兵還營。

李祐言於李愬曰：「蔡之精兵皆在洄曲，及四境拒守，守州城者皆羸老之卒⑥，可以乘虛直抵其城。比賊將聞之，元濟已成擒矣。」愬然之。冬十月，甲子，遣掌書記鄭澥至郾城，密白裴度。度曰：「兵非出奇不勝，常侍良圖也。」

裴度帥僚佐觀築城於沱口，董重質帥騎出五溝，邀之，大呼而進，注弩挺刃，勢將及度。李光顏與田布力戰，拒之，度僅得入城。賊退，布扼其溝中歸路。賊下馬逾溝，墜壓死者千餘人。

注釋

①往亡：陰陽家語。凶日名。舊曆每月皆有。是日諸多禁忌。此處胡三省注：「陰陽家之說，八月以白露後十八日為往亡，九月以寒露後第二十七日為往亡。」

②虞：預料。

③背：後面。

④胡床：一種輕便的折疊椅。

⑤返旆（ㄆㄟˋ）：回軍。旆，大旗。

⑥羸（ㄌㄟˊ）老：老弱。

【原文】

辛未，李愬命馬步都虞候、隨州刺史史旻留鎮文城，命李祐、李忠義帥突將三千為前驅，自與監軍將三千人為中軍，命田進誠將三千人殿其後。軍出，不知所之。愬曰：「但東行。」行六十里，夜，至張柴村，

盡殺其戍卒及烽子①。據其柵，命士少休，食乾糗②，整羈靮③，留義成軍五百人鎮之，以斷朗山救兵，命丁士良將五百人斷洄曲及諸道橋樑，復夜引兵出門。諸將請所之，愬曰：「入蔡州取吳元濟！」諸將皆失色。監軍哭曰：「果落李祐奸計！」時大風雪，旌旗裂，人馬凍死者相望。天陰黑，自張柴村以東道路，皆官軍所未嘗行，人人自以為必死，然畏愬，莫敢違。夜半，雪愈甚，行七十里，至州城。近城有鵝鴨池，愬令擊之以混軍聲。

　　自吳少誠拒命，官軍不至蔡州城下三十餘年，故蔡人不為備。壬申，四鼓，愬至城下，無一人知者。李祐、李忠義钁其城④，為坎以先登，壯士從之。守門卒方熟寐，盡殺之，而留擊柝者⑤，使擊柝如故，遂開門納眾。及裡城，亦然，城中皆不之覺。雞鳴，雪止，愬入居元濟外宅。或告元濟曰：「官軍至矣！」元濟尚寢，笑曰：「俘囚為盜耳！曉當盡戮之。」又有告者曰：「城陷矣！」元濟曰：「此必洄曲子弟就吾求寒衣也。」起，聽於廷，聞愬軍號令曰：「常侍傳語！」應者近萬人。元濟始懼，曰：「何等常侍，能至於此！」乃帥左右登牙城拒戰⑥。

注釋

　　①烽子：守衛烽火臺的士兵。
　　②乾糗（ㄑㄧㄡˇ）：乾糧。
　　③羈靮（ㄉㄧˊ）：羈，馬絡頭。靮，韁繩。
　　④钁（ㄐㄩㄝˊ）：鋤，這裡是指用鋤挖。
　　⑤柝（ㄊㄨㄛˋ）：打更的木梆。
　　⑥牙城：唐代藩鎮主帥所居之城。

【原文】

　　時董重質擁精兵萬餘人據洄曲。愬曰：「元濟所望者①，重質之救耳。」乃訪重質家，厚撫之，遣其子傳道持書諭重質。重質遂單騎詣愬降。

　　愬遣李進誠攻牙城，毀其外門，得甲庫②，取其器械。癸酉，復攻之，燒其南門，民爭負薪芻助之，城上矢如蝟毛。晡時，門壞，元濟於城上請罪，進誠梯而下之。甲戌，愬以檻車送元濟詣京師③，且告於裴度。

是日，申、光二州及諸鎮兵二萬餘人相繼來降。

自元濟就擒，愬不戮一人，凡元濟官吏、帳下、廚廄之卒，皆復其職，使之不疑，然後屯於鞠場以待裴度④。

己卯，淮西行營奏獲吳元濟，光祿少卿楊元卿言於上曰：「淮西大有珍寶，臣能知之，往取必得。」上曰：「朕討淮西，為人除害，珍寶非所求也。」

董重質之去洄曲軍也，李光顏馳入其壁，悉降其眾。庚辰，裴度遣馬總先入蔡州慰撫。辛巳，度建彰義軍節，將降卒萬餘人入城，李愬具囊鞬出迎⑤，拜於路左。度將避之，愬曰：「蔡人頑悖，不識上下之分⑥，數十年矣。願公因而示之，使知朝廷之尊。」度乃受之。

注釋

①望：盼望，希望。

②甲庫：兵器庫。

③檻（ㄐㄧㄢˋ）車：也作「轞車」。裝載猛獸或囚禁罪犯的車子。

④鞠場：擊鞠（又稱打馬球）的場地。

⑤囊（ㄍㄠ）：裝箭的袋子。鞬（ㄐㄧㄢ）：盛弓的器物。

⑥分（ㄈㄣˋ）：名分。

【原文】

李愬還軍文城，諸將請曰：「始公敗於郎山而不憂，勝於吳房而不取，冒大風甚雪而不止，孤軍深入而不懼，然卒以成功，皆眾人所不諭也，敢問其故？」愬曰：「郎山不利，則賊輕我而不為備矣。取吳房，則其眾奔蔡，並力固守，故存之以分其兵。風雪陰晦，則烽火不接，不知吾至。孤軍深入，則人皆致死，戰自倍矣。夫視遠者不顧近，慮大者不詳細，若矜小勝①，恤小敗②，先自撓矣③，何暇立功乎！」眾皆服。愬儉於奉己而豐於待士，知賢不疑，見可能斷，此其所以成功也。

裴度以蔡卒為牙兵，或諫曰：「蔡人反仄者尚多④，不可不備。」度笑曰：「吾為彰義節度使，元惡既擒，蔡人則吾人也，又何疑焉！」蔡人聞之感泣。先是吳氏父子阻兵，禁人偶語於塗⑤，夜不然燭，有以酒食相過從者罪死。度既視事，下令惟禁盜賊鬥殺，餘皆不問，往來者不限晝夜，蔡人始知有生民之樂。

①矜（ㄐㄧㄣ）：自以為能，自誇。

②恤：顧慮，憂慮。

③自撓：自己擾亂自己。

④仄：這裡指不一心。

⑤偶語：相對私語。塗：同「途」，路途。

【原文】

甲申，詔韓弘、裴度條列平蔡將士功狀及蔡之將士降者，皆差第以聞①。淮西州縣百姓，給復二年②；近賊四州，免來年夏稅。官軍戰亡者，皆為收葬，給其家衣糧五年；其因戰傷殘廢者，勿停衣糧。

十一月，丙戌朔，上御興安門受俘，遂以吳元濟獻廟社③，斬於獨柳之下。

戊子，以李愬為山南東道節度使，賜爵涼國公；加韓弘兼侍中；李光顏、烏重胤等各遷官有差。

十二月，壬戌，賜裴度爵晉國公，復入知政事。以馬總為淮西節度使。

注釋

①差第：等次。

②給復：免除賦稅徭役。

③獻：獻祭。

朋黨之爭

題解

　　唐朝後期，政治腐敗。而以牛僧孺、李德裕為首的朋黨，各以自己一方的利益為出發點，決定好惡。牛黨譽之，李黨必毀之，李黨譽之，牛黨也必毀之，兩黨互相攻訐，互相排斥，加劇了政治的腐敗。本文節選自《資治通鑑》卷二四四、卷二四五，標題為編者所加。

【原文】

　　（唐文宗）太和四年（830）

　　春，正月，辛巳，武昌節度使牛僧孺入朝。

　　李宗閔引薦牛僧孺①。辛卯，以僧孺為兵部尚書、同平章事。於是二人相與排擯李德裕之黨②，稍稍逐之。

　　（七月）初，裴度征淮西，奏李宗閔為觀察判官，由是漸獲進用。至是，怨度薦李德裕，因其謝病，九月，壬午，以度兼侍中，充山南東道節度使。

　　西川節度使郭釗以疾求代，冬，十月，戊申，以義成節度使李德裕為西川節度使。

　　蜀自南詔入寇，一方殘弊③，郭釗多病，未暇完補④。德裕至鎮，作籌邊樓，圖蜀地形，南入南詔，西達吐蕃。日召老於軍旅、習邊事者，雖走辛蠻夷無所間，訪以山川、城邑、道路險易廣狹遠近，未逾月，皆若身嘗涉歷。

注釋

　　①引薦：推薦。
　　②排擯：排斥，排擠。
　　③殘弊：傷害，毀壞。
　　④完補：修繕，修補，補充。

【原文】

　　上命德裕修塞清溪關以斷南詔入寇之路，或無土，則以石壘之。德裕上言：「通蠻細路至多，不可塞，惟重兵鎮守，可保無虞。但黎、雅以來得萬人，成都得二萬人，精加訓練，則蠻不敢動矣。邊兵又不宜多，須力可臨制①。崔旰之殺郭英乂，張朏之逐張延賞②，皆鎮兵也。」時北兵皆歸本道，惟河中、陳許三千人在成都，有詔來年三月亦歸，蜀人恟懼。德裕奏乞鄭滑五百人、陳許千人以鎮蜀。且言：「蜀兵脆弱，新為蠻寇所困，皆破膽，不堪征戍。若北兵盡歸，則與杜元穎時無異，蜀不可保。恐議者云蜀經蠻寇以來，已自增兵，向者蠻寇已逼③，元穎始募市人為兵，得三千餘人，徒有其數，實不可用。郭釗募北兵僅得百餘人，臣復召募得二百餘人，此外皆元穎舊兵也。恐議者又聞一夫當關之說，以為清溪可塞。臣訪之蜀中老將，清溪之旁，大路有三，自餘小徑無數，皆東蠻臨時為之開通，若言可塞，則是欺罔朝廷④。要須大度水北更築一城，迤邐接黎州⑤，以大兵守之方可。況聞南詔以所掠蜀人二千及金帛賂遺吐蕃，若使二虜知蜀虛實，連兵入寇，誠可深憂。其朝臣建言者，蓋由禍不在身，望人責一狀，留入堂案⑥，他日敗事，不可令臣獨當國憲⑦。」朝廷皆從其請。德裕乃練士卒，葺堡鄣⑧，積糧儲以備邊，蜀人粗安。

注釋

①力可臨制：其兵力可以被朝廷控制。

②崔旰（ㄍㄢˋ）、張朏（ㄈㄟˇ）：均為人名。

③向者：從前；過去。

④欺罔：欺騙。

⑤迤邐：曲折綿延的樣子。

⑥堂案：堂，唐大臣議事的政事堂。案，文案。

⑦憲：法。

⑧葺（ㄑㄧˋ）：原指用茅草覆蓋房屋。後泛指修理建築物。

【原文】

　　五年（831）

　　（春，正月）庚申，盧龍監軍奏李載義與敕使宴於毬場後院[1]，副兵馬使楊志誠與其徒呼噪作亂[2]，載義與子正元奔易州。志誠又殺莫州刺史張慶初。上召宰相謀之，牛僧孺曰：「范陽自安、史以來，非國所有，劉總蹔獻其地[3]，朝廷費錢八十萬緡而無絲毫所獲。今日志誠得之，猶前日載義得之也[4]。因而撫之，使捍北狄，不必計其逆順。」上從之。載義自易州赴京師，上以載義有平滄景之功，且事朝廷恭順，二月，壬辰，以載義為太保，同平章事如故。以楊志誠為盧龍留後。

注釋

①毬場：唐代擊鞠（即馬球運動）的場所。
②徒：徒眾。
③蹔：同「暫」。
④猶：如，同。

【原文】

　　（秋，八月）西川節度使李德裕奏：「蜀兵羸疾老弱者，從來終身不簡[1]，臣命立五尺五寸之度，簡去四千四百餘人，復簡募少壯者千人以慰其心。所募北兵已得千五百人，與土兵參居[2]，轉相訓習，日益精練。又，蜀工所作兵器，徒務華飾不堪用。臣今取工於別道以治之，無不堅利。」

　　九月，吐蕃維州副使悉怛謀請降，盡帥其眾奔成都。德裕遣行維州刺史虞藏儉將兵入據其城。庚申，具奏其狀，且言「欲遣生羌三千，燒十三橋，搗西戎腹心，可洗久恥，是韋皋沒身恨不能致者也[3]！」事下尚書省，集百官議，皆請如德裕策。牛僧孺曰：「吐蕃之境，四面各萬里，失一維州，未能損其勢。比來修好，約罷戍兵，中國禦戎，守信為上。彼若來責曰：『何事失信？』養馬蔚茹川，上平涼阪，萬騎綴回中，怒氣直辭，不三日至咸陽橋。此時西南數千里外，得百維州何所用之！徒棄誠信，有害無利。此匹夫所不為[4]，況天子乎！」上以為然，詔德裕以其城歸吐蕃，執悉怛謀及所與偕來者悉歸之。吐蕃盡誅之於境上，極其慘酷。德裕由是怨僧孺益深。

【注釋】

①簡：挑選。

②參居：互相雜居。

③沒身：死。

④匹夫：古指平民中的男子。也泛指尋常的個人。

【原文】

六年（832）

十一月，乙卯，以荊南節度使段文昌為西川節度使。西川監軍王踐言入知樞密①，數為上言：「縛送悉怛謀以快虜心②，絕後來降者，非計也。」上亦悔之，尤中書侍郎、同平章事牛僧孺失策③。附李德裕者因言：「僧孺與德裕有隙，害其功。」上益疏之。僧孺內不自安，會上御延英，謂宰相曰：「天下何時當太平，卿等亦有意於此乎！」僧孺對曰：「太平無象④。今四夷不至交侵，百姓不至流散，雖非至理，亦謂小康。陛下若別求太平，非臣等所及。」退，謂同列曰：「主上責望如此，吾曹豈得久居此地乎！」因累表請罷⑤。十二月，乙丑，以僧孺同平章事，充淮南節度使。

【注釋】

①知：主管。

②快：樂意，稱心。這裡作動詞。

③尤：責怪。

④象：形狀。

⑤累：屢次，接連。

【原文】

初，李宗閔與德裕有隙，及德裕還自西川，上注意甚厚①，朝夕且為相，宗閔百方沮之不能。京兆尹杜悰，宗閔黨也，嘗詣宗閔，見其有憂色，曰：「得非以大戎乎？」宗閔曰：「然。何以相救？」悰曰：「悰有一策，可平宿憾②，恐公不能用。」宗閔曰：「何如？」悰曰：「德裕有

文學而不由科第，常用此為慊慊③，若使之知舉，必喜矣。」宗閔默然有間，曰：「更思其次。」惊曰：「不則用為御史大夫。」宗閔曰：「此則可矣。」惊再三與約，乃詣德裕。德裕迎揖曰：「公何為訪此寂寥？」惊曰：「靖安相公令惊達意④。」即以大夫之命告之。德裕驚喜泣下，曰：「此大門官，小子何足以當之！」寄謝重沓⑤。宗閔復與給事中楊虞卿謀之，事遂中止。虞卿，汝士之從弟也⑥。

注釋

①注意：留心到。引申為看重。
②宿憾：一向有的遺憾。
③慊慊：遺憾的樣子。
④靖安相公：李宗閔居所名靖安坊，因以稱之。
⑤沓：繁多，重複。
⑥從弟：即堂弟。

【原文】

七年（833）

（二月）丙戌，以兵部尚書李德裕同平章事。德裕入謝，上與之論朋黨事，對曰：「方今朝士三分之一為朋黨。」時給事中楊虞卿與從兄中書舍人汝士、弟戶部郎中漢公、中書舍人張元夫、給事中蕭澣等善交結，依附權要，上干執政，下撓有司①，為士人求官及科第，無不如志。上聞而惡之，故與德裕言首及之。德裕因得以排其所不悅者。初，左散騎常侍張仲方嘗駁李吉甫諡②，及德裕為相，仲方稱疾不出。三月，壬辰，以仲方為賓客分司③。

（三月）庚戌，以楊虞卿為常州刺史，張元夫為汝州刺史。他日，上復言及朋黨，李宗閔曰：「臣素知之，故虞卿輩臣皆不與美官。」李德裕曰：「給、舍非美官而何④！」宗閔失色⑤。丁巳，以蕭澣為鄭州刺史。

注釋

①上干執政，下撓有司：對上干涉當政者主持政務，對下阻撓官吏辦事。

②駁：反駁，否定。

③賓客：官名，全稱為太子賓客，為太子官屬中之最高級，但無實職。

④給、舍：即給事中、中書舍人。

⑤失色：因驚恐而變了面色。

【原文】

（六月）壬申，以工部尚書鄭覃為御史大夫。初，李宗閔惡覃在禁中數言事，奏罷其侍講。上從容謂宰相曰：「殷侑經術頗似鄭覃。」宗閔對曰：「覃、侑經術誠可尚，然論議不足聽。」李德裕曰：「覃、侑議論，他人不欲聞，惟陛下欲聞之。」後旬日，宣出，除覃御史大夫。宗閔謂樞密使崔潭峻曰：「事一切宣出①，安用中書②！」潭峻曰：「八年天子，聽其自行事亦可矣！」宗閔愀然而止③。

（秋，七月）上患近世文士不通經術，李德裕請依楊綰議，進士試論議，不試詩賦。德裕又言：「昔玄宗以臨淄王定內難，自是疑忌宗室，不令出閣。天下議皆以為幽閉骨肉，虧傷人倫④。向使天寶之末、建中之初⑤，宗室散處方州，雖未能安定王室，尚可各全其生。所以悉為安祿山、朱泚所魚肉者⑥，由聚於一宮故也。陛下誠因冊太子，制書聽宗室年高屬疏者出閣，且除諸州上佐，使攜其男女出外婚嫁。此則百年弊法，一旦因陛下去之，海內孰不欣悅！」上曰：「茲事朕久知其不可，方今諸王豈無賢才，無所施耳！」八月，庚寅，冊命太子，因下制：諸王自今以次出閣，授緊、望州刺史、上佐⑦；十六宅縣主⑧，以時出適⑨；進士停試詩賦。諸王出閣，竟以議所除官不決而罷。

注釋

①宣出：這裡指直接宣佈。

②中書：指中書省，為唐代決定政策的機構。

③愀然：憂愁不快的樣子。

④虧傷：損壞，傷害。

⑤向使：如果。

⑥魚肉：魚肉任人宰割。比喻被欺凌屠戮。

⑦緊、望州：為唐代地位獨特或重要的州。

⑧縣主：皇族女子的封號。後漢帝女，皆封縣公主。隋唐以來，諸王之女，亦封郡縣，稱某郡縣主。

⑨適：女子出嫁。

【原文】

八年（834）

（夏，六月）初，李仲言流象州①，遇赦，還東都。會留守李逢吉思復入相，仲言自言與鄭注善②，逢吉使仲言厚賂之。注引仲言見王守澄，守澄薦於上，云仲言善《易》，上召見之。時仲言有母服③，難入禁中，乃使衣民服，號王山人。仲言儀狀秀偉，倜儻尚氣，頗工文辭，有口辯，多權數④。上見之，大悅，以為奇士，待遇日隆。

仲言既除服，秋，八月，辛卯，上欲以仲言為諫官，置之翰林。李德裕曰：「仲言向所為，計陛下必盡知之，豈宜置之近侍？」上曰：「然豈不容其改過？」對曰：「臣聞惟顏回能不貳過。彼聖賢之過，但思慮不至，或失中道耳。至於仲言之惡，著於心本，安能悛改邪⑤！」上曰：「李逢吉薦之，朕不欲食言。」對曰：「逢吉身為宰相，乃薦奸邪以誤國，亦罪人也。」上曰：「然則別除一官。」對曰：「亦不可。」上顧王涯，涯對曰：「可。」德裕揮手止之，上回顧適見，色殊不懌而罷⑥。始，涯聞上欲用仲言，草諫疏極憤激；既而見上意堅，且畏其黨盛，遂中變。

注釋

①流：古代五刑之一，把罪人放逐到遠方。

②善：友好，親善。

③母服：服，衣服，特指喪禮穿戴的喪服。母服，為母親去世而穿著喪服。

④權數：應變的機智。

⑤悛（ㄑㄩㄢ）：改過，悔改。

⑥懌（ㄧˋ）：高興，喜悅。

【原文】

尋以仲言為四門助教，給事中鄭肅、韓佽封還敕書①。德裕將出中書，謂涯曰：「且喜給事中封敕！」涯即召肅、佽謂曰：「李公適留語，令二閣老不用封敕。」二人即行下，明日，以白德裕，德裕驚曰：「德裕不欲封還，當面聞，何必使人傳言！且有司封駁，豈復稟宰相意邪！」二人悵恨而去。

九月，辛亥，徵昭義節度副使鄭注至京師。王守澄、李仲言、鄭注皆惡李德裕，以山南西道節度使李宗閔與德裕不相悅②，引宗閔以敵之。壬戌，詔征宗閔於興元。

（冬，十月）庚寅，以李宗閔為中書侍郎、同平章事。甲午，以中書侍郎、同平章事李德裕同平章事，充山南西道節度使。是日，以李仲言為翰林侍講學士。給事中高銖、鄭肅、韓佽、諫議大夫郭承嘏、中書舍人權璩等爭之③，不能得。

（十一月）李宗閔言李德裕制命已行，不宜自便。乙亥，復以德裕為鎮海節度使，不復兼平章事。時德裕、宗閔各有朋黨，互相擠援④。上患之，每歎曰：「去河北賊易，去朝廷朋黨難！」

注釋

①韓佽（ㄘˋ）：人名。
②相悅：互相愉快。引申為合得來。
③郭承嘏（ㄍㄨˇ）：人名。
④擠援：非其黨則相擠，同黨則相援。擠，排擠。援，牽引；攀附。

柏鄉之戰

題解

　　晉王李克用死後，其子李存勗繼位，除內亂，攘外敵，表現出非凡的才能。後與梁戰於柏鄉，大敗梁軍。本文節選自《資治通鑒》卷二六六、卷二六七，標題為編者所加。

【原文】

　　（後梁太祖）開平元年（907）

　　（三月）乙亥，下制削奪李克用官爵。是時，惟河東、鳳翔、淮南稱「天祐」，西川稱「天復」年號。餘皆稟梁正朔，稱臣奉貢[1]。

　　蜀王與弘農王移檄諸道，云欲與岐王、晉王會兵興復唐室，卒無應者[2]。蜀王乃謀稱帝，下教諭統內吏民[3]；又遺晉王書云：「請各帝一方，俟朱溫既平，乃訪唐宗室立之，退歸藩服。」晉王復書不許，曰：「誓於此生靡敢失節[4]。」

注釋

　　①奉貢：把物品進獻給天子。
　　②卒：最終。
　　③教：當時官府發佈的一種文告。
　　④靡敢失節：不敢違背禮節。

【原文】

　　二年（908）

　　（春，正月）晉王疽發於首，病篤[1]。周德威等退屯亂柳。晉王命其弟內外蕃漢都知兵馬使、振武節度使克寧、監軍張承業、大將李存璋、吳琪、掌書記盧質立其子晉州刺史存勗為嗣，曰：「此子志氣遠大，必能成吾事，爾曹善教導之！」辛卯，晉王謂存勗曰：「嗣昭厄於重圍，吾不及見矣。俟葬畢，汝與德威輩速竭力救之！」又謂克寧等曰：「以亞子累

汝！」亞子，存勖小名也。言終而卒。克寧綱紀軍府，中外無敢喧嘩。

克寧久總兵柄②，有次立之勢③，時上黨圍未解，軍中以存勖年少，多竊議者，人情恟恟。存勖懼，以位讓克寧。克寧曰：「汝塚嗣也④，且有先王之命，誰敢違之！」將吏欲謁見存勖，存勖方哀哭未出。張承業入謂存勖曰：「大孝在不墜基業，多哭何為！」因扶存勖出，襲位為河東節度使、晉王。李克寧首帥諸將拜賀，王悉以軍府事委之。

以李存璋為河東軍城使、馬步都虞候。先王之時，多寵借胡人及軍士⑤，侵擾市肆，存璋既領職，執其尤暴橫者戮之⑥，旬月間城中肅然。

注釋

①篤：指病勢沉重。

②總：統管，統領。

③次立：兄死弟及，以長幼之次，有自立之勢。

④塚嗣：這裡指法定繼承人。

⑤寵借：偏愛借重。

⑥執：捉住。

【原文】

（二月）初，晉王克用多養軍中壯士為子，寵遇如真子。及晉王存勖立，諸假子皆年長握兵，心怏怏不伏①，或托疾不出，或見新王不拜。李克寧權位既重，人情多向之②。假子李存顥陰說克寧曰：「兄終弟及，自古有之。以叔拜姪，於理安乎！天與不取，後悔無及！」克寧曰：「吾家世以慈孝聞天下，先王之業苟有所歸，吾復何求！汝勿妄言，我且斬汝！」克寧妻孟氏，素剛悍③，諸假子各遣其妻入說孟氏，孟氏以為然，且慮語泄及禍④，數以迫克寧。克寧性怯，朝夕惑於眾言，心不能無動；又與張承業、李存璋相失，數訴讓之⑤；又因事擅殺都虞候李存質⑥；又求領大同節度使，以蔚、朔、應州為巡屬。晉王皆聽之。

注釋

①怏怏：因不平或不滿而鬱鬱不樂。

②人情：人心，世情。

③素剛悍：一向剛強勇猛。

④及：至，到。

⑤誚（ㄑㄧㄠˋ）讓：責備。

⑥擅：自作主張。

【原文】

　　李存顥等為克寧謀，因晉王過其第，殺承業、存璋，奉克寧為節度使，舉河東九州附於梁，執晉王及太夫人曹氏送大梁。太原人史敬鎔，少事晉王克用，居帳下，見親信，克寧欲知府中陰事①，召敬鎔，密以謀告之。敬鎔陽許之，入告太夫人，太夫人大駭②，召張承業，指晉王謂之曰：「先王把此兒臂授公等，如聞外間謀欲負之，但置吾母子有地，勿送大梁，自他不以累公③。」承業惶恐曰：「老奴以死奉先王之命，此何言也！」晉王以克寧之謀告，且曰：「至親不可自相魚肉，吾苟避位，則亂不作矣。」承業曰：「克寧欲投大王母子於虎口，不除之豈有全理！」乃召李存璋、吳珙及假子李存敬、長直軍使朱守殷，使陰為之備。壬戌，置酒會諸將於府舍，伏甲執克寧、存顥於座。晉王流涕數之曰：「兒向以軍府讓叔父，叔父不取。今事已定，奈何復為此謀，忍以吾母子遺仇讎乎④！」克寧曰：「此皆讒人交構⑤，夫復何言！」是日，殺克寧及存顥。

注釋

①陰事：暗中的事。即不為人知的事。

②駭：被驚嚇，害怕。

③累：牽連，帶累。

④仇讎：敵人。此處指後梁。

⑤交構：互相構陷。指有意虛構，擴大事態。構，羅織陷害，挑撥離間。

【原文】

　　李思安等攻潞州，久不下，士卒疲弊，多逃亡。晉兵猶屯余吾寨，帝疑晉王克用詐死①，欲召兵還，恐晉人躡之②，乃議自至澤州應接歸師③，且召匡國節度使劉知俊將兵趣澤州。三月，壬申朔，帝發大梁；丁丑，次

澤州。辛巳，劉知俊至。壬午，以知俊為潞州行營招討使。

帝留澤州旬餘，欲召上黨兵還，遣使就與諸將議之。諸將以為李克用死，余吾兵且退，上黨孤城無援，請更留旬月以俟之。帝從之，命增運芻糧以饋其軍④。劉知俊將精兵萬餘人擊晉軍，斬獲甚眾⑤，表請自留攻上黨，車駕宜還京師⑥。帝以關中空虛，慮岐人侵同華，命知俊休兵長子旬日，退屯晉州，俟五月歸鎮。

注釋

①帝：指後梁太祖。

②躡：緊隨其後。

③議：商量。應：接應。接：迎接。

④芻：餵牲口的草。糧：軍糧。

⑤獲：擒住。

⑥車駕：車。帝王外出時所乘，因作帝王的代稱。

【原文】

初，晉王克用卒，周德威握重兵在外，國人皆疑之。晉王存勖召德威使引兵還。夏，四月，辛丑朔，德威至晉陽，留兵城外，獨徒步而入，伏先王柩①，哭極哀。退，謁嗣王，禮甚恭。眾心由是釋然②。

癸卯，門下侍郎、同平章事楊涉罷為右僕射；以吏部侍郎于兢為中書侍郎，翰林學士承旨張策為刑部侍郎，並同平章事。兢，琮之兄子也。

夾寨奏余吾晉兵已引去，帝以援兵不能復來，潞州必可取，丙午，自澤州南還；壬子，至大梁。梁兵在夾寨者亦不復設備③。晉王與諸將謀曰：「上黨，河東之藩蔽④，無上黨，是無河東也。且朱溫所憚者獨先王耳，聞吾新立，以為童子未閑軍旅⑤，必有驕怠之心。若簡精兵倍道趣之，出其不意，破之必矣。取威定霸，在此一舉，不可失也！」張承業亦勸之行。乃遣承業及判官王緘乞師於鳳翔，又遣使賂契丹王阿保機求騎兵。岐王衰老，兵弱財竭，竟不能應。晉王大閱士卒，以前昭義節度使丁會為都招討使。甲子，帥周德威等發晉陽。

注釋

①柩：裝著屍體的棺材。

②釋然：形容疑慮、嫌隙消釋而心中平靜。

③設備：設防。

④河東：此指今山西太原市。

⑤童子：未行冠禮的少年。這裡指李存勗。閒：通「嫺」，熟習。

【原文】

　　己巳，晉王軍於黃碾，距上黨四十五里。五月，辛未朔，晉王伏兵三垂岡下，詰旦大霧①，進兵直抵夾寨。梁軍無斥候②，不意晉兵之至，將士尚未起，軍中驚擾。晉王命周德威、李嗣源分兵為二道，德威攻西北隅，嗣源攻東北隅，填塹燒寨，鼓噪而入。梁兵大潰，南走，招討使符道昭馬倒，為晉人所殺。失亡將校士卒以萬計，委棄資糧、器械山積。

　　周德威等至城下，呼李嗣昭曰：「先王已薨③，今王自來，破賊夾寨。賊已去矣，可開門！」嗣昭不信，曰：「此必為賊所得，使來誑我耳。」欲射之。左右止之，嗣昭曰：「王果來，可見乎？」王自往呼之。嗣昭見王白服，大慟幾絕④，城中皆哭，遂開門。初，德威與嗣昭有隙，晉王克用臨終謂晉王存勗曰：「進通忠孝，吾愛之深。今不出重圍，豈德威不忘舊怨邪！汝為吾以此意諭之。若潞圍不解，吾死不瞑目。」進通，嗣昭小名也。晉王存勗以告德威，德威感泣，由是戰夾寨甚力；既與嗣昭相見，遂歡好如初。

注釋

①詰旦：第二天早上。

②斥候：偵察，候望。

③薨：周代，天子死叫崩，諸侯死叫薨。後泛用於稱有封爵的高官去世。

④慟（ㄊㄨㄥˋ）：大哭；哀痛之至。

【原文】

　　康懷貞以百餘騎自天井關遁歸^①。帝聞夾寨不守，大驚，既而歎曰：「生子當如李亞子，克用為不亡矣！至如吾兒，豚犬耳^②！」詔所在安集散兵。

　　周德威、李存璋乘勝進趣澤州，刺史王班素失人心，眾不為用。龍虎統軍牛存節自西都將兵應接夾寨潰兵^③，至天井關，謂其眾曰：「澤州要害地，不可失也；雖無詔旨，當救之。」眾皆不欲，曰：「晉人勝氣方銳，且眾寡不敵。」存節曰：「見危不救，非義也；畏敵強而避之，非勇也。」遂舉策引眾而前^④。至澤州，城中人已縱火喧噪，欲應晉王，班閉牙城自守，存節至，乃定。晉兵尋至，緣城穿地道攻之，存節晝夜拒戰，凡旬有三日。劉知俊自晉州引兵救之，德威焚攻具，退保高平。

　　晉王歸晉陽，休兵行賞。以周德威為振武節度使、同平章事。命州縣舉賢才，黜貪殘，寬租賦，撫孤窮，伸冤濫，禁奸盜，境內大治。以河東地狹兵少，乃訓練士卒，令騎兵不見敵無得乘馬。部分已定，無得相逾越，及留絕以避險；分道並進，期會無得差晷刻^⑤。犯者必斬。故能兼山東，取河南，由士卒精整故也。

　　潞州圍守歷年，士民凍餒死者太半，市里蕭條^⑥。李嗣昭勸課農桑，寬租緩刑，數年之間，軍城完復。

注釋

　　①遁歸：逃回。

　　②豚（ㄊㄨㄣˊ）：小豬，泛指豬。

　　③西都：此指洛陽（今河南洛陽市）。

　　④策：馬鞭。

　　⑤晷（ㄍㄨㄟˇ）刻：很短暫的時間。

　　⑥市里蕭條：指市場和街坊到處都缺乏生氣。市，交易物品的場所。里，街坊。蕭條，寂寞冷落，缺乏生氣。

【原文】

　　（八月）晉周德威、李嗣昭將兵三萬出陰地關，攻晉州，刺史徐懷玉

拒守。帝自將救之，丁丑，發大梁，乙酉，至陝州。戊子，岐王所署延州節度使胡敬璋寇上平關①，劉知俊擊破之。周德威等聞帝將至，乙未，退保鄜州。

荊南節度使高季昌遣兵屯漢口，絕楚朝貢之路②。楚王殷遣其將許德勳將水軍擊之，至沙頭，季昌懼而請和。殷又遣步軍都指揮使呂師周將兵擊嶺南，與清海節度使劉隱十餘戰，取昭、賀、梧、蒙、龔、富六州。殷土宇既廣③，乃養士息民④，湖南遂安。

注釋

①寇：掠奪或侵犯。

②朝貢：君主時代藩屬國或外國的使臣朝見君主，敬獻禮物。

③土宇既廣：這裡指所轄領土擴大。

④養士息民：供養士人，並讓民眾得以安息。

【原文】

三年（909）

春，正月，己巳，遷太廟神主於洛陽。甲戌，帝發大梁。壬申，以博王友文為東都留守。己卯，帝至洛陽。庚寅，饗太廟①。辛巳，祀圜丘②，大赦。

四年（910）

（八月）鎮、定自帝踐祚以來雖不輸常賦③，而貢獻甚勤。會趙王鎔母何氏卒，庚申，遣使弔之，且授起復官。時鄰道弔客皆在館，使者見晉使，歸，言於帝曰：「鎔潛與晉通，鎮、定勢強，終恐難制。」帝深然之。

（十一月）上疑趙王鎔貳於晉，且欲因鄴王紹威卒除移鎮、定。會燕王守光發兵屯淶水，欲侵定州，上遣供奉官杜廷隱、丁延徽監魏博兵三千分屯深、冀，聲言恐燕兵南寇，助趙守禦。又云分兵就食。趙將石公立戍深州，白趙王鎔，請拒之。鎔遽命開門，移公立於外以避之。公立出門指城而泣曰：「朱氏滅唐社稷，三尺童子知其為人。而我王猶恃姻好④，以長者期之，此所謂開門揖盜者也⑤。惜乎，此城之人今為虜矣！」

注釋

①饗：祭獻，供奉。

②圜（ㄩㄢˊ）丘：古代祭天的高臺。

③踐祚（ㄗㄨㄛˋ）：即位，多指皇帝登基。常賦：固定的賦稅。

④姻好：雙方由婚姻而結成的親戚關係。

⑤開門揖盜：開門請進強盜。指自取其禍。

【原文】

梁人有亡奔真定，以其謀告鎔者，鎔大懼，又不敢先自絕①；但遣使詣洛陽，訴稱：「燕兵已還，與定州講和如故，深、冀民見魏博兵入，奔走驚駭，乞召兵還。」上遣使詣真定慰諭之。未幾，廷隱等閉門盡殺趙戍兵，乘城拒守。鎔始命石公立攻之，不克，乃遣使求援於燕、晉。

鎔使者至晉陽，義武節度使王處直使者亦至，欲共推晉王為盟主，合兵攻梁。晉王會將佐謀之，皆曰：「鎔久臣朱溫，歲輸重賂，結以婚姻，其交深矣；此必詐也，宜徐觀之。」王曰：「彼亦擇利害而為之耳。王氏在唐世猶或臣或叛，況肯終為朱氏之臣乎？彼朱溫之女何如壽安公主！今救死不贍，何顧婚姻②！我若疑而不救，正墮朱氏計中。宜趣發兵赴之，晉、趙叶力③，破梁必矣。」乃發兵，遣周德威將之，出井陘，屯趙州。

鎔使者至幽州，燕王守光方獵④，幕僚孫鶴馳詣野謂守光曰：「趙人來乞師，此天欲成王之功業也。」守光曰：「何故？」對曰：「比常患其與朱溫膠固⑤。溫之志非盡吞河朔不已⑥，今彼自為仇敵，王若與之并力破梁，則鎮、定皆斂衽而朝燕矣⑦。王不出師，但恐晉人先我矣。」守光曰：「王鎔數負約，今使之與梁自相弊，吾可以坐承其利，又何救焉！」趙使者交錯於路⑧，守光竟不為出兵。自是鎮、定復稱唐天祐年號，復以武順為成德軍。

司天言：「來月太陰虧，不利宿兵於外。」上召王景仁等還洛陽。十二月，己未，上聞趙與晉合，晉兵已屯趙州，乃命王景仁等將兵擊之。庚申，景仁等自河陽渡河，會羅周翰兵，合四萬，軍於邢、洺。

注釋

①絕：斷絕。

②婚姻：親家，親戚關係。

③叶（ㄒㄧㄝˊ）：通「協」。

④方獵：正在打獵。

⑤比常：近來常常。膠固：關係牢固。

⑥吞：兼併。

⑦斂衽：同「斂袂」，整一整衣袖，表示敬意。

⑧交錯：交叉錯雜。

【原文】

丁丑，王景仁等進軍柏鄉①。

趙王鎔復告急於晉，晉王以蕃漢副總管李存審守晉陽，自將兵自贊皇東下，王處直遣將將兵五千以從。辛巳，晉王至趙州，與周德威合，獲梁芻蕘者二百人②，問之曰：「初發洛陽，梁主有何號令③？」對曰：「梁主戒上將云：『鎮州反覆，終為子孫之患。今悉以精兵付汝，鎮州雖以鐵為城，必為我取之。』」晉王命送於趙。

壬午，晉王進軍，距柏鄉三十里，遣周德威等以胡騎迫梁營挑戰，梁兵不出。癸未，復進，距柏鄉五里，營於野河之北，又遣胡騎迫梁營馳射，且詬之。梁將韓勍等將步騎三萬④，分三道追之，鎧冑皆被繒綺，鏤金銀，光彩炫耀，晉人望之奪氣⑤。周德威謂李存璋曰：「梁人志不在戰，徒欲曜兵耳⑥。不挫其銳，則吾軍不振。」乃徇於軍曰：「彼皆汴州天武軍，屠酤傭販之徒耳⑦，衣鎧雖鮮，十不能當汝一。擒獲一夫，足以自富，此乃奇貨，不可失也。」德威自引千餘精騎擊其兩端，左右馳突⑧，出入數四，俘獲百餘人，且戰且卻，距野河而止。梁兵亦退。

注釋

①柏鄉：縣名。隋開皇十六年（596）置，治所即今河北柏鄉縣。

②芻蕘：割草打柴。芻，割草。蕘，打柴。

③號令：這裡指向眾人傳佈的命令。

④韓勍（ㄑ一ㄥˊ）：人名。

⑤奪氣：勇氣被奪走。比喻因懼怕他人的聲威而喪失膽氣。

⑥曜：同「耀」，誇耀。

⑦酤（ㄍㄨ）：通「沽」，賣酒。

⑧馳突：策馬急衝。馳，車馬疾行。突，衝撞；急衝。

【原文】

　　德威言於晉王曰：「賊勢甚盛，宜按兵以待其衰。」王曰：「吾孤軍遠來，救人之急，三鎮烏合，利於速戰，公乃欲按兵持重，何也？」德威曰：「鎮、定之兵，長於守城，短於野戰。且吾所恃者騎兵，利於平原廣野，可以馳突。今壓賊壘門，騎無所展其足。且眾寡不敵，使彼知吾虛實，則事危矣。」王不悅，退臥帳中，諸將莫敢言。德威往見張承業曰：「大王驟勝而輕敵，不量力而務速戰。今去賊咫尺①，所限者一水耳。彼若造橋以薄我②，我眾立盡矣。不若退軍高邑，誘賊離營，彼出則歸，彼歸則出，別以輕騎掠其饋餉③，不過逾月④，破之必矣。」承業入，褰帳撫王曰⑤：「此豈王安寢時耶！周德威老將知兵，其言不可忽也。」王蹶然興曰⑥：「予方思之。」時梁兵閉壘不出，有降者，詰之，曰：「景仁方多造浮橋。」王謂德威曰：「果如公言。」是日，拔營，退保高邑。

注釋

①咫尺：一咫等於八寸，咫尺比喻距離很近。

②薄：迫近，逼進。

③饋餉：軍餉。

④逾：超過。

⑤褰（ㄑㄧㄢ）：揭起。

⑥蹶（ㄐㄩㄝˊ）然：急遽的樣子。興：高興。

【原文】

　　（後梁太祖）乾化元年（911）

　　（春，正月）柏鄉比不儲芻，梁兵刈芻自給，晉人日以游軍抄之，梁兵不出。周德威使胡騎環營馳射而詬之，梁兵疑有伏，愈不敢出，刬

屋茅坐席以飼馬①，馬多死。丁亥，周德威與別將史建瑭、李嗣源將精騎三千壓梁壘門而詬之，王景仁、韓勍怒，悉眾而出。德威等轉戰而北至高邑南；李存璋以步兵陳於野河之上，梁軍橫互數里②，競前奪橋，鎮、定步兵禦之，勢不能支。晉王謂匡衛都指揮使李建及曰：「賊過橋則不可復制矣。」建及選卒二百，援槍大噪③，力戰卻之。建及，許州人，姓王，李罕之假子也。晉王登高丘以望曰：「梁兵爭進而囂，我兵整而靜，我必勝。」戰自巳至午，勝負未決。晉王謂周德威曰：「兩軍已合，勢不可離，我之興亡，在此一舉。我為公先登，公可繼之。」德威叩馬而諫曰：「觀梁兵之勢，可以勞逸制之，未易以力勝也。彼去營三十餘里，雖挾糗糧④，亦不暇食，日昳之後⑤，飢渴內迫，矢刃外交，士卒勞倦，必有退志。當是時，我以精騎乘之，必大捷。於今未可也。」王乃止。

注釋

①剉（ㄘㄨㄛˋ）：割切。

②橫互：連綿。

③援：拿。

④糗（ㄑㄧㄡˇ）糧：乾糧。

⑤昳（ㄉㄧㄝˊ）：日過午偏西。

【原文】

時魏、滑之兵陳於東，宋、汴之兵陳於西。至晡①，梁軍未食，士無鬥志，景仁等引兵稍卻，周德威疾呼曰：「梁兵走矣！」晉兵大噪爭進，魏、滑兵先退，李嗣源帥眾噪於西陳之前曰：「東陳已走，爾何久留！」梁兵互相驚怖②，遂大潰。李存璋引步兵乘之，呼曰：「梁人亦吾人也，父兄子弟餉軍者勿殺③。」於是戰士悉解甲投兵而棄之，囂聲動天地④。趙人以深、冀之憾，不顧剽掠，但奮白刃追之，梁之龍驤、神捷精兵殆盡，自野河至柏鄉，僵屍蔽地。王景仁、韓勍、李思安以數十騎走。晉兵夜至柏鄉，梁兵已去，棄糧食、資財、器械不可勝計。凡斬首二萬級。李嗣源等追奔至邢州，河朔大震。保義節度使王檀嚴備，然後開城納敗卒，給以資糧，散遣歸本道。晉王收兵屯趙州。

杜廷隱等聞梁兵敗，棄深、冀而去，悉驅二州丁壯為奴婢，老弱者坑之⑤，城中存者壞垣而已⑥。

注釋

①晡（ㄅㄨ）：申時，即午後三時至五時。

②驚怖：吃驚懼怕。

③餉：贈送，賜給。這裡指丟下武器。

④囂：喧鬧，喧嘩。

⑤坑：活埋。

⑥垣：矮牆；也泛指牆。

劉知遠崛起

題解

　　五代後晉時，沙陀人劉知遠手握重兵，為河東節度使並累封至北平王。後晉皇帝石敬瑭死後，西元947年，契丹滅掉後晉，劉知遠在太原稱帝，史稱後漢，劉知遠為後漢高祖。本文節選自《資治通鑒》卷二八二至二八七，標題為編者所加。

【原文】

　　（後晉高祖）天福六年（941）

　　（四月）成德節度使安重榮恥臣契丹，見契丹使者，必箕踞慢罵①，使過其境，或潛遣人殺之；契丹以讓帝②，帝為之遜謝。六月，戊午，重榮執契丹使拽刺，遣騎掠幽州南境，軍於博野，上表稱：「吐谷渾、兩突厥、渾、契苾、沙陀各帥部眾歸附③；党項等亦遣使納契丹告身職牒④，言為虜所陵暴⑤，又言自二月以來，令各具精甲壯馬，將以上秋南寇，恐天命不佑，與之俱滅，願自備十萬眾，與晉共擊契丹。又朔州節度副使趙崇已逐契丹節度使劉山，求歸命朝廷。臣相繼以聞。陛下屢敕臣承奉契丹，勿自起釁端；其如天道人心，難以違拒，機不可失，時不再來。諸節度使沒於虜庭者，皆延頸企踵以待王師⑥，良可哀閔⑦。願早決計。」表數千言，大抵斥帝父事契丹，竭中國以媚無厭之虜。又以此意為書遺朝貴及移藩鎮，云已勒兵，必與契丹決戰。帝以重榮方握強兵，不能制，甚患之。

【注釋】

　　①箕踞：也作「箕倨」，坐時兩腳伸直岔開，形似簸箕。一説屈膝張足而坐，為一種輕慢態度。

　　②讓：責備。帝：指後晉高祖石敬瑭。

　　③契苾（ㄅㄧ、）：當時北方少數民族名。

　　④納：接受。

　　⑤陵：欺侮。

⑥延頸企踵：伸長脖頸，抬起腳跟，形容殷切盼望。

⑦良可哀閔：值得憐憫同情。良，確；真。可，值得。

【原文】

　　時鄴都留守、侍衛馬步都指揮使劉知遠在大梁①；泰寧節度使桑維翰知重榮已蓄奸謀，又慮朝廷難違其意，密上疏曰：「陛下免於晉陽之難而有天下，皆契丹之功也，不可負之。今重榮恃勇輕敵，吐渾假手報仇，皆非國家之利，不可聽也。臣竊觀契丹數年以來，士馬精強，吞噬四鄰，戰必勝，攻必取，割中國之土地，收中國之器械；其君智勇過人，其臣上下輯睦②，牛羊蕃息③，國無天災，此未可與為敵也。且中國新敗，士氣凋沮④，以當契丹乘勝之威，其勢相去甚遠。又，和親既絕，則當發兵守塞⑤，兵少則不足以待寇，兵多則饋運無以繼之。我出則彼歸，我歸則彼至，臣恐禁衛之士疲於奔命，鎮、定之地無復遺民。今天下粗安，瘡痍未復，府庫虛竭，蒸民困弊⑥，靜而守之，猶懼不濟，其可妄動乎！契丹與國家恩義非輕，信誓甚著，彼無間隙而自啟釁端，就使克之，後患愈重；萬一不克，大事去矣。議者以歲輸繒帛謂之耗蠹，有所卑遜謂之屈辱，殊不知兵連而不休，禍結而不解，財力將匱，耗蠹孰甚焉！用兵則武吏功臣過求姑息，邊藩遠郡得以驕矜，下陵上替⑦，屈辱孰大焉！臣願陛下訓農習戰，養兵息民，俟國無內憂，民有餘力，然後觀釁而動，則動必有成矣。又，鄴都富盛，國家藩屏，今主帥赴闕，軍府無人，臣竊思慢藏誨盜之言，勇夫重閉之義，乞陛下略加巡幸，以杜奸謀。」帝謂使者曰：「朕比日以來，煩懣不決，今見卿奏，如醉醒矣，卿勿以為憂。」

注釋

①劉知遠：沙陀族人，石敬瑭手下大將，後為後漢高祖。

②輯睦：和睦。

③蕃息：繁殖生長。

④凋沮：萎謝敗壞。

⑤塞：邊界險要之處。

⑥蒸民：大眾。蒸，通「烝」，眾。

⑦下陵上替：指在下的民眾受欺侮，在上的朝廷威勢受損。陵，欺侮。

替，衰落。

【原文】

（秋，七月）帝憂安重榮跋扈，己巳，以劉知遠為北京留守、河東節度使，復以遼、沁隸河東①；以北京留守李德珫為鄴都留守。

知遠微時②，為晉陽李氏贅婿，嘗牧馬，犯僧田，僧執而笞之。知遠至晉陽，首召其僧，命之坐，慰諭贈遺，眾心大悅。

（八月）馮道、李崧屢薦天平節度使兼侍衛親軍馬步副都指揮使、同平章事杜重威之能，以為都指揮使，充隨駕御營使，代劉知遠，知遠由是恨二相。重威所至黷貨③，民多逃亡，嘗出過市，謂左右曰：「人言我驅盡百姓，何市人之多也！」

（九月）帝以安重榮殺契丹使者，恐其犯塞，乙亥，遣安國節度使楊彥詢使於契丹。彥詢至其帳，契丹主責以使者死狀，彥詢曰：「譬如人家有惡子，父母所不能制，將如之何？」契丹主怒乃解。

劉知遠遣親將郭威以詔指說吐谷渾首長白承福，令去安重榮歸朝廷，許以節鉞④。威還，謂知遠曰：「虜惟利是嗜，安鐵胡止以袍袴賂之⑤；今欲其來，莫若重賂乃可致耳。」知遠從之，且使謂承福曰：「朝廷已割爾曹隸契丹，爾曹當自安部落；今乃南來助安重榮為逆，重榮已為天下所棄，朝夕敗亡。爾曹宜早從化，勿俟臨之以兵，南北無歸，悔無及矣。」承福懼，冬，十月，帥其眾歸於知遠。知遠處之太原東山及嵐、石之間，表承福領大同節度使，收其精騎以隸麾下。

始，安重榮移檄諸道，云與吐谷渾、達靼、契苾同起兵，既而承福降知遠，達靼、契苾亦莫之赴，重榮勢大沮。

注釋

①隸：附屬。
②微：貧賤。
③黷貨：濫用財物。
④節鉞：符節和斧鉞，古代授予將帥，作為加重權力的標誌。
⑤安鐵胡：安重榮，小字鐵胡。

【原文】

七年（942）

春，正月，丁巳，鎮州牙將自西郭水碾門導官軍入城，殺守陴民二萬人①，執安重榮，斬之。杜重威殺導者，自以為功。庚申，重榮首至鄴都，帝命漆之，函送契丹。

（五月）帝寢疾，一旦②，馮道獨對。帝命幼子重睿出拜之，又令宦者抱重睿置道懷中，其意蓋欲道輔立之。

六月，乙丑，帝殂③。

道與天平節度使、侍衛馬步都虞候景延廣議，以國家多難，宜立長君，乃奉廣晉尹齊王重貴為嗣。是日，齊王即皇帝位。延廣以為己功，始用事，禁都下人無得偶語④。

初，高祖疾亟⑤，有旨召河東節度使劉知遠入輔政，齊王寢之⑥；知遠由是怨齊王。

注釋

①陴（ㄆㄧ ˊ）民：陴，城牆上的女牆。陴民，守城牆的人。

②一旦：一朝，一時。

③殂：死亡。

④無得偶語：不許相對私語。

⑤疾亟：得急病。

⑥寢：停止，平息。指對帝旨隱而不發。

【原文】

（後晉齊王）開運元年（944）

八月，辛丑朔，以河東節度使劉知遠為北面行營都統，順國節度使杜威為都招討使，督十三節度以備契丹。

桑維翰再秉朝政，出楊光遠、景延廣於外，至是一制指揮，節度使十五人無敢違者，時人服其膽略①。

朔方節度使馮暉上章自陳未老可用，而制書見遺。維翰詔禁直學士使為答詔曰：「非制書勿忘，實以朔方重地，非卿無以彈壓②。比欲移卿內

地，受代亦須奇才。」暉得詔，甚喜。

　　時軍國多事，百司及使者咨請輻湊③，維翰隨事裁決，初若不經思慮，人疑其疏略④；退而熟議之，亦終不能易也。然為相頗任愛憎⑤，一飯之恩、睚眥之怨必報⑥，人以此少之⑦。

　　契丹之入寇也，帝再命劉知遠會兵山東⑧，皆後期不至。帝疑之，謂所親曰：「太原殊不助朕，必有異圖。果有分，何不速為之！」至是雖為都統，而實無臨制之權，密謀大計，皆不得預。知遠亦自知見疏，但慎事自守而已。郭威見知遠有憂色，謂知遠曰：「河東山川險固，風俗尚武，土多戰馬，靜則勤稼穡，動則習軍旅，此霸王之資也，何憂乎！」

注釋

①膽略：勇氣和智謀。

②彈（ㄊㄢˊ）壓：用武力壓制；壓服。

③咨請輻湊：公文聚集繁多。

④疏略：疏漏忽略。

⑤任：聽憑。

⑥睚眥（一ㄚˊ ㄗˋ）：瞪眼睛；怒目而視。引申為小怨小忿。

⑦少：輕視。

⑧帝：指後晉出帝石重貴。

【原文】

三年（946）

　　（八月）知遠與郭威謀曰：「今天下多事，置此屬於太原①，乃腹心之疾也，不如去之。」承福家甚富②，飼馬用銀槽。威勸知遠誅之，收其貨以贍軍。知遠密表：「吐谷渾反覆難保，請遷於內地。」帝遣使發其部落千九百人，分置河陽及諸州。知遠遣威誘承福等入居太原城中，因誣承福等五族謀叛，以兵圍而殺之，合四百口，籍沒其家貲③。詔褒賞之，吐谷渾由是遂微。

　　九月，契丹三萬寇河東④。壬辰，劉知遠敗之於陽武谷，斬首七千級。

注釋

①此屬：指吐谷渾族人。

②承福：即白承福，吐谷渾族首領。

③家貲：家產。

④寇：掠奪或侵犯。

【原文】

　　（十二月）張彥澤倍道疾驅①，夜渡白馬津。壬申，帝始聞杜威等降。是夕，又聞彥澤至滑州，召李崧、馮玉、李彥韜入禁中計事，欲詔劉知遠發兵入援。癸酉，未明，彥澤自封丘門斬關而入，李彥韜帥禁兵五百赴之，不能遏。彥澤頓兵明德門外，城中大擾。

　　帝於宮中起火，自攜劍驅後宮十餘人將赴火，為親軍將薛超所持②。俄而彥澤自寬仁門傳契丹主與太后書慰撫之③，且召桑維翰、景延廣，帝乃命滅火，悉開宮城門。帝坐苑中，與后妃相聚而泣，召翰林學士范質草降表，自稱：「孫男臣重貴，禍至神惑，運盡天亡。今與太后及妻馮氏，舉族於郊野面縛待罪次④。遣男鎮寧節度使延煦、威信節度使延寶⑤，奉國寶一、金印三出迎。」太后亦上表稱「新婦李氏妾⑥」。

注釋

①倍：通「背」。

②持：挾制。

③俄而：不久。

④面縛待罪次：兩手反綁正在等待懲罰。面縛，兩手反綁。次，中間。

⑤男：兒子。

⑥新婦：媳婦。

【原文】

　　傅住兒入宣契丹主命，帝脫黃袍，服素衫，再拜受宣，左右皆掩泣。帝使召張彥澤，欲與計事。彥澤曰：「臣無面目見陛下。」帝復召之，彥澤微笑不應。

　　或勸桑維翰逃去。維翰曰：「吾大臣，逃將安之！」坐而俟命。彥澤以帝命召維翰。維翰至天街，遇李崧，駐馬語未畢，有軍吏於馬前揖維翰赴侍衛司①。維翰知不免②，顧謂崧曰：「侍中當國，今日國亡，反令維翰死之，何也？」崧有愧色。彥澤踞坐見維翰，維翰責之曰：「去年拔公於罪人之中，復領大鎮，授以兵權，何乃負恩至此！」彥澤無以應，遣兵守之。

　　宣徽使孟承誨，素以佞巧有寵於帝③，至是，帝召承誨，欲與之謀，承誨伏匿不至；張彥澤捕而殺之。

　　彥澤縱兵大掠，貧民乘之，亦爭入富室，殺人取其貨，二日方止，都城為之一空。彥澤所居寶貨山積，自謂有功於契丹，晝夜以酒樂自娛，出入騎從常數百人，其旗幟皆題「赤心為主」，見者笑之。軍士擒罪人至前，彥澤不問所犯，但瞋目豎三指，即驅出斷其腰領。彥澤素與閤門使高勳不協，乘醉至其家，殺其叔父及弟，屍諸門首。士民不寒而慄。

　　中書舍人李濤謂人曰：「吾與其逃於溝瀆而不免，不若往見之。」乃投刺謁彥澤曰④：「上書請殺太尉人李濤，謹來請死⑤。」彥澤欣然接之，謂濤曰：「舍人今日懼乎？」濤曰：「濤今日之懼，亦猶足下昔年之懼也。向使高祖用濤言⑥，事安至此⑦！」彥澤大笑，命酒飲之。濤引滿而去，旁若無人。

注釋

　　①侍衛司：侍衛軍的衙門。

　　②知不免：知道自己免不了（一死）。

　　③佞巧：用花言巧語諂媚人。

　　④投刺：投名片請謁。

　　⑤謹：慎重小心。多用於表示鄭重和恭敬。

　　⑥向使：假使當初。

　　⑦安：何，如何。

【原文】

　　甲戌，張彥澤遷帝於開封府，頃刻不得留，宮中慟哭。帝與太后、皇后乘肩輿①，宮人、宦者十餘人步從，見者流涕。帝悉以內庫金珠自隨。

彥澤使人諷之曰②：「契丹主至，此物不可匿也。」帝悉歸之，亦分以遺彥澤，彥澤擇取其奇貨，而封其餘以待契丹。彥澤遣控鶴指揮使李筠以兵守帝，內外不通。帝姑烏氏公主略守門者，入與帝訣③，歸第自經④。帝與太后所上契丹主表章，皆先示彥澤，然後敢發。

　　帝使取內庫帛數段，主者不與，曰：「此非帝物也。」又求酒於李崧，崧亦辭以他故不進。又欲見李彥韜，彥韜亦辭不往。帝惆悵久之⑤。

　　馮玉佞張彥澤，求自送傳國寶，冀契丹復任用。

　　楚國夫人丁氏，延煦之母也，有美色。彥澤使人取之，太后遲回未與。彥澤詬詈⑥，立載之去。

　　是夕，彥澤殺桑維翰。以帶加頸，白契丹主，云其自經。契丹主曰：「吾無意殺維翰，何為如是！」命厚撫其家⑦。

注釋

　　①肩輿：轎子。
　　②諷：用委婉的語言暗示、勸告。
　　③訣：長別。
　　④歸第自經：回到府邸上吊自殺。經，縊死；上吊。
　　⑤惆悵：因失望或失意而哀傷。
　　⑥詬詈（ㄌㄧˋ）：責　。
　　⑦撫：安撫，撫慰。

【原文】

　　（後漢高祖）天福十二年（947）

　　春，正月，丁亥朔，百官遙辭晉主於城北，乃易素服紗帽，迎契丹主，伏路側請罪。契丹主貂帽、貂裘，衷甲①，駐馬高阜②，命起，改服，撫慰之。左衛上將軍安叔千獨出班胡語，契丹主曰：「汝安沒字邪？汝昔鎮邢州，已累表輸誠③，我不忘也。」叔千拜謝呼躍而退。

注釋

　　①衷甲：把鎧甲穿在裡面。
　　②高阜：高高的土山。

③輸：報告；送達。

【原文】

　　初，晉主與河東節度使、中書令、北平王劉知遠相猜忌，雖以為北面行營都統，徒尊以虛名，而諸軍進止，實不得預聞。知遠因之廣募士卒。陽城之戰，諸軍散卒歸之者數千人，又得吐谷渾財畜，由是河東富強冠諸鎮，步騎至五萬人。

　　晉主與契丹結怨，知遠知其必危，而未嘗論諫①。契丹屢深入，知遠初無邀遮、入援之志②。及聞契丹入汴，知遠分兵守四境以防侵軼③。遣客將安陽王峻奉三表詣契丹主：一，賀入汴；二，以太原夷、夏雜居，戍兵所聚，未敢離鎮；三，以應有貢物，值契丹將劉九一軍自土門西入屯於南川，城中憂懼，俟召還此軍，道路始通，可以入貢。契丹主賜詔褒美，及進畫④，親加「兒」字於知遠姓名之上，仍賜以木杸。胡法，優禮大臣則賜之，如漢賜几杖之比，惟偉王以叔父之尊得之。

注釋

　　①論諫：直言規勸，使改正錯誤。
　　②邀遮：遮阻，阻攔。
　　③侵軼：侵犯，侵擾。
　　④畫：這裡指公文。舊時公文在繕發前，須送請主管長官核判，如同意照辦，就在文稿上判一「行」字，叫做「畫行」。

【原文】

　　知遠又遣北都副留守太原白文珂入獻奇繒名馬①，契丹主知知遠觀望不至②，及文珂還，使謂知遠曰：「汝不事南朝，又不事北朝，意欲何所俟邪？」蕃漢孔目官郭威言於知遠曰：「虜恨我深矣！王峻言契丹貪殘失人心，必不能久有中國。」

　　或勸知遠舉兵進取。知遠曰：「用兵有緩有急，當隨時制宜。今契丹新降晉兵十萬，虎據京邑，未有他變，豈可輕動哉！且觀其所利止於貨財，貨財既足，必將北去。況冰雪已消，勢難久留，宜待其去，然後取之，可以萬全③。」

　　昭義節度使張從恩，以地迫懷、洛④，欲入朝於契丹，遣使謀於知遠。知遠曰：「我以一隅之地，安敢抗天下之大！君宜先行，我當繼往。」從恩以為然。判官高防諫曰：「公晉室懿親⑤，不可輕變臣節。」從恩不從。左驍衛大將軍王守恩，與從恩姻家，時在上黨，從恩以副使趙行遷知留後，牒守恩權巡檢使，與高防佐之。守恩，建立之子也。

注釋

　　①奇：罕見的。
　　②觀望：看風頭，猶豫不定。
　　③萬全：絕對安全，萬無一失。
　　④迫：逼近。
　　⑤懿親：至親，古代特指皇室的宗親。

【原文】

　　（二月）劉知遠聞何重建降蜀，歎曰：「戎狄憑陵，中原無主，令藩鎮外附，吾為方伯①，良可愧也！」

　　於是將佐勸知遠稱尊號，以號令四方，觀諸侯去就②。知遠不許。聞晉主北遷，聲言欲出兵井陘，迎歸晉陽。丁卯，命武節都指揮使滎澤史弘肇集諸軍於毬場，告以出軍之期。軍士皆曰：「今契丹陷京城，執天子，天下無主。主天下者，非我王而誰！宜先正位號，然後出師。」爭呼萬歲不已。知遠曰：「虜勢尚強，吾軍威未振，當且建功業。士卒何知！」命左右遏止之。

　　己巳，行軍司馬潞城張彥威等三上箋勸進，知遠疑未決。郭威與都押牙冠氏楊邠入說知遠曰③：「今遠近之心，不謀而同，此天意也。王不乘此際取之，謙讓不居，恐人心且移，移則反受其咎矣④。」知遠從之。

　　辛未，劉知遠即皇帝位。自言未忍改晉，又惡開運之名，乃更稱天福十二年。壬申，詔：「諸道為契丹括率錢帛者⑤，皆罷之。其晉臣被迫脅為使者勿問，令詣行在⑥。自餘契丹，所在誅之。」

　　甲戌，帝自將東迎晉主及太后。至壽陽，聞已過恒州數日，乃留兵戍承天軍而還。

　　契丹主聞帝即位，以通事耿崇美為昭義節度使，高唐英為彰德節度

使，崔廷勳為河陽節度使，以控扼要害。

注釋

　　①方伯：古代諸侯中的領袖之稱，謂為一方之長。

　　②諸侯：指當時的各個藩鎮。

　　③都押牙：管領節度使衙門的儀仗侍衛的官。

　　④咎：災禍，災殃。

　　⑤括率：聚斂。

　　⑥行在：古代封建皇帝所在的地方。

【原文】

　　初，晉置鄉兵，號天威軍。教習歲餘，村民不閑軍旅①，竟不可用。悉罷之，但令七戶輸錢十千，其鎧仗悉輸官。而無賴子弟，不復肯復農業②，山林之盜，自是而繁。及契丹入汴，縱胡騎打草穀③。又多以其子弟及親信左右為節度使、刺史，不通政事，華人之狡獪者多往依其麾下，教之妄作威福，掊斂貨財④，民不堪命。於是所在相聚為盜，多者數萬人，少者不減千百，攻陷州縣，殺掠吏民。滏陽賊帥梁暉，有眾數百，送款晉陽求效用，帝許之。磁州刺史李穀密通表於帝，令暉襲相州。暉偵知高唐英未至，相州積兵器，無守備。丁丑夜，遣壯士逾城入，啟關納其眾，殺契丹數百，其守將突圍走。暉據州自稱留後，表言其狀。

　　戊寅，帝還至晉陽，議率民財以賞將士⑤，夫人李氏諫曰：「陛下因河東創大業，未有以惠澤其民而先奪其生生之資，殆非新天子所以救民之意也。今宮中所有，請悉出之以勞軍，雖復不厚，人無怨言。」帝曰：「善！」即罷率民，傾內府蓄積以賜將士，中外聞之，大悅。李氏，晉陽人也。

注釋

　　①閑：通「嫻」，熟習。

　　②不復肯復：不再願意恢復。

　　③打草穀：當時契丹入中原後，將領們常以牧馬為名，縱兵四出劫掠，奪取財物，俘虜奴隸，叫做「打草穀」。

④捃（ㄆㄡˊ）：搜括，挖掘，聚斂。

⑤率：斂取。

【原文】

契丹主遣右諫議大夫趙熙使晉州，括率錢帛，徵督甚急。從朗既死①，民相帥共殺熙。

契丹主賜趙暉詔，即以為保義留後。暉斬契丹使者，焚其詔，遣支使河間趙矩奉表詣晉陽。契丹遣其將高謨翰攻暉，不克。帝見矩，甚喜，曰：「子挈咽喉之地以歸我②，天下不足定也！」矩因勸帝早引兵南向以副天下之望③，帝善之。

（五月）帝集群臣庭議進取，諸將咸請出師井陘，攻取鎮、魏，先定河北，則河南拱手自服。帝欲自石會趨上黨，郭威曰：「虜主雖死，黨眾猶盛，各據堅城。我出河北，兵少路迂，傍無應援，若群虜合勢，共擊我軍，進則遮前，退則邀後，糧餉路絕，此危道也。上黨山路險澀，粟少民殘，無以供億，亦不可由。近者陝、晉二鎮，相繼款附，引兵從之，萬無一失，不出兩旬④，洛、汴定矣。」帝曰：「卿言是也。」蘇逢吉等曰：「史弘肇大軍已屯上黨，群虜繼遁，不若出天井⑤，抵孟津為便⑥。」司天奏：「太歲在午，不利南行。宜由晉、絳抵陝。」帝從之。辛卯，詔以十二日發北京⑦，告諭諸道。

注釋

①從朗：人名，時代理晉州事務。

②挈：統領。

③副：符合。

④兩旬：旬，十天。兩旬，二十天。

⑤天井：即天井關，一名太行關。在今山西晉城市南太行山上。

⑥孟津：即孟津關。在今河南孟縣西南、孟津市東北。

⑦北京：自後唐以來以太原為北京。

【原文】

丙申，帝發太原，自陰地關出晉、絳。

　　丁酉，史弘肇奏克澤州。始，弘肇攻澤州，刺史翟令奇固守不下。帝以弘肇兵少，欲召還。蘇逢吉、楊邠曰：「今陝、晉、河陽皆已向化，崔廷勳、耿崇美朝夕遁去；若召弘肇還，則河南人心動搖，虜勢復壯矣。」帝未決，使人諭詣於弘肇。弘肇曰：「兵已及此，勢如破竹，可進不可退。」與逢吉等議合；帝乃從之。弘肇遣部將李萬超說令奇，令奇乃降。弘肇以萬超權知澤州①。

　　崔廷勳、耿崇美、奚王拽刺合兵逼河陽②，張遇帥眾數千救之，戰於南阪，敗死。武行德出戰，亦敗，閉城自守。拽刺欲攻之，廷勳曰：「今北軍已去，得此城何用！且殺一夫猶可惜，況一城乎！」聞弘肇已得澤州，乃釋河陽，還保懷州。弘肇將至，廷勳等擁眾北遁③，過衛州，大掠而去。契丹在河南者相繼北去，弘肇引兵與武行德合。

　　弘肇為人，沉毅寡言，御眾嚴整，將校小不從命，立撾殺之④。士卒所過，犯民田及繫馬於樹者，皆斬之。軍中惕息⑤，莫敢犯令，故所向必克。帝自晉陽安行入洛及汴，兵不血刃，皆弘肇之力也。帝由是倚愛之。

【原文】

　　初，翰聞帝擁兵而南，欲北歸。恐中國無主，必大亂，己不得從容而去①。時唐明宗子許王從益與王淑妃在洛陽，翰遣高謨翰迎之，矯稱契丹主命②，以從益知南朝軍國事，召己赴恒州。淑妃、從益匿於徽陵下宮，不得已而出。至大梁，翰立以為帝，帥諸酋長拜之，又以禮部尚書王松、御史中丞趙遠為宰相，前宣徽使甄城翟光鄴為樞密使，左金吾大將軍王景崇為宣徽使，以北來指揮使劉祚權侍衛親軍都指揮使，充在京巡檢。松，徽之子也。

　　百官謁見淑妃，淑妃泣曰：「吾母子單弱如此③，而為諸公所推，

是禍吾家也！」翰留燕兵千人守諸門，為從益宿衛。壬寅，翰及劉晞辭行，從益餞於北郊④。遣使召高行周於宋州，武行德於河陽，皆不至。淑妃懼，召大臣謀之曰：「吾母子為蕭翰所逼，分當滅亡。諸公無罪，宜早迎新主，自求多福，勿以吾母子為意！」眾感其言，皆未忍叛去。或曰：「今集諸營，不減五千，與燕兵並力堅守一月，北救必至。」淑妃曰：「吾母子亡國之餘，安敢與人爭天下！不幸至此，死生惟人所裁。若新主見察，當知我無所負。今更為計畫，則禍及他人，闔城塗炭⑤，終何益乎！」眾猶欲拒守，三司使文安劉審交曰：「余燕人，豈不為燕兵計！顧事有不可如何者。今城中大亂之餘，公私窮竭，遺民無幾，若復受圍一月，無噍類矣⑥。願諸公勿復言，一從太妃處分。」乃用趙遠、翟光鄴策，稱梁王，知軍國事。遣使奉表稱臣迎帝，請早赴京師，仍出居私第。

注釋

①從容：舒緩，不急迫。
②矯：假託，詐稱。
③單弱：孤單，軟弱。
④餞：以酒食送行。
⑤闔城：即全城。闔，全。
⑥噍（ㄐㄧㄠ丶）類：特指活著的人。

【原文】

甲辰，帝至晉州。

帝之即位也，絳州刺史李從朗與契丹將成霸卿等拒命，帝遣西南面招討使、護國節度使白文珂攻之，未下。帝至城下，命諸軍四布而勿攻，以利害諭之。戊申，從朗舉城降。帝命親將分護諸門，士卒一人毋得入。以偏將薛瓊為防禦使。

辛亥，帝至陝州，趙暉自御帝馬而入。壬子，至石壕，汴人有來迎者。

六月，甲寅朔，蕭翰至恒州，與麻荅以鐵騎圍張礪之第。礪方臥病，出見之，翰數之曰①：「汝何故言於先帝，云胡人不可以為節度使？又，吾為宣武節度使，且國舅也，汝在中書乃帖我②！又，先帝留我守汴州，

令我處宮中，汝以為不可。又，譖我及解里於先帝，云解里好掠人財，我
好掠人子女。今我必殺汝！」命鎖之。礪抗聲曰：「此皆國家大體，吾實
言之。欲殺即殺，奚以鎖為！」麻荅以大臣不可專殺③，力救止之，翰乃
釋之。是夕，礪憤恚而卒④。

注釋

①數：列舉罪狀。
②帖：順從。
③專：專擅。
④憤恚（ㄏㄨㄟˋ）：憤怒，怨恨。

【原文】

　　戊辰，帝下詔大赦。凡契丹所除節度使，下至將吏，各安職任，不
復變更。復以汴州為東京，改國號曰漢，仍稱天福年，曰：「余未忍忘晉
也。」復青、襄、汝三節度。壬申，以北京留守崇為河東節度使，同平章
事。

　　秋，七月，庚辰，制建宗廟。太祖高皇帝，世祖光武皇帝，皆百世不
遷①。又立四親廟，追尊諡號。凡六廟。

　　十二月，辛卯，皇子開封尹承訓卒。承訓孝友忠厚，達於從政②，人
皆惜之。

　　癸巳，帝至大梁。

　　乙未，追立皇子承訓為魏王。

　　（後漢高祖）乾祐元年（948）

　　春，正月，乙卯，大赦，改元。

　　己未，帝更名暠。

　　帝自魏王承訓卒，悲痛過甚。甲子，始不豫③。

　　丁丑，帝召蘇逢吉、楊邠、史弘肇、郭威入受顧命④，曰：「余氣息
微，不能多言。承祐幼弱，後事托在卿輩。」又曰：「善防重威。」是
日，殂於萬歲殿⑤，逢吉等秘不發喪。

　　庚辰，下詔，稱：「重威父子，因朕小疾，謗議搖眾，並其子弘璋、
弘璉、弘璨皆斬之。晉公主及內外親族，一切不問。」磔重威屍於市⑥，

市人爭啖其肉⑦，吏不能禁，斯須而盡。

　　二月，辛巳朔，立皇子左衛大將軍、大內都點檢承祐為周王，同平章事。有頃，發喪，宣遺制，令周王即皇帝位。時年十八。

注釋

①遷：變易。

②達：通曉，明白。

③豫：悅樂，安適。

④顧命：皇帝臨終遺命。

⑤殂：死亡。

⑥磔（ㄓㄜˊ）：古代的一種酷刑，即分屍。

⑦啖（ㄉㄢˋ）：吃或給人吃。

周世宗改革

題解

　　顯德元年（954），後周世宗對軍事、政治、經濟進行了整頓。軍事上，他嚴明軍紀，賞罰分明，又檢閱禁軍，裁汰老弱，選留精銳，又募天下壯士，選取優異。政治上，他嚴禁貪污，懲治失職官吏。經濟上，停廢敕額外的寺院，禁私度僧尼，收購民間銅器佛像鑄錢，招民開墾逃戶荒田；頒《均田圖》，均定河南等地六十州租賦，廢除曲阜孔氏的免稅特權。此外，還擴建京城開封，恢復漕運，興修水利，修訂刑律和曆法，考正雅樂，糾正科舉弊端，搜求遺書，雕印古籍等。周世宗在政治、經濟、軍事上的成就，為北宋統一全國奠定了基礎。本文節選自《資治通鑑》卷二九一至二九四，標題為編者所加。

【原文】

　　（後周太祖）顯德元年（954）

　　北漢主聞太祖晏駕，甚喜，謀大舉入寇，遣使請兵於契丹。二月，契丹遣其武定節度使、政事令楊袞將萬餘騎如晉陽。北漢主自將兵三萬，以義成節度使白從暉為行軍都部署，武寧節度使張元徽為前鋒都指揮使，與契丹自團柏南趣潞州。

　　北漢兵屯梁侯驛，昭義節度使李筠遣其將穆令均將步騎二千逆戰，筠自將大軍壁於太平驛①。張元徽與令均戰，陽不勝而北②，令均逐之，伏發③，殺令均，俘斬士卒千餘人。筠遁歸上黨，嬰城自守。筠，即李榮也，避上名改焉。

　　世宗聞北漢主入寇，欲自將兵禦之，群臣皆曰：「劉崇自平陽遁走以來，勢蹙氣沮④，必不敢自來。陛下新即位，山陵有日⑤，人心易搖，不宜輕動，宜命將禦之。」帝曰：「崇幸我大喪，輕朕年少新立，有吞天下之心，此必自來，朕不可不往。」馮道固爭之，帝曰：「昔唐太宗定天下，未嘗不自行，朕何敢偷安！」道曰：「未審陛下能為唐太宗否？」帝曰：「以吾兵力之強，破劉崇如山壓卵耳！」道曰：「未審陛下能為山否？」

帝不悅。惟王溥勸行，帝從之。

【注釋】

①壁：營壘。這裡作動詞。

②陽：通「佯」，假裝。北：潰敗。

③伏發：埋伏的伏兵發動。伏，伏兵；埋伏。

④勢蹙氣沮：氣勢萎縮。蹙，萎縮。沮，喪氣。

⑤山陵有日：這裡是獲得江山時間短的一種委婉說法。山陵，舊稱帝王的墳墓。

【原文】

（三月）乙亥朔，北漢乘勝進逼潞州。丁丑，詔天雄節度使符彥卿引兵自磁州固鎮出北漢軍後，以鎮寧節度使郭崇副之①；又詔河中節度使王彥超引兵自晉州東北邀北漢軍②，以保義節度使韓通副之；又命馬軍都指揮使、寧江節度使樊愛能，步軍都指揮使、清淮節度使何徽，義成節度使白重贊，鄭州防禦使史彥超，前耀州團練使符彥能將兵先趣澤州，宣徽使向訓監之③。

乙酉，帝發大梁。庚寅，至懷州。帝欲兼行速進④，控鶴都指揮使真定趙晁私謂通事舍人鄭好謙曰：「賊勢方盛，宜持重以挫之。」好謙言於帝，帝怒曰：「汝安得此言！必為人所使，言其人則生，不然必死！」好謙以實對，帝命並晁械於州獄⑤。壬辰，帝過澤州，宿於州東北。

【注釋】

①副：輔助。

②邀：中途攔截。

③監：監視，督察。

④兼行速進：以加倍的速度趕路，快速前進。兼，加倍。

⑤械：桎梏，即腳鐐手銬。引申為拘繫。

【原文】

北漢主不知帝至，過潞州不攻，引兵而南，是夕，軍於高平之南。癸

巳，前鋒與北漢兵遇，擊之，北漢兵卻。帝慮其遁去，趣諸軍亟進①。北漢主以中軍陳於巴公原，張元徽軍其東，楊袞軍其西，眾頗嚴整②。時河陽節度使劉詞將後軍未至，眾心危懼，而帝志氣益銳，命白重贊與侍衛馬步都虞候李重進將左軍居西，樊愛能、何徽將右軍居東，向訓、史彥超將精騎居中央，殿前都指揮使張永德將禁兵衛帝。帝介馬自臨陳督戰③。

　　北漢主見周軍少，悔召契丹，謂諸將曰：「吾自用漢軍可破也，何必契丹！今日不惟克周，亦可使契丹心服。」諸將皆以為然。楊袞策馬前望周軍，退謂北漢主曰：「勍敵也，未可輕進！」北漢主奮髯④，曰：「時不可失，請公勿言，試觀我戰。」袞默然不悅。時東北風方盛，俄而忽轉南風，北漢副樞密使王延嗣使司天監李義白北漢主云：「時可戰矣。」北漢主從之。樞密直學士王得中扣馬諫曰：「義可斬也！風勢如此，豈助我者邪！」北漢主曰：「吾計已決，老書生勿妄言，且斬汝！」麾東軍先進⑤，張元徽將千騎擊周右軍。

注釋

①趣（ㄘㄨˋ）：同「促」。亟（ㄐㄧˊ）：通「急」。
②頗：很，十分。
③介馬：穿鎧甲騎馬。介，鎧甲。
④奮髯：吹起鬍鬚。奮，揚起。
⑤麾：同「揮」，指揮。

【原文】

　　合戰未幾，樊愛能、何徽引騎兵先遁，右軍潰；步兵千餘人解甲呼萬歲，降於北漢。帝見軍勢危，自引親兵犯矢石督戰①。太祖皇帝時為宿衛將②，謂同列曰：「主危如此，吾屬何得不致死！」又謂張永德曰：「賊氣驕，力戰可破也！公麾下多能左射者，請引兵乘高出為左翼，我引兵為右翼以擊之。國家安危，在此一舉！」永德從之，各將二千人進戰。太祖皇帝身先士卒，馳犯其鋒③，士卒死戰，無不一當百，北漢兵披靡④。內殿直夏津馬仁瑀謂眾曰：「使乘輿受敵⑤，安用我輩！」躍馬引弓大呼，連斃數十人，士氣益振。殿前右番行首馬全义言於帝曰：「賊勢極矣，將為我擒，願陛下按轡勿動，徐觀諸將破之。」即引數百騎進陷陳。

北漢主知帝自臨陳，褒賞張元徽，趣使乘勝進兵。元徽前略陳⑥，馬倒，為周兵所殺。元徽，北漢之驍將也，北軍由是奪氣。時南風益盛，周兵爭奮⑦，北漢兵大敗，北漢主自舉赤幟以收兵，不能止。楊袞畏周兵之強，不敢救，且恨北漢主之語，全軍而退。

【注釋】

①犯：冒犯，抵禦，經受。

②太祖皇帝：指宋朝開國皇帝趙匡胤。

③馳犯其鋒：驅馬攻擊敵軍隊伍的前列。馳，驅馬出擊。犯，侵犯；攻擊。鋒，軍隊的前列。

④披靡：草木隨風倒伏。比喻軍隊潰敗。

⑤乘輿：舊指帝王所用的車輿。這裡指周世宗柴榮。

⑥略：巡視。

⑦爭奮：奮勇爭進。

【原文】

北漢主自高平被褐戴笠，乘契丹所贈黃騮①，帥百餘騎由雕窠嶺遁歸，宵迷②，俘村民為導，誤之晉州，行百餘里，乃覺之，殺導者。晝夜北走，所至，得食未舉箸，或傳周兵至，輒蒼黃而去③。北漢主衰老力憊，伏於馬上，晝夜馳驟，殆不能支，僅得入晉陽。

北漢主收散卒，繕甲兵④，完城塹以備周。楊袞將其眾北屯代州，北漢主遣王得中送袞，因求救於契丹，契丹主遣得中還報，許發兵救晉陽⑤。

壬寅，以符彥卿為河東行營都部署兼知太原行府事，以郭崇副之，向訓為都監，李重進為馬步都虞候，史彥超為先鋒都指揮使，將步騎二萬發潞州。仍詔王彥超、韓通自陰地關入，與彥卿合軍而進，又以劉詞為隨駕部署，保大節度使白重贊副之。

【注釋】

①騮（ㄌㄧㄡˊ）：即驊騮，駿馬。

②宵迷：夜裡分辨不清道路。宵，夜。迷，分辨不清。

③蒼黃：同「倉皇」，匆忙而慌張。

④繕：修補。

⑤許：答應。

【原文】

（夏，四月）初，帝遣符彥卿等北征，但欲耀兵於晉陽城下，未議攻取。既入北漢境，其民爭以食物迎周師，泣訴劉氏賦役之重，願供軍須①，助攻晉陽，北漢州縣繼有降者。帝聞之，始有兼併之意。遣使往與諸將議之，諸將皆言：「芻糧不足，請且班師以俟再舉②。」帝不聽。既而諸軍數十萬聚於太原城下，軍士不免剽掠③，北漢民失望，稍稍保山谷自固。帝聞之，馳詔禁止剽掠，安撫農民，止徵今歲租稅，及募民入粟拜官有差，仍發澤、潞、晉、絳、慈、隰及山東近便諸州民運糧以饋軍。己未，遣李穀詣太原計度芻糧④。

（五月）丙子，帝至晉陽城下，旗幟環城四十里。楊袞疑北漢代州防禦使鄭處謙貳於周，召與計事，欲圖之⑤。處謙知之，不往。袞使胡騎數十守其城門，處謙殺之，因閉門拒袞；袞奔歸契丹。契丹主怒其無功，囚之。處謙舉城來降。丁丑，置靜塞軍於代州，以鄭處謙為節度使。

注釋

①軍須：即軍需，泛指軍隊作戰、訓練和生活上所需的物資。

②且班師：且，暫且；姑且。班師，出征的軍隊歸來。

③剽掠：搶劫掠奪。

④計度：謀劃。

⑤圖：圖謀。

【原文】

初，帝與北漢主相拒於高平，命前澤州刺史李彥崇將兵守江豬嶺，遏北漢主歸路。彥崇聞樊愛能等南遁，引兵退，北漢主果自其路遁去。八月，己酉，貶彥崇率府副率。

（冬，十月）初，宿衛之士，累朝相承，務求姑息①，不欲簡閱②，恐傷人情③，由是羸老者居多④，但驕蹇不用命⑤，實不可用，每遇大敵，

不走即降，其所以失國，亦多由此。帝因高平之戰，始知其弊，癸亥，謂侍臣曰：「凡兵務精不務多，今以農夫百未能養甲士一，奈何浚民之膏澤⑥，養此無用之物乎！且健懦不分，眾何所勸！」乃命大簡諸軍，精銳者升之上軍，羸者斥去之。又以驍勇之士多為藩鎮所蓄，詔募天下壯士，咸遣詣闕，命太祖皇帝選其尤者為殿前諸班⑦，其騎步諸軍，各命將帥選之。由是士卒精強，近代無比，征伐四方，所向皆捷，選練之力也。

注釋

　①務求姑息：追求無原則的寬容。

　②簡閱：選拔檢閱。

　③人情：人的情感。

　④居多：占很多。

　⑤驕蹇：驕傲自大，不順從。

　⑥浚：掘取，榨取。

　⑦尤者：優秀、才能突出的人。

【原文】

　　（後周世宗）顯德二年（955）

　　（夏，四月）上謂宰相曰：「朕每思致治之方，未得其要，寢食不忘。又自唐、晉以來，吳、蜀、幽、并皆阻聲教①，未能混壹，宜命近臣著〈為君難為臣不易論〉及〈開邊策〉各一篇，朕將覽焉。」

　　比部郎中王朴獻策，以為：「中國之失吳、蜀、幽、并，皆由失道②。今必先觀所以失之之原③，然後知所以取之之術。其始失之也，莫不以君暗臣邪④，兵驕民困，奸黨內熾⑤，武夫外橫，因小致大，積微成著。今欲取之，莫若反其所為而已。夫進賢退不肖，所以收其才也；恩隱誠信，所以結其心也；賞功罰罪，所以盡其力也；去奢節用，所以豐其財也；時使薄斂，所以阜其民也⑥。俟群才既集，政事既治，財用既充，士民既附，然後舉而用之，功無不成矣！彼之人觀我有必取之勢，則知其情狀者願為間諜，知其山川者願為鄉導，民心既歸，天意必從矣。」

①聲教：聲威和教化。

②失道：違背正義。語出《孟子・公孫丑下》：「得道者多助，失道者寡助。」

③原：根本。

④暗：糊塗，不明白。

⑤熾（ㄔˋ）：火旺。引申為旺盛，勢盛。

⑥阜（ㄈㄨˋ）：盛多，豐富。

【原文】

（又曰）「凡攻取之道，必先其易者。唐與吾接境幾二千里，其勢易擾也。擾之當以無備之處為始，備東則擾西，備西則擾東，彼必奔走而救之。奔走之間，可以知其虛實強弱，然後避實擊虛，避強擊弱。未須大舉，且以輕兵擾之。南人懦怯，聞小有警，必悉師以救之①。師數動則民疲而財竭，不悉師則我可以乘虛取之。如此，江北諸州將悉為我有。既得江北，則用彼之民，行我之法，江南亦易取也。得江南則嶺南、巴蜀可傳檄而定。南方既定，則燕地必望風內附。若其不至，移兵攻之，席捲可平矣②。惟河東必死之寇，不可以恩信誘，當以強兵制之。然彼自高平之敗，力竭氣沮，必未能為邊患。宜且以為後圖，俟天下既平，然後伺間一舉可擒也。今士卒精練，甲兵有備，群下畏法，諸將效力，期年之後可以出師③，宜自夏秋蓄積實邊矣。」

上欣然納之。時群臣多守常偷安④，所對少有可取者，惟朴神峻氣勁，有謀能斷，凡所規畫⑤，皆稱上意，上由是重其器識。未幾，遷左諫議大夫，知開封府事。

①悉：全，盡。

②席捲：像捲席子一樣包攬無餘。

③期年：一年。

④守常偷安：墨守成規，貪圖安逸，不思進取。守常，遵守常規。偷

安，只圖眼前局部的安逸。

　　⑤規畫：謀劃，籌畫。也作「規劃」。

【原文】

　　（五月）敕天下寺院，非敕額者悉廢之①。禁私度僧尼②，凡欲出家者必俟祖父母、父母、伯叔之命。惟兩京、大名府、京兆府、青州聽設戒壇。禁僧俗捨身、斷手足、煉指、掛燈、帶鉗之類幻惑流俗者③。令兩京及諸州每歲造僧帳，有死亡、歸俗，皆隨時開落。是歲，天下寺院存者二千六百九十四，廢者三萬三百三十六，見僧四萬二千四百四十四，尼一萬八千七百五十六。

　　六月，庚子，上親錄囚於內苑④。有汝州民馬遇，父及弟為吏所冤死，歷經覆按，不能自伸，上臨問，始得其實，人以為神。由是諸長吏無不親察獄訟⑤。

注釋

　　①敕額：皇帝命題的門額。引申為皇帝准許的。敕，君主的命令。額，門額；橫額。

　　②度：佛教以離俗出生死為度。

　　③捨身：佛教徒犧牲肉體表示虔誠。

　　④錄：審察並記錄犯人的罪狀。

　　⑤獄訟：訴訟案件。

【原文】

　　帝以縣官久不鑄錢①，而民間多銷錢為器皿及佛像②，錢益少。九月，丙寅朔，敕始立監采銅鑄錢，自非縣官法物、軍器及寺觀鐘磬鈸鐸之類聽留外③，自餘民間銅器、佛像，五十日內悉令輸官，給其直；過期隱匿不輸，五斤以上其罪死，不及者論刑有差。上謂侍臣曰：「卿輩勿以毀佛為疑。夫佛以善道化人，苟志於善，斯奉佛矣。彼銅像豈所謂佛邪！且吾聞佛在利人，雖頭目猶舍以佈施，若朕身可以濟民④，亦非所惜也。」

　　（十一月）丁未，上與侍臣論刑賞，上曰：「朕必不因怒刑人，因喜賞人。」

先是，大梁城中民侵街衢為舍⑤，通大車者蓋寡，上命悉直而廣之，廣者至三十步。又遷墳墓於標外⑥。上曰：「近廣京城，於存歿擾動誠多⑦。怨謗之語，朕自當之，他日終為人利。」

注釋

①縣官：朝廷，官府。

②銷：熔化金屬。

③聽：聽任。

④濟：救助，接濟。

⑤衢：大路。

⑥標：標記。當年四月，周世宗曾下詔擴展外城，先立標幟。

⑦存歿：活著的和死了的。歿，死亡。

【原文】

三年（956）

（三月）唐主復以右僕射孫晟為司空，遣與禮部尚書王崇質奉表入見，稱：「自天祐以來，海內分崩，或跨據一方，或遷革異代，臣紹襲先業①，奄有江表②，顧以瞻烏未定，附鳳何從！今天命有歸，聲教遠被，願比兩浙、湖南③，仰奉正朔，謹守土疆，乞收薄伐之威，赦其後服之罪，首於下國，俾作外臣④，則柔遠之德，云誰不服！」又獻金千兩，銀十萬兩，羅綺二千四。晟謂馮延己曰：「此行當在左相，晟若辭之，則負先帝。」既行，知不免，中夜，歎息謂崇質曰：「君家百口，宜自為謀。吾思之熟矣，終不負永陵一培土⑤，餘無所知。」

注釋

①紹襲：繼承。

②奄：覆蓋，包括。江表：指長江以南。從中原人看來，其地在長江之外，故稱「江表」。

③比：比照。

④俾：使。

⑤一培土：一捧土，也作「一抔土」。《史記·張釋之傳》：「假令愚

民取長陵一抔土，陛下何以加其法乎?」長陵是漢高祖的陵墓。後便稱墳墓為一抔土。

【原文】

（秋，七月）初，唐人以茶鹽強民而徵其粟帛，謂之博徵[1]，又興營田於淮南[2]，民甚苦之。及周師至，爭奉牛酒迎勞。而將帥不之恤，專事俘掠，視民如土芥[3]。民皆失望，相聚山澤，立堡壁自固，操農器為兵，積紙為甲，時人謂之「白甲軍」。周兵討之，屢為所敗，先所得唐諸州，多復為唐有。

唐之援兵營於紫金山，與壽春城中烽火相應。淮南節度使向訓奏請以廣陵之兵並力攻壽春，俟克城，更圖進取，詔許之。訓封府庫以授揚州主者，命揚州牙將分部按行城中，秋毫不犯，揚州民感悅，軍還，或負糗糒以送之[4]。滁州守將亦棄城去，皆引兵趣壽春。

八月，戊辰，端明殿學士王朴、司天少監王處訥撰《顯德欽天曆》，上之。詔自來歲行之。

（冬，十月）丙子，上謂侍臣曰：「近朝徵斂穀帛，多不俟收穫、紡績之畢。」乃詔三司，自今夏稅以六月，秋稅以十月起徵，民間便之。

注釋

①博征：即博易。即將此物變換成彼物徵收。博，換取；討取。
②營田：即屯田。唐宋時屯田亦稱營田。
③芥：小草。
④糗糒（ㄑㄧㄡˇ ㄅㄟˋ）：乾糧。

【原文】

四年（957）

九月，中書舍人竇儼上疏請令有司討論古今禮儀，作《大周通禮》，考正鍾律[1]，作《大周正樂》。又以：「為政之本，莫大擇人；擇人之重，莫先宰相。自有唐之末，輕用名器[2]，始為輔弼，即兼三公、僕射之官。故其未得之也，則以趨競為心[3]；既得之也，則以容默為事[4]。但思解密勿之務，守崇重之官，逍遙林亭，保安宗族。乞令即日宰相於南宮三

品、兩省給、舍以上，各舉所知。若陛下素知其賢，自可登庸⑤；若其未也，且令以本官權知政事。期歲之間，察其職業，若果能堪稱，其官已高，則除平章事；未高，則稍更遷官，權知如故。若有不稱，則罷其政事，責其舉者。又，班行之中⑥，有員無職者太半，乞量其才器，授以外任，試之於事，還則以舊官登敘，考其治狀，能者進之，否者黜之。」又請：「令盜賊自相糾告，以其所告貲產之半賞之；或親戚為之首，則論其徒侶而赦其所首者。如此，則盜不能聚矣。又，新鄭鄉村團為義營，各立將佐，一戶為盜，累其一村；一戶被盜，罪其一將。每有盜發，則鳴鼓舉火，丁壯雲集，盜少民多，無能脫者。由是鄰縣充斥而一境獨清。請令他縣皆效之，亦止盜之一術也。又，累朝已來，屢下詔書，聽民多種廣耕，止輸舊稅，及其既種，則有司履畝而增之，故民皆疑懼而田不加辟。夫為政之先，莫如敦信，信苟著矣，則田無不廣，田廣則穀多，穀多則藏之民猶藏之官也。」又言：「陛下南征江、淮，一舉而得八州，再駕而平壽春，威靈所加，前無強敵。今以眾擊寡，以治伐亂，勢無不克。但行之貴速，則彼民免俘馘之災⑦，此民息轉輸之困矣。」帝覽而善之。

冬，十月，戊午，設賢良方正直言極諫、經學優深可為師法、詳閑吏理達於教化等科。

【注釋】

①鍾律：樂器的音律。

②名器：奴隸社會和封建社會稱表示等級的稱號和車服儀制等為名器。

③趨競：趨向，爭逐。

④容默：寬容而不言。

⑤登庸：任用。

⑥班行：指朝班，朝臣。

⑦俘馘（ㄍㄨㄛˊ）：擒獲斬殺。

【原文】

顯德五年（958）

秋，七月，丙戌，初行《大周刑統》。

帝欲均田租，丁亥，以元稹《均田圖》遍賜諸道。

　　（冬，十月）詔左散騎常侍須城艾潁等三十四人分行諸州，均定田租。庚子，詔諸州並鄉村，率以百戶為團，團置耆長三人①。帝留心農事，刻木為耕夫、蠶婦，置之殿庭。命武勝節度使宋延渥以水軍巡江②。

　　十一月，庚戌，敕竇儼編集《大周通禮》、《大周正樂》。

　　（十二月）丙戌，詔凡諸色課戶及俸戶並勒歸州縣③，其幕職、州縣官自今並支俸錢及米麥④。

注釋

　　①耆（ㄑ一ˊ）長：年紀大的人作首領。耆，老。長，首領。

　　②宋延渥（ㄨㄛˋ）：人名。

　　③凡：一切。

　　④俸錢：官吏所得的薪水。

【原文】

　　六年（959）

　　（春，正月）初，有司將立正仗，宿設樂縣於殿庭①，帝觀之，見鍾磬有設而不擊者，問樂工，皆不能對。乃命竇儼討論古今，考正雅樂。王朴素曉音律，帝以樂事詢之，朴上疏，以為：「禮以檢形，樂以治心；形順於外，心和於內，然而天下不治者，未之有也。是以禮樂修於上，萬國化於下，聖人之教不肅而成②，其政不嚴而治，用此道也。夫樂生於人心而聲成於物，物聲既成，復能感人之心。

　　「昔黃帝吹九寸之管，得黃鍾正聲，半之為清聲，倍之為緩聲，三分損益之以生十二律。十二律旋相為宮以生七調，為一均。凡十二均，八十四調而大備。遭秦滅學，歷代治樂者罕能用之。唐太宗之世，祖孝孫、張文收考正大樂，備八十四調。安、史之亂，器與工什七八九；至於黃巢，蕩盡無遺。時有太常博士殷盈孫，按《考工記》，鑄鎛鍾十二③，編鍾二百四十。處士蕭承訓校定石磬，今之在縣者是也。雖有鍾磬之狀，殊無相應之和，其鎛鍾不問音律，但循環而擊，編鍾、編磬徒懸而已。絲、竹、匏、土僅有七聲④，名為黃鍾之宮，其存者九曲。考之三曲協律，六曲參涉諸調。蓋樂之廢缺，無甚於今。

　　「陛下武功既著⑤，垂意禮樂⑥，以臣嘗學律呂，宣示古今樂錄，命臣

討論。臣謹如古法，以秬黍定尺⑦，長九寸徑三分為黃鐘之管，與今黃鍾之聲相應，因而推之，得十二律。以為眾管互吹，用聲不便，乃作律准，十有三弦，其長九尺，皆應黃鍾之聲，以次設柱，為十一律，及黃鍾清聲，旋用七律以為一均。為均之主者，宮也，徵、商、羽、角、變宮、變徵次焉。發其均主之聲，歸於本音之律，迭應不亂，乃成其調，凡八十一調。此法久絕，出臣獨見，乞集百官校其得失。」

詔從之，百官皆以為然，乃行之。

【注釋】

①宿設：即前一夕設之。縣：同「懸」。

②肅：峻急。

③鎛（ㄅㄛˊ）：古代的一種樂器，形似大鐘。

④「絲、竹」句：古代八音為金、石、土、木、絲、竹、匏、革。匏（ㄆㄠˊ），古代笙、竽等一類管樂器。

⑤著：這裡指有了明顯的功績。

⑥垂意：在意。垂，臨近。意，心思。

⑦秬（ㄐㄩˋ）黍：黑黍。

【原文】

（二月）丁亥，開封府奏田稅舊一十萬二千餘頃①，今按行得羡田四萬二千餘頃②，敕減三萬八千頃。諸州行田使還，所奏羡田，減之仿此。

淮南饑，上命以米貸之。或曰：「民貧，恐不能償。」上曰：「民吾子也，安有子倒懸而父不為之解哉③！安在責其必償也④！」

【注釋】

①舊：以往；原先。

②羡田：不納租賦的隱匿田，為破產農民避賦外逃後私墾的小塊土地。

③倒懸：頭向下腳朝上地被倒掛，比喻處境非常困苦危急。

④責：責求。

【原文】

上欲相樞密使魏仁浦，議者以仁浦不由科第①，不可為相。上曰：「自古用文武才略者為輔佐，豈盡由科第邪！」己丑，加王溥門下侍郎，與范質皆參知樞密院事。以仁浦為中書侍郎、同平章事，樞密使如故。仁浦雖處權要而能謙謹，上性嚴急②，近職有忤旨者③，仁浦多引罪歸己以救之，所全活什七八。故雖起刀筆吏④，致位宰相，時人不以為忝⑤。又以宣徽南院使吳延祚為左驍衛上將軍，充樞密使；加歸德節度使、侍衛親軍都虞候韓通、鎮寧節度使兼殿前都點檢張永德並同平章事，仍以通充侍衛親軍副都指揮使；以太祖皇帝兼殿前都點檢。

注釋

①科第：科舉考試。

②嚴急：嚴，嚴格；嚴厲。急，急躁。

③忤（ㄨˇ）：違逆；抵觸。

④刀筆吏：掌管文書案卷的小官。

⑤忝：辱沒，有愧於。

【原文】

上嘗問大臣可為相者於兵部尚書張昭，昭薦李濤。上愕然曰：「濤輕薄無大臣體，朕問相而卿首薦之，何也？」對曰：「陛下所責者細行也①，臣所舉者大節也。昔晉高祖之世，張彥澤虐殺不辜，濤累疏請誅之②，以為不殺必為國患；漢隱帝之世，濤亦上疏請解先帝兵權。夫國家安危未形而能見之，此真宰相器也，臣是以薦之。」上曰：「卿言甚善且至公，然如濤者，終不可置之中書。」濤喜詼諧③，不修邊幅，與弟澣俱以文學著名，雖甚友愛，而多謔浪④，無長幼體，上以是薄之。

上以翰林學士單父王著，幕府舊僚，屢欲相之，以其嗜酒無檢而罷⑤。

注釋

①細行：生活上的小節。

②疏：上給皇帝的奏章。

③詼諧：說話有風趣，戲謔。

④謔浪：謔，說俏皮話；開玩笑。浪，放蕩放縱。

⑤檢：檢點，約束。

華志文化事業有限公司

HUACHIH CULTURE CO., LTD

11664 台北市文山區興隆路 4 段 96 巷 3 弄 6 號 4 樓

E-mail：huachihbook@yahoo.com.tw　電話：(886-2)22341779

【紙本圖書目錄】

書號	書名	定價	書號	書名	定價
		健康養生小百科 18K			
A001	圖解特效養生 36 大穴（彩色 DVD）	300 元	A002	圖解快速取穴法（彩色 DVD）	300 元
A003	圖解對症手足頭耳按摩（彩色 DVD）	300 元	A004	圖解刮痧拔罐艾灸養生療法(彩色 DVD)	300 元
A005	一味中藥補養全家（彩色）	280 元	A006	本草綱目食物養生圖鑑（彩色）	300 元
A007	選對中藥養好身（彩色）	300 元	A008	餐桌上的抗癌食品（雙色）	280 元
A009	彩色針灸穴位圖鑑（彩色）	280 元	A010	鼻病與咳喘的中醫快速療法	300 元
A011	拍拍打打養五臟（雙色）	300 元	A012	五色食物養五臟（雙色）	280 元
A013	痠痛革命	300 元	A014	你不可不知的防癌抗癌 100 招（雙色）	300 元
A015	自我免疫系統是最好的醫院	270 元	A016	美魔女氧生術（彩色）	280 元
A017	你不可不知的增強免疫力 100 招(雙色)	280 元	A018	關節炎康復指南(雙色)	270 元
A019	名醫師教您：生了癌怎麼吃最有效	260 元	A020	你不可不知的對抗疲勞 100 招(雙色)	280 元
A021	食得安心，醫學專家教您什麼可以自在的吃（雙色）	260 元	A022	你不可不知的指壓按摩 100 招(雙色)	280 元
A023	人體活命仙丹：你不可不知的 30 個特效穴位（雙色）	280 元	A024	嚴選藥方：男女老少全家兼顧的療癒奇蹟驗方（雙色）	280 元
A025	糖尿病自癒：簡單易懂的 Q&A 完全問答 240	260 元	A026	養肝護肝嚴選治療：中醫圖解，快速養護臟腑之源	280 元
A027	微妙的力量：大自然生命療癒法則	260 元	A028	養腎補腎嚴選治療：中醫圖解，快速顧好生命之源	280 元
A029	養脾護胃嚴選治療：中醫圖解，快速養護氣血之源	280 元	A030	胃腸病及痔瘡的治療捷徑	280 元

A031	排毒養顏奇蹟：吃對喝對就能快速梳理身上的毒素	199 元	A032	很小很小的小偏方：常見病一掃而光	260 元
A033	怎樣吃最長壽：延緩衰老，先要吃對，再要吃好	260 元	A034	你不可不知的排毒解毒 100 招	260 元
A035	醋療驗方：中國歷代日常生活常見病療法	250 元	A036	10 分鐘足浴養生：快速袪除人體的各種疾病	220 元
A037	養生不用靈丹妙藥：健康的心態勝過 10 帖的補藥	220 元	A038	最適合百姓的中醫養生絕學	220 元
A039	中醫醋療寶典：用醋也能快速治百病	240 元	A040	很小很小的小偏方：中老人疾病一掃而光	260 元
A041	簡易中藥手冊：有病治病，無病強身，百益無一害	250 元	A042	很小很小的小偏方：女人煩惱一掃而光	260 元

醫學健康 25K

C201	骨質疏鬆症簡單療癒完全問答 140	220 元	C201	應對失眠的簡單療癒疑問巧答 100	220 元
C203	全世界 10 幾億華人都在用的小偏方	220 元	C204	祖傳救命小偏方	240 元
C205	本草綱目中的 100 種常用養生藥材	240 元	C206	我們都會老　如何照顧老人癡呆症	220 元
C207	活到天年：健康最值錢，生命更重要	240 元			

全方位心理叢書 25K

C301	吸引力法則：一個埋藏千年從上帝到不知來源的能量	199 元	C302	心理定律：引爆人類智慧光芒的 198 個人性法則	199 元
C303	兩性心理學 72 變：幸福不會來敲門，愛你的人總在心靈深處	260 元	C304	腦內革命：驚人的潛意識力量	199 元
C305	自然心藥：幸福人生的心靈處方	240 元	C306	給予一種真愛：兩個孤獨，一對寂寞	260 元
C307	24 堂生命改造計劃，活出奇蹟人生	199 元	C308	情緒操控術：即使有一萬個苦悶理由，也要有一顆快樂的心	189 元
C309	失落的百年致富聖經	199 元	C310	情緒心理學：破解快樂背後的超完美行為控制術	199 元
C311	引爆潛能：喚醒你心中沉睡的巨人	199 元	C312	世界潛能大師 16 堂奇蹟訓練	199 元
C313	肢體語言心理學：瞬間捕捉陌生人的微表情	199 元	C314	每天讀一點博弈術：事業成功將會大大的提升	199 元

C315	微表情心理學：一眼就能看穿他人的內心世界	199 元	C316	宇宙中最偉大的心靈財富就是一個人的頭腦	199 元
C317	醍醐灌頂的一句話：從一個激勵、一份療癒的力量開始	240 元	C318	的 12 堂心理課不迷茫：找對人生方向	199 元
C319	感覺累了就冥想吧：冥想 10 分鐘等於熟睡二小時	250 元	C320	開啟財富之門的一把萬能鑰匙	250 元
C321	引力法則：一個埋藏千年從上帝到不知來源的能量(增訂版)	250 元	C322	活用心理學：99%的人絕對會改變現況	220 元

世界名家名譯系列 25K

C401	烏合之眾	240 元	C402	自卑與超越	260 元

心理勵志小百科 18K

B001	全世界都在用的 80 個關鍵思維	280 元	B002	學會寬容	280 元
B003	用幽默化解沉默	280 元	B004	學會包容	280 元
B005	引爆潛能	280 元	B006	學會逆向思考	280 元
B007	全世界都在用的智慧定律	300 元	B008	人生三思	270 元
B009	陌生開發心理戰	270 元	B010	人生三談	270 元
B011	全世界都在學的逆境智商	280 元	B012	引爆成功的資本	280 元
B013	每個人都會的幽默學	280 元	B014	潛意識的智慧	270 元
B015	10 天打造超強的成功智慧	280 元	B016	捨得：人生是一個捨與得的歷程，不以得喜，不以失悲	250 元
B017	智慧結晶：一本好書就像一艘人生方舟	260 元	B018	氣場心理學：10 天引爆人生命運的潛能	260 元
B019	EQ：用情商的力量構築幸福的一生	230 元			

口袋書系列 64K

C001	易占隨身手冊	230 元	C002	兩岸簡繁體對照手冊	180 元

休閒生活館 25K

C101	噴飯笑話集	169 元	C102	捧腹 1001 夜	169 元
C103	寫好聯，過好年	129 元	C104	天下對聯大全集	129 元

諸子百家大講座 18K

D001	鬼谷子全書	280 元	D002	莊子全書	280 元
D003	道德經全書	280 元	D004	論語全書	280 元
D005	孫子兵法全書	280 元	D006	菜根譚新解	280 元
D007	荀子新解	280 元	D008	孟子新解	280 元

D009	冰鑑新解	250 元	D010	素書新解	250 元
D011	周易新解	250 元	D012	36 計新解	240 元
D013	戰國策新解	280 元	D014	資治通鑑全書	280 元

生活有機園 25K

E001	樂在變臉	220 元	E002	你淡定了嗎？不是路已走到盡頭，而是該轉彎的時候	220 元
E003	點亮一盞明燈：圓融人生的 66 個觀念	200 元	E004	減壓革命：即使沮喪抓狂，你也可以輕鬆瞬間擊潰	200 元
E005	低智商的台灣社會：100 個荒謬亂象大解析，改變心態救自己	250 元	E006	豁達：再難也要堅持，再痛也要放下	220 元
E007	放下的智慧：不是放下需求，而是放下貪求	220 元	E008	關卡：生命考驗必須凝聚的九大力量	220 元
E009	我們都忘了，知止也是一種智慧	200 元	E010	百年樟樹聽我說話	200 元
E011	鹹也好淡也好，人生自在就好	179 元	E012	現在就是天堂：人生的行李越簡單越輕盈是最大的幸福	230 元

中華文化大講堂 18K

D101	母慈子孝（彩色版）	250 元	D102	鍾博士講解弟子規	250 元
D103	鍾博士談：尋找中國文化精神	230 元	D104	鍾博士談：中華傳統文化價值觀	179 元
D105	人生寶典：中華文化千年不朽的處世智慧	250 元	D106	女人的福是修來的	220 元
D107	了凡四訓	270 元			

佛學講座 25K

G001	占察善惡業報經義疏暨行法	300 元	G002	生命佛法：體驗人生最高享受	250 元

商業經營 18K

G201	再鼓舞	320 元			

命理館 25K

F001	我學易經的第一步：易有幾千歲的壽命，還活得很有活力	250 元	F002	易經占卜：大師教你自己看演卦—初級篇	199 元
F001	周易三才學	400 元			

【純電子書目錄（未出紙本書）】

書號	書名	定價	書號	書名	定價
			歷史館		
E101	世界歷史英雄之謎	280 元	E102	世界歷史宮廷之謎	280 元
E103	爲將之道	280 元	E104	世界歷史上的經典戰役	280 元
E105	世界歷史戰事傳奇	280 元	E106	中國歷史人物的讀心術	280 元
E107	中國歷史文化祕辛	280 元	E108	中國人的另類臉譜——非常人	280 元
E109	中國歷史的驚鴻一瞥——非常事	260 元	E110	中國名將之先秦亂世	300 元
E111	中國名將之王朝戰神	350 元	E112	中國名將之亂世豪傑	350 元
E113	中國名將之文韜武略	350 元	E114	宦難江山：中國歷史上的太監干政	260 元
			勵志館		
E201	學會選擇學會放棄	280 元	E202	性格左右一生	280 元
E203	心態決定命運	280 元	E204	給人生的心靈雞湯	280 元
E205	博弈論全集	350 元	E206	給心靈一份平靜	280 元
E207	謀略的故事	300 元	E208	用思考打造成功	260 元
E209	高調處世低調做人	300 元	E210	小故事大口才	260 元
E211	口才的故事	260 元	E212	思路成就出路	250 元
E213	改變命運的心態與性格	220 元	E214	IMAGE 打造你的黃金形象，善用 48 個輕鬆定律	250 元
E215	啓發人性的故事	300 元	E216	小故事大啓發	300 元
E217	每天給自己 60 秒心靈正能量，打造 100%生活熱情	280 元	E218	工作苦水變活水	250 元
E219	選擇與放棄：有所得必有所失，有時候捨棄會更好	250 元	E220	輕鬆學會做人做事：巧妙的 52 個成功心計	250 元
E221	輕鬆學做事：巧妙的 53 個成功心計	250 元	E222	做你想做的事：獲得事業成功和精緻生活的法則	250 元
E223	危機和困境需要機遇及挑戰	300 元	E224	給自己一個成功的習慣	180 元
E225	20 幾歲耐住寂寞，30 幾歲打破沉默	260 元	E226	幽默的力量：以詼諧的形態表現美感的生活智慧	240 元
E227	取捨：選擇是一種智慧，放棄是一種福氣	250 元	E228	一棵樹能長青不老：是因它堅持將根向深處努力地伸展	260 元
E229	世界大師的智慧：成功者應具備的關鍵思唯	220 元			

	軍事館				
E301	世界歷史兵家必爭之地	280 元	E302	戰爭的哲學藝術	280 元
E303	兵法的哲學藝術	280 元			

	中華文化館				
E401	中華傳統文化價值觀	260 元	E402	人生智慧寶典	280 元
E403	母慈子孝(黑白)	220 元	E404	家和萬事興	260 元
E405	找尋中國文化精神	260 元			

	財經館				
E501	員工的士兵精神	250 元	E502	老闆是你的第一顧客	280 元
E503	世界頂尖名牌傳奇：超級名牌從來沒有告訴過你的秘密	250 元			

	人物館				
E601	影響世界歷史的 100 位帝王	300 元	E602	曾國藩成功全集	350 元
E603	李嘉誠商學全集	300 元	E604	時尚名門的品牌傳奇	280 元
E605	世界最有權力的家族	280 元	E606	書香世家的流金歲月	280 元

	心理館				
E701	表情心理學	280 元	E702	肢體語言密碼	280 元
E703	中國人的面子心理學	220 元	E704	中國人的螃蟹心理學	250 元

	親子館				
E801	教育孩子的 80 種美德	220 元	E802	哈佛教子枕邊書	250 元
E803	父母教育孩子時經常犯的一些錯誤	250 元			

國家圖書館出版品預行編目資料

資治通鑑全書 / (北宋)司馬光編撰；王振芳編
譯. -- 初版. -- 臺北市：華志文化, 2017.02
面；　公分. -- (諸子百家大講座；14)

ISBN 978-986-5636-75-3（平裝）

1. 資治通鑑　2. 研究考訂

610.23　　　　　　　　　　　　　　105024874

系列／諸子百家大講座 14
書名／資治通鑑全書

編　　撰　司馬光（北宋）
編　　譯　王振芳
執行編輯　楊雅婷
美術編輯　簡煜哲
封面設計　王志強
文字校對　陳欣欣
企劃執行　張淑貞
總　編　輯　黃志中
社　　長　楊凱翔
出　版　者　華志文化事業有限公司
電子信箱　huachihbook@yahoo.com.tw
地　　址　116台北市文山區興隆路四段九十六巷三弄六號四樓
電　　話　02-22341779
印製排版　辰皓國際出版製作有限公司

總經銷商　旭昇圖書有限公司
地　　址　235新北市中和區中山路二段三五二號二樓
電　　話　02-22451480
傳　　真　02-22451479
郵政劃撥　戶名：旭昇圖書有限公司（帳號：12935041）
書　　號　D014

出版日期　西元二〇一七年二月初版第一刷
本書為三晉出版社獨家授權繁體字版本

華志文化事業有限公司

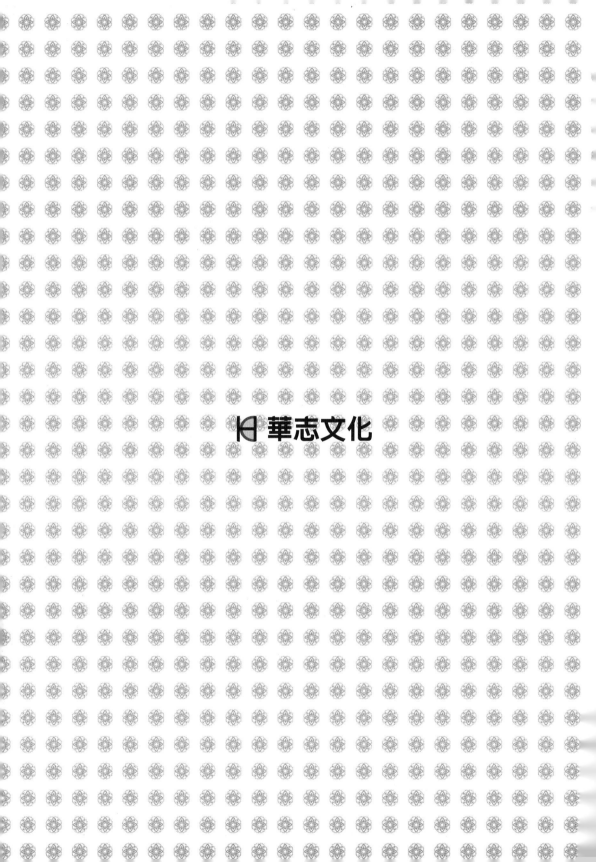

華志文化